后海拾珠

叶梅 著

中国言实出版社

图书在版编目（CIP）数据

后海拾珠 / 叶梅著 . -- 北京：中国言实出版社，
2021.9

ISBN 978-7-5171-3877-8

Ⅰ.①后… Ⅱ.①叶… Ⅲ.①少数民族文学评论 – 中
国 – 当代 – 文集 Ⅳ.①I207.9-53

中国版本图书馆 CIP 数据核字（2021）第 189853 号

后海拾珠

出 版 人：王昕朋
责任编辑：王建玲
责任校对：崔文婷

出版发行：中国言实出版社

地　　址：北京市朝阳区北苑路180号加利大厦5号楼105室
邮　　编：100101
编辑部：北京市海淀区花园路6号院B座6层
邮　　编：100088
电　　话：64924853（总编室）　64924716（发行部）
网　　址：www.zgyscbs.cn　E-mail：zgyscbs@263.net

经　　销：新华书店
印　　刷：徐州绪权印刷有限公司
版　　次：2021年10月第1版　2021年10月第1次印刷
规　　格：880毫米×1230毫米　1/32　11印张
字　　数：240千字

定　　价：58.00元
书　　号：ISBN 978-7-5171-3877-8

叶梅 从事文学写作、编辑多年，中国作协第九届主席团委员、中国散文学会会长。近期作品有长篇人物传记《梦西厢——王实甫传》，小说集《玫瑰庄园的七个夜晚》，散文集《根河之恋》《追云记》《一花一世界（梅花）》《华中秘境（神农架）》《福道》等。有多部作品被翻译成英、法、日、韩、蒙古、阿拉伯、印地语、保加利亚、俄罗斯等文字。

变化与萌生

    2005 年秋天,我从北京平安大街旁的荷花市场走进什刹海,沿海西行,经过银锭桥,经过一路酒吧,然后走进后海南沿大翔凤胡同,找见了民族文学杂志社的大门。正遇上国庆长假,小院的门紧锁着,我背靠着有些破烂的大门照了一张相,心生欢喜。当时人们正在动员我从湖北武汉调入《民族文学》,我却一直犹豫不定,担心自己不是一个办刊物的高手,会使这本当时已经十分拮据的刊物更加风雨飘摇。国庆期间我来到北京,是想看看这里究竟是什么景象,那天虽然没有走进院子,但已经感受到小院充溢的人文灵气。什刹海的波纹以及胡同青砖墙上的古老印迹让我眼眶湿润,我想起玛拉沁夫老师和许多作家说的话,当今时代不能没有一本《民族文学》,中国少数民族文学不能没有这个家园。

在那之前一个阳光和煦的日子，玛拉沁夫老师曾和一群作家去武汉东湖。谈话间，他十分庄重地说到中国少数民族文学的发展历程，新中国成立之初，少数民族作家十分稀少，《民族文学》自 1981 年创刊以来，培养了大批作者，是一块非常重要的阵地，凝聚了几代人的心血。玛拉沁夫作为《民族文学》的创刊人，几十年来从未间断对这座多民族共同家园的精心呵护，每每说起这一切，他的眼里总会炯炯发光，充满了发自内心的激情。

我为他的话所感动，来到后海大翔凤胡同，见到《民族文学》所在的小院，突然就觉得好生亲切。我喜欢上了这个地方，也喜欢上了这份工作。

这小院儿在一条窄窄的胡同里，紧邻波光闪动的后海，本是一处耐看的家居小院，据说早年为著名作家马烽用稿费购得，后来又转给了丁玲，他们先后在此居住过。几经变迁，《民族文学》于 20 世纪 80 年代末搬进了这个小院，多年过去已显破旧。我来到此地之后，在中国作协的支持下，对小院进行了整体维修，整整一年时间，我们租住在刘海胡同的林业出版社，守着小院折去朽蚀的楼顶、门楼和烟囱锅炉，经过里外修茸，而后焕然一新。大门两侧挂上了两块大理石做成的牌子，一块是"中国作家协会《民族文学》"，一块是"中国少数民族作家学会"。

每天拉着游客"胡同游"的三轮车夫，经过此地时都会兴致勃勃地指着这牌子说："瞧见没有？这是咱中国的'民族文学'。"

无数来自全国各地的少数民族作家走进后海大翔凤胡同，都会情不自禁地说："这是我们的家。"

一年年过去，什刹海的风还是那样一阵紧一阵慢地吹着，但那些随风鼓涌的波纹有了新的故事，一个个蒙古族汉子、藏族小伙、维吾尔族姑娘，还有云南的阿哥、东北的看林人、川上妹子、怒江兄弟……他们的文字夹带着不同民族的气息来到北京，来到我们面前。我不断地阅读，渐渐为这些全球化时代里独特多样的文学所牵引，所感染，便忍不住为他们写下一些读后感及点评。《文艺报》少数民族文学副刊为我这些文字设一《主编视野》专栏，延续多年。

与此同时，我担任"21世纪文学之星"丛书编委，一年年参与评审并为入选作品写序，也积累了若干文字；再加平时一些读书、创作的心得，笔墨留痕，星星点点，不觉倏忽十五载。其间曾将一些散文、随笔汇成一册《穿过拉梦的河流》。而今，则挑出其中的评论文章，加之近年同类新作，约百篇融汇一处，交由中国言实出版社。文不分长短高下，均按写作及发表时间顺序排列，可谓顺乎自然。

或有遗漏，或有杂芜，想必在所难免，它们只是我这些年在涌向后海的文学浪潮里采撷的一粒粒珠玑。挂一漏万，还有许多令我尊敬喜爱的少数民族作家及作品，未能一一写到，但都在我的心中，相信也会出现在读者的视野里。这一本小书，读者若能从中感受到正在我们眼前不断变化又不断萌生的民族文学景观，其五彩之斑斓，我则幸甚。

目　录

自序　变化与萌生　　　　　　　　　　　　　/ 1

第一辑（2007—2012）

壮烈奔突的鄂尔多斯文学　　　　　　　　　/ 3

爱神康美久蜜金

——和晓梅中篇小说集《女人是"蜜"》序 / 6

裕固族的天鹅琴声　　　　　　　　　　　　/ 10

让我们传递温暖　　　　　　　　　　　　　/ 14

思念乞力马扎罗雪山的蝴蝶　　　　　　　　/ 17

读《新时期湖北民族文学巡礼》　　　　　　/ 21

五彩云霞　　　　　　　　　　　　　　　　/ 25

见证者　　　　　　　　　　　　　/ 28

青藏之子　　　　　　　　　　　　/ 33

阿凡提的微笑　　　　　　　　　　/ 35

贝加尔湖部落　　　　　　　　　　/ 38

这些年轻的名字

　　——《民族文学》蒙古族"80后"作品

　　　　专号卷首语　　　　　　　/ 41

祈福玉树

　　——《民族文学》藏族"70后""80后"

　　　　作品专号卷首语　　　　　/ 44

丝绸之路上的绿洲

　　——致维吾尔族青年作家群　　/ 48

容美诗话　　　　　　　　　　　　/ 53

不可缺失的恩施记忆

　　——《抗日战争时期湖北省临时省会

　　　　——恩施文化风云录》序　/ 57

仫佬族的发现　　　　　　　　　　/ 61

岭南仫佬人　　　　　　　　　　　/ 65

羊子和他的《汶川羌》　　　　　　/ 68

鲁若迪基的小凉山　　　　　　　/ 72

怒江乡村记事　　　　　　　　　/ 76

阿尔泰：醒来吧，我的诗　　　　/ 80

草原上的花儿　　　　　　　　　/ 83

她的家乡在甘南　　　　　　　　/ 87

年轻的哈萨克　　　　　　　　　/ 91

阿拉提·阿斯木的诗意新疆　　　/ 93

南国春风化雨　　　　　　　　　/ 98

第二辑（2013—2017）

癸巳迎新　　　　　　　　　　　/ 105

历史的意味　　　　　　　　　　/ 107

盲人智者　　　　　　　　　　　/ 110

苗族人修正扬的小说　　　　　　/ 112

等待马金莲　　　　　　　　　　/ 117

穹庐一曲本天然　　　　　　　　/ 119

香格里拉的白云和哈达　　　　　/ 124

说的是一个厚道　　　　　　　　/ 129

四季歌　　　　　　　　　　　　/ 132

花落红尘也是真   / 134

同袍同泽   / 137

生活在漾濞的女子   / 140

火把照亮回家的路   / 144

凤尾竹下   / 148

《第五战区》的突破   / 152

唱响爱国主义的主旋律   / 157

青衣江畔

——人世心形两自降   / 163

由一位诗人致敬一个民族   / 167

颍河边的阿慧   / 171

郭雪波的《蒙古里亚》   / 175

巴山歌者   / 178

舟车载不动的乡愁   / 181

民族视角，北京味道   / 185

天真与灵慧   / 190

话说水族千年沧桑   / 193

秋色无边   / 197

秉烛照亮行人   / 201

平原三峡村的真实记录　　　　　　　/ 205

信息化时代的个人写作

　　——在韩国文学节的发言　　　　/ 210

第三辑（2018—2021）

云岭大地的脱贫之路　　　　　　　　/ 217

青山不老　　　　　　　　　　　　　/ 223

尊严是我们的生命之盐　　　　　　　/ 228

文章少写一句空　　　　　　　　　　/ 234

红梅花开　　　　　　　　　　　　　/ 240

守望沙漠　　　　　　　　　　　　　/ 245

与一条河流有关　　　　　　　　　　/ 249

月拢沙　　　　　　　　　　　　　　/ 253

周敏讲述的新疆少年故事　　　　　　/ 257

飞向塞尔维亚的报春鸟　　　　　　　/ 262

春华秋实　　　　　　　　　　　　　/ 266

遥远有多远　　　　　　　　　　　　/ 270

好像那流水日夜响　　　　　　　　　/ 275

大美大智　　　　　　　　　　　　　/ 281

纵横天下事，臧否古今人 / 285

诗歌，语言中的盐巴 / 290

问苍茫大地 / 294

一个挚爱家乡的纳西人 / 299

临沂的风 / 302

巴山楚水间的"恩施作家文丛" / 306

文学再现野象出游 / 310

无尽无极，久久为功 / 314

再现王实甫 / 321

曾经的关口 / 324

荧然一点如火 / 327

栽种下一棵棵文学绿树

——2021"6·5环境日"主题活动发言 / 332

第一辑

（2007—2012）

壮烈奔突的鄂尔多斯文学

辽阔美丽的鄂尔多斯草原，孕育了丰富多彩的草原文化，从元代的《白史》到明清时的《蒙古源流》《黄金史》《智慧明灯》《宝石佛珠》等著作，都是由这块土地产生的宝贵财富。在今天，多种文化的融合碰撞，多民族作家的交流汇集，再一次催生了鄂尔多斯文学的奔突，引起文学界的关注。

对人与世界关系的追问，造就了鄂尔多斯文学在新时期的超越。天高地远的独特自然环境，游牧民族与农耕民族的文化交融，使新时期的鄂尔多斯作家在相当长一段时间里保持着冷静而独特的文学思考。非常耐人寻味的是，在这块土地上的多民族作家几乎不约而同地将笔触伸向了人与自然、人的内心及生命意识的叩问。

阿云嘎的《黑马奔向狼山》与肖亦农的《孤岛》可以说表现了不同时期但同样沉重的思考。肖亦农笔下的黑驴竭尽全力保护了人类，最后却被孤零零地抛弃在恶化的滔天冰湖之中，而阿云嘎的黑马在极力亲近人类反倒处处受到伤害之后，不得不绝尘而去，奔向天敌群居的狼山。甫澜涛的《紫山岚峡谷》用一个孩子未受扭曲的童心和善良的目光，批判了人类对生灵掠夺侵害的丑恶。正是这些作品，使我们进一步意识到，人类日益增长的消费水平对自然造成的严重破坏。我们享受着现代科技带来的种种快感，却越来越忽视自然界的本来存在，不去尝试了解整个地球的生命支撑系统正处在前所未有的压力之下。人类在抛弃"老黑"和"黑马"的同时，其实也正在抛弃人类自己。

从世界范围来说，20世纪80年代之前，文学批评的论争，多因"冷战批评"的语境而出现，即把焦点集中于人类创造力、人类力量和人类社会关系之上，而21世纪的文学批评，从更大范围来说注意到了"全球变暖批评"，即自然界不再被认为是被动、有序和驯服的，而是有生命的、既不能完全控制又能灵敏应对人类的无知。而某种特殊的文学语言的使用，或者能将我们与自然界重新联系起来。

从这个意义上说，阿云嘎等鄂尔多斯作家超越了一般的社会价值审视，而将目光投向了更为深层的人类生存背景，从而使其作品产生了更加耐人寻味的文学价值。

与之相应的是，除了外部世界之外，人的内心世界同样是一个极为复杂甚至无限的宇宙。布林在《蔚林花》《不死的铁木尔》等作品中，一步步进行着传统小说的解构，他以一种具有灵性的草原书写表达了人性乖张多变的特性。乌雅泰的《沙原夜话》用一种别出心裁的自言自语的方式，剖析了一个人欲望与理智的种种冲突。莫·哈斯巴干的《美丽的T》更为直观地将欲望化作了心魔，人与金钱、性、权力等日益膨胀的心魔之间，展开了肉搏式的亲密接触与残酷厮杀。张秉毅的《我和我的羊群走过四季》通过人与羊的相伴，感觉到人性的回归。王建中的《咸丰五年的一个早晨》细致入微地刻画了男人女人相依难舍的情感，表现了人类性爱的精致。

莎士比亚在戏剧《皆大欢喜》中吟唱道："全世界是一个舞台，所有的男男女女不过是一些演员，他们都有下场的时候，也都有上场的时候。一个人的一生中扮演着好几个角色，他的表演可以分为七个时期。"人性的多样化和人的内心世界的深度开掘在鄂尔多斯作家那里得到了很好的表现。

人们还应注意到，鄂尔多斯作家在文本上的相对无拘无束，他们是以神的方式，"我们以我们的形象造人"。如同广阔草原上奔驰的骏马，他们有的狂放恣肆，有的简洁明朗，有的神秘华丽，充分展现了鄂尔多斯土地所具有的丰厚民族文化积淀，以及多民族作家各自不同的风采。在当今日益城市化并全球化的社会与文化空间之中，如何审视自身，文学艺术正尝试着一种新的认知，以把我们当下的生存体与新的全球文化和社会网络联系起来。在这种情势下，许多难以置信的文化实践方式正在不断产生，而带着草原气息的鄂尔多斯作家显然有着他们独特的创造。

正是这一切，使得在文学世俗化不可避免地来到读者身边时，我们倍加惊喜地感受到鄂尔多斯文学的独特魅力和不可忽视的文化价值，它或许可以视作一个区别于其他文化、有着一定差异性的文学符号，是苍茫草原吹向都市的一股清风。

爱神康美久蜜金

——和晓梅中篇小说集《女人是"蜜"》序

如同所有的河流都有不同的源头，所有的树木都有自己的根脉，纳西族女作家和晓梅的小说也有着它独特的源头和根脉。

滇西北高原上的丽江香格里拉文化是以纳西族为主并兼容多民族文化构成的，蕴含着高原阳光的强烈激情和玉龙雪山的神秘高洁。生长在这块土地上的和晓梅从中汲取了天然的滋养，她的小说从一开始就有了自己的独特韵致。这种引人注目的韵致是由她所表现的富有魅力的民族特性和鲜明的女性话语形成的，以及在表现过程中她力图追寻的爱和生命快乐，进而证实了自己对人类自由、社会自主和经济平等的主张。

和晓梅的小说所展现的民族特性流淌在作家的血液里，在作品的叙述中表现得天衣无缝，并无任何造作和牵强。纳西人流传至今的婚丧嫁娶等习俗、优美动人的传说故事、东巴经的阐释等，以及潜藏在这些习俗、故事、经文中的深厚文化，还有不同人对此的不同理解，进而对命运产生的不同影响，都在和晓梅的小说中得到了深刻体现。

在她的《女人是"蜜"》《情人跳》等篇什中，一再提到了纳西族传说中的"玉龙第三国"，那里生活着名叫"康美久蜜金"的仙女，那里没有疾病，没有死亡，没有烦恼与忧伤，只有爱情，永生不灭的爱情。《有牌出错》《深深古井巷》中多次闪现的纳西族的智者大东巴，向世人阐释生老病死，预卜未来，熟知东巴经文，了解纳西族先人的来龙去脉，劝人行善，更重要的是超度亡灵，把死亡导向新生。这些影响了古纳西人而后代代相传的文化印迹，与和晓梅的小说人物生死相随：神灵般的人物阿菊旦蜜金、居住在山地并使用着古纳西语的李儿翠、木家最后残留的三个女人、大东巴的孙女、土司小姐吉佩儿……他们踏着古老的民族歌谣走来，又随着悲婉的歌谣而去，给读者留下对于人类及民族变迁的种种思索。

作为一个女性作家，和晓梅毫无疑问地张扬着鲜明的女性话语。女性解放始终是社会文明的基本标志，对于本民族女性生命状态的凝视几乎是和晓梅目前写作的全部。

从她早期发表的《水之城》《深深古井巷》《女人是"蜜"》到后来的《雪山间的情蛊》《是谁失去了记忆》等，均以女性为主人公，她们有着各自不同的曲折爱情及坎坷人生，也都有着强烈执着的个性追求。在她的笔下，纳西女性独特的美妙让人过目难忘："她的头发不是黑色，而是板栗色，在阳光下发出棕红的光，于是她的整个人散发出一种板栗的香气。……关键是她的眼睛，在阳光下常眯缝起来，深褐色的眼珠变成扁圆，浓密的睫毛慵懒地垂着，但是到了漆黑的夜里，她的眼睛就变得溜圆，睫毛也虎气生生地直立着，微微上卷，这就使她整个人焕发出一种奇异的光彩。"(《深深古井巷》)"当你坐在她的对面,看着她盈盈的浅浅笑容,无比柔和与专注的眼神,就算是一个神,也会感到无比幸福的。"(《有牌出错》)

与美相呼应的是纳西女人感情的纯真高洁,她们为了爱情义无反顾,无视世俗的任何障碍,可以抛弃财产、名誉,甚至不惜付出生命的代价。和晓梅在一个个委婉动人的故事里,充溢着人们期盼而现实生活中难以寻觅的柔情,女性的肉体与心灵之美被推到了极致。而与之形成巨大反差的是女性生存的现实平庸,正是因为"大部分的女人,究其本质,不过是生活在一张自结的网中,活得平淡、寂寞而苦痛,便连一点浅近的理想也束缚入这网中,不值一提的。女人善于随缘罢了,像一只耐心执着的老蜘蛛,日复一日地结织自己的网"(《深深古井巷》),和晓梅才有了感同身受的痛楚和奋争。

在一条条被女人的水桶浸洒的青石街上,在一座座深暗的院宅里,有多少人生大戏,人性流动,丑恶与美丽、生命与死亡的交替,女人们的一代又一代的话语被时光所淹没。纳西女人,这样一个特定民族的女性,究竟有些什么话要说?我们从和晓梅这里听到了她们的声音。

换言之,当女作家们开始集中关注自己的问题时,女性解放的概念才能更加鲜明。和晓梅想告诉人们,女人的强大并不来自躯体,而来自宽阔无边的坚忍,即使是干涩而绵长的日子,依旧要过下去。和晓梅将女性的真实告白于男性,期待人们能够体察人物内心深处最坚硬而又最柔软的部分,关注隐藏在某个外壳下的女性对待自身价值的追问。希望男性有所领悟:当你无法承担的时候最好不要索取,而如果你索取了就请学会珍惜。

女性价值体现在和晓梅的小说里，明确为对爱和生命欢乐的寻找。纳西人的哲学是："风养的女孩儿滋润三天，水养的女孩儿光彩三年，快乐养的女孩儿可以永生。"纳西女人独有的生存方式表达了她们对于生命的挚爱和悲悯，她们常常以牺牲爱而换取更大的爱，牺牲生命而换取新的生命。

她们对于爱的态度坚决而又从容，为了爱情万物都可以抛弃：食物、衣物、钱财，最后是生命。或者哪怕什么都没有了，只剩一条小河了，也要唱着一首人世间最欢欣快乐的歌，活泼泼地舒展着身姿，向未知的远方奔去。

用一种爱的生命态度体会着爱和痛苦、身体的需要，寻找着母亲姐妹女儿的完整性、爱的需要和生命快乐的丰富性。

从和晓梅的小说中得知，香格里拉人家爱菊，几乎家家户户都种，难怪她的小说里总是弥漫着一股奇异的香味，还有那些桃花、缥缈沉静若有若无的青蓝色的雾、艳红的新娘嫁衣……使得纳西人的世界迷人而又充满爱意。和晓梅置身其中，从那一个个深巷古井里，牵动出一个个性格各异的人物，从历史与现实、个人与家族、男人与女人的碰撞中，真切地演绎出动人心魄的故事，其充沛的想象力和叙述才华得到了恰如其分的表现。

裕固族的天鹅琴声

2007年鲜花盛开的5月，民族文学杂志社主办了"全国人口较少民族作家研讨班"，来自天南地北的40多位作家相聚北京。开幕式上花团锦簇，身着民族服装的作家们笑语喧哗，裕固族的女作家玛尔简就是令人眼前一亮地出现在了我们面前。

中国55个少数民族中，有22个民族人口不到10万，裕固族便是其中之一。在漫长的历史长河中，裕固族随着中华民族的兴衰而历经风雨。作为一个弱小的北方游牧民族，除了应对强势族群的侵害外，还要应对生存环境的艰难，因此在新中国成立前夕，人口已不足3000人。但裕固族自古以来就有着自己独特的民族文化，在信仰藏传佛教的同时对原始萨满教有着较多的保留，还有着丰富的口头民间文学，不断给本民族注入顽强的生命力。20世纪中期以来，由于国家给予人口较少民族多种优扶，裕固族人口现已接近1.5万，经济文化也得到了迅速发展。

出生于甘肃省肃南裕固族自治县一个偏僻乡村的玛尔简，有着与生俱来的民族忧伤和自尊，也有着伴随成长的天然风情，裕固族的命运深刻地映照着这个乡村女孩，她的成长经历同时也折射出这个民族所发生的一步步变化。她的阿扎和阿娜（裕固语父亲和母亲）将自己的 5 个孩子培育出了 4 个大中专学生，而玛尔简在父母期待的目光下，不仅读完了研究生，还先后在当地妇联、文化局、文联担任了领导职务，并且走上了别有滋味的文学之路。

在裕固族的传说中有一个优美动人的故事：很久以前，一位叫尧熬尔的歌手每天都赶着羊群在海子湖边放牧，他美妙的歌声感动了湖边的白天鹅，它们成群结队地随着歌声在他的头顶盘旋，其中有一只白天鹅最为痴迷。秋去冬来，鹅群飞向了温暖的南方，可这只白天鹅却不肯离去，白天夜晚都陪伴在他的身旁。后来有一天，白天鹅突然不见了，尧熬尔到处寻找都不见踪影，正当他非常忧伤时，天鹅来到了他的梦中，告诉他它已老了，身上的羽毛已完全脱落，无法再飞翔、再伴随他的歌声，但他可以去海子湖边找到它的尸体，用它的骨头做成一把琴，再将它的羽毛分葬在湖边，这样他们就可以永远相伴了。尧熬尔含着泪水一一照办。第二年春天，埋藏羽毛的地方长出了一丛丛红柳，而用骨头做成的天鹅琴琴音无与伦比，裕固人从那时起，有了自己的乐器。

这个裕固族家喻户晓的传说打小就刻在了玛尔简心里，她也想跟那位歌手一样，为生养她的海子湖歌唱。她的文学写作正是在操作一把琴，吟唱裕固人的心声。玛尔简从 1989 年开始写作并发表作品，她以散文创作为主，将多情的目光投向本民族的历史和现实，投向赖以生存的土地，巴丹吉林沙漠、海子湖、沙山、红柳、牧歌、牛羊……在她的眼里，它们都与裕固人的灵魂相通，它们是她描写的对象，也是她倾诉的朋友。

玛尔简充满对阿娜的感恩，无论她是在海子湖边牧羊，还是于千里之外求学、工作和写作，阿娜都给了她毫无保留的爱和支撑。而细读她的散文会体味到，她所感激的母亲更是大漠、草地的化身，是裕固人民的象征，母亲所具有的乐观坚强、包容慈爱，即使在苦难中也坚韧不拔的毅力，正是她所热爱的裕固族精神。

迄今为止，海子湖还是一片未受到工业垃圾污染的洁净水泊，而玛尔简的作品也散发着未曾受到文学世俗化侵扰的淳朴和清新。她的天鹅琴声来自天然，来自心底，不造假不作秀也少有功利的趋从，她"尽情歌唱、尽情舞蹈，歌唱自己民族不凡的历史传统，歌唱自己生活的艰辛与快乐，爱情的甜蜜与忧伤，天鹅琴声在海子湖上空久久回荡，犹如天籁之音……"。（玛尔简《永远的海子湖》）

就在那个充满激情的 5 月，来自全国各地的人口较少民族作家济济一堂，民族文学杂志社安排他们走进北京故宫、天安门，还聆听了一批专家学者的讲座，进行了各种话题的交流。他们带着不同的民族文化而来，又带着中华民族大家庭的温暖归去。这之后，我陆续收到了水族、毛南族、阿昌族、锡伯族、赫哲族等多位人口较少民族作家的新作，他们以独有的民族话语丰富了当代中国文学。如今，这支队伍中的玛尔简的又一散文集问世，这无疑给多民族文学画廊增添了光彩的一笔。

　　全球化背景下的文学选择显然早已成为人们关注的话题，对不同民族的文化给予更多的珍爱和传承，可视为对精神家园的生态维护，由此说来，玛尔简的天鹅琴声更显得意味深长，期待它奏出更加美妙的乐章。

让我们传递温暖

2008 年 5 月 12 日，一个震撼中国大地、震撼全世界人民的日子。

一个花季女孩的手从灰色的瓦砾堆里伸向天空。她的世界在一瞬间被颠覆，女孩在窒息的黑暗中，包围着她的，是锐利的钢筋和尖翘的水泥板，以及无边的恐惧。就在这时，她突然感到有人握住了她的手，一股厚厚的温暖，顿时传遍了她的全身，她高声说："我知道你们会来救我的。"100 多个小时以后，女孩得救，她说："今晚的月亮好圆啊！"

在一片废墟的底层，一个男人佝偻着身体，双臂像张开的翅膀，十指紧紧地抠着课桌，人们发现他时怎么都掰不开。在他的身下有 4 个孩子，男人将他最后的温暖给了他的学生。他是一位老师。

一位失去两岁女儿的妈妈，眼里含着擦不干的泪水，日夜坚守着岗位，因为在她面前，有一个个失去双亲的孤儿，她得给他们以母亲的温暖。她是一位民警。

……

在此之前，我们不知道会发生这样的震撼，我们只知道汶川那片山清水秀的土地上有美丽的诗歌和热爱文学的人们，那里的羌族、藏族等多民族的作家诗人谷运龙、杨国庆、李炬……是我们心心相印的朋友。谷运龙在阿坝州担负繁杂的行政工作，但一直对文学心怀炽热的追求，他的诗："心在很远的儿子，总让自己飘在天空……"杨国庆所写的《神奇的九寨》在祖国到处传扬："在离我很远的地方，总有一枝花朵在芬芳，她有着生命祈求的梦想，她有着日月轮回的沧桑。……你看那天下人儿，哦，深情向往……"这样的歌声在今天听来，怎么能不让人潸然泪下？女作家李炬去年还来京参加了由《民族文学》和《中国民族》杂志主办的研讨班，其后在《民族文学》发表了中篇小说《在幽暗中闪烁》。

5月12日之后，我们不知道他们在哪里，心为他们紧紧地揪扯，一遍遍的电话、短信都无回音，后来才从新闻媒体的报道里得知谷运龙正在汶川水磨镇组织救灾指挥；李炬家的房屋倒塌，在教育局工作的丈夫忙着救助学生，而她和妹妹买了许多牛奶给那些年幼的孩子。紧接着，处在震中的杨国庆发来令人惊喜的短信："谢谢大家的关心，目前我还活着，伤情也不重，但是汶川所有房屋都不能住人，而且地震不断，沙尘满谷，不见青天，险象环生。遇难者惨状揪心，伤残者痛苦万分，临时安置点人员密集，天气炎热，瘟疫随时都有可能暴发，青壮年前线抢险，先遣救援已达县城，然余震盖顶动地，惊心动魄，所幸信息昨通，方知领导和友人们早已心系我灾区，心境豁然，更坚抗灾毅力，特此报告。单位人员情况稳定，我也即将随第二、第三批前去完成抢险救灾新任务……"

我们无法亲身去陪伴这些战斗在第一线的朋友，只有试图用文学去传递温暖，在即将付印的《民族文学》第6期，我们撤换了部分作品，将震区部分少数民族作家的作品刊发出来，让大家从那些字里行间，去感受他们的心迹。灾难同样牵动着灾区以外的少数民族作家的心，他们有的焦急地询问消息，有的迅速向本刊发来有关抗震救灾的诗歌散文。《民族文学》第6期选用了那家伦（白族）、穆静（满族）、穆罕默德·巴格拉希（维吾尔族）、兴安（蒙古族）、牧之（布依族）、了一容（东乡族）、伍小华（仡佬族）、冉冉（土家族）、阿苏越尔（彝族）、杨志广（回族）、曹翔（普米族）等人的作品，他们表达了对深受灾难痛苦的同胞们发自肺腑的爱与支持，相信我们的祖国一定能挺住，相信中国人一定能更坚强团结，相信灾难能带给幸存者更多的思考以及活着的力量。

灾难总是不断地伴随着人类，让我们更多地懂得善良慈悲、友爱互助与真情，也让我们更多地理解生命和幸福的真谛。这些天来，在我们的周围、在中国作协参与主办的"爱的奉献"晚会上，大家说的最多的话就是：温暖。人间有大爱。让我们用诚挚的心灵、用文学去传递温暖，祝福灾区的人民早日重建家园。祝福祖国平安昌盛！祝福全人类都有更幸福的明天！

思念乞力马扎罗雪山的蝴蝶

    我是在一种无语的状态下读到徐颖的诗，就像一盆冰凉的水，又像一把炽热的火，让浑浊的呼吸顿时尖锐酣畅。我忍不住说：真解气啊！

    在此之前，我偶尔读一些比较敬而远之的当今的诗歌，却不承想徐颖的诗带给人的感受会如此强烈。这位 2006 年才正式将自己的诗作面世的女诗人如同一道闪电，迅疾地照亮了诗坛。

    用她自己的话说，从那时起，"一种力量让我感到生命的激情出现了从未有过的饱满，我的灵魂受到了深深的触动，就好像一座沉睡了多年的火山，突然苏醒过来，感到了不吐不快的痛……所以那些文字就从心底流淌了出来。于是我渐渐地离开了一些具体的生活，在心灵上进入了那个精神中的我"。她和她的诗的出现，以原始的方式开辟出一条条小径，向往雪山，向往丛林，向往铁道的无限延伸，期望靠近人类的理想世界。

    徐颖无时不被触动，在无眠的夜里，在行进的途中，她带着亢奋或焦虑寻找着宣泄的通道。她选择了诗歌，是生活中的诗歌，更是超越了生活的诗歌。

她的诗试图以它的个性来解释真理、永恒及生命的意义，"一条河缓流而下，要流向哪里 / 才能找到它的大海"（《一个人夜里要翻几次身才能睡去》）。她所寻觅的大海是生命的归宿和意义所在，她在追问中缓解焦虑和孤独，同时又产生新的疑惑，因此再回到追问，诗歌成为她寻觅理想之路的伴侣和同路人，借助诗的力量寻找解药，周而复始。

徐颖的诗歌所体现的理想追求鲜明夺目，气宇轩昂，希望"像秋瑾那样来一场革命"，她毫不掩饰地以一个女性的身份提出质问："很难设想一群没有理想以抗拒实在，没有英雄以彰示人的最大可能的动物是怎么生活的。"

她以为，理想，就像一颗潜伏在血液里的不安分的种子，日夜不停地在寻找着灵魂的突破口，而英雄，就是在那些突破口里喷薄而出的人，是生命的最高形式。

她大声疾呼，她要"生一个孩子就叫格瓦拉"，摈弃物质化的世俗，"戒掉啤酒 / 戒掉咖啡 / 戒掉眼泪 / 戒掉口红和高跟鞋 / 辣椒和巧克力 / 我要生一个孩子 / 叫他格瓦拉 / 我要让他的父亲事先熟悉草药 / 熟悉……"。诗人酣畅淋漓的表白，似一场荡气回肠的暴风雨，相比之下，眼见的平庸的人生混沌如泥，而理想主义和英雄主义的光芒是如此璀璨。

对爱的追求同时伴随着徐颖的理想之路，她写过很多关于爱的篇章，《颠三倒四地去爱》《如果你不爱我了》《爱的账目》《是的，亲爱的》《每一个我都爱》《我想给离别重新命名》《把离别这个词放进……》《我写你的书要翻译成 50 种外语》……她对爱的阐释直白而又妖娆多姿，体现了新女性对爱的体悟和演奏。

她的爱又不仅是对爱情的吟咏，还包含广博的仁爱："没有我爱不上的人 / 没有我爱不上的国度 / 荆棘和坎坷，委屈和害 / 孤独和碑 / 乌鸦和墓地里的草 / 这些陷于泥泞里的，我都热爱。"

《橘子在曲阜火车站的一种吃法》中描述了一对老夫妻坐在一起，互相喂吃橘子的细节，透视出诗人对细节的眷顾。在另一首《所有叫奥里弗的》的诗里，女诗人用母性的大爱召唤着好男孩坏男孩，不要犹豫，来取面包香肠和棉衣……这样的吟唱比比皆是，在她的诗中经常出现的小虫子、蚂蚁、蒲公英等最为弱小的动物植物，也无不使人领略诗人的怜惜。

而那些表达爱情的诗歌，更是体现了诗人极为充沛的想象力和敏感，看一个女人是如何想念的，"我用左边的心想了你一下 / 又用右边的心想了你一下 / 上半夜，我用狮子的身体想了你一下 / 下半夜，我还用老虎的欲望想了你一下"（《我是怎么想你的》）。对于爱情的告白，诗人有时是女人娇纵的呢喃，有时如侠客般的九死一生，有时是情人的调笑，有时是智者的深情回望。

"如果你不爱我了 / 我就不给你吃饭，不让你睡觉 / 不让你吸烟、说大话，不停地胳肢 / 让你大笑 / 不让你犯错、生病 / 不让你躺在晚年的病床上 / 看着儿女 / 幸福地等我 / 拄着拐棍到来……"（《如果你不爱我了》）徐颖的这些诗句，每每让人忍俊不禁，并深受感动。她笔下的爱情，纯净唯美，是真正的多情而又可爱，有眼泪但不是让人透不过气的悲苦，孤独却不绝望，专注但不偏执，多情而不滥情，总能使人体味到生命的美好，即或是离别和死亡，也充盈着生命的绿色气息。

　　无疑，那是诗人在用诗意的方式安抚人生。

　　"一只清晨迷路的蝴蝶／在北美洲扑扇了几下傍晚的翅膀／乞力马扎罗雪山的身高／随即，矮了一寸。"（《爱情》）徐颖就如那只蝴蝶，所不同的是，她没有迷路，而是满怀着对雪山的向往和思念，带着她的诗歌一步步接近高地，接近雪山，她扑扇的翅膀让诗歌升腾于山巅，化为清泉。

读《新时期湖北民族文学巡礼》

在空气中都密集弥漫着信息的时代里，对于信息潮，人们非常容易习惯于随波逐流，而忽略来自内心最原始的创造，包括此一时还处于边缘的文化构建，哪怕它们其实蕴含着罕见的别样芬芳。因此，发现并证实这些创造，显然更需要耐心和勇气。

吴道毅是这个时代少有的深度开掘者之一，正是经历了长期艰苦的探究，才有了今天我们所能阅读到的《新时期湖北民族文学巡礼》。

从古到今的中华文明是由绚丽缤纷的多民族文化所构成的，从千秋传唱的民族史诗《格萨尔王传》（藏族）、《江格尔》（蒙古族）、《玛纳斯》（柯尔克孜族）到浩如烟海的诗歌、传说、谚语……多民族的文学宝库异彩纷呈。新中国成立以来，仅挖掘整理的民族叙事长诗就达 100 多部，如撒尼人的《阿诗玛》、傣族的《召树屯》、回族的《马五哥与尕豆妹》，等等，它们是永远的民族经典，深深地渗透到了我们的魂魄里。

新时期以来，中国多民族的文学得到了迅猛发展，一大批在全国甚至海外卓有影响的中国少数民族作家抵达了文学前沿，他们的作品流光溢彩，有着强烈的民族特色，显示了全球化语境下独立于世界之林的中华文明。相对于边疆少数民族地区，湖北民族文学这一概念形成较晚，它是在新时期文学的蓬勃中得以展现，并受到人们关注的。

居住在湖北境内的少数民族主要是处于鄂西武陵山区和长江三峡地带的土家族、苗族，还有散居各处的其他民族。自古以来，湖北少数民族有着多民族交融但保持独有文化的传统，虽历经千百年而不变。湖北民族文学与巴蜀文化、楚文化、巫文化等多种文化有过水乳交融的碰撞与融合，如清朝雍正年间，土家族在朝廷的强力干预下实行了"改土归流"，由土司制改为流官制，朝廷派驻官员，带来多种文化的交汇，促使土家族、苗族等少数民族文化具有了更多的开放性和包容性，但同时仍保留着个体民族文化的鲜明差异性。新时期以来的湖北文学队伍中出现了自觉表现各种文化差异的作家及作品，是源远流长的湖北少数民族文化发展的一种必然。

身为武汉大学文学博士的吴道毅，很早就将目光放在了这一道独特的风景上，他几乎不加遗漏地阅读了湖北少数民族作家的主要篇什，在浮躁成风的社会氛围里，埋头坚持着自己的钻研，对湖北民族文学产生的背景、特征、地域特色、创作特点、文化精神的建构及审美品格等逐一进行了梳理。他认为，"湖北民族文学崛起的一个明显标志，是描写、表现湖北民族地域生活以及时代新生活的各类文学作品的大量涌现，出现了本地区历史上少有的姹紫嫣红、花团锦簇的繁荣局面"。同时，"作品数量的丰富或质量的提高、作家队伍的日趋壮大或曰地区性民族作家群的形成以及优秀作家创作个性的凸显，构成了湖北民族文学整体性繁荣的多方面景观……" 他用一种绘图法似的描述，细致而又清晰地展示了湖北民族文学的画卷，并在其详尽的分析中，综合了他对文学、社会学、人类学、美学的多种思考。

吴道毅是一个苗族人，自幼生活在湖北少数民族聚居的湘鄂交界之地，他的研究蕴含着不言而喻的民族深情，但体现更多的是作为一个学者的严谨和理性。他以一种开放性的姿态，从一开始便将湖北民族文学放在中国多民族文学的大格局里，并伴以世界眼光的审视。在《新时期湖北民族文学巡礼》中，我们不难看出，处于中西部地区的湖北少数民族与南方其他少数民族乃至中国多民族，甚至全球化背景下的世界民族之间的文化差异。从打通民族历史生活的航道，参与民族文化与现代文明对话的基点，可以明确地感受到学者所站立的时代高度。

在我们目前所经历的中国都市化进程中，城市在不断扩大，以一种辐射的方式逐渐改变着越来越大范围里人们的生存状态及思维方式。随着一个个新的群体（如由乡村和边远地区走进城市的人群）的产生，某些民族经验随之消失或扭曲。柏拉图说："一切认识都只是作为再认识的认识。"在高速发展的信息时代里，文学似乎更应该承担起再认识的认识，对于存留于我们身边丰繁而又在不断远去的民族经验，文学的传承显得弥足珍贵。吴道毅不仅将湖北民族文学的成果做了充分展示，并从中吸取民族经验的精华，称之为对现代文明有用的活性资源，使湖北民族文学的意义及其价值有了进一步的延伸，并由此证明了中国少数民族文学的广泛存在及其社会意义。

剧烈变化着的时代和中国的现实生活对文学其实充满了期待，文学是引领民族精神的火炬，多民族的文学在和谐文化的建设中显然具有不可替代的意义。一种颜色难以构成最美好的图画，一个音符难以奏响最美妙的音乐，只有多民族的文学共同繁荣，才会带来中国文学的最大辉煌。《新时期湖北民族文学巡礼》为更大范围的少数民族文学创作和评论提供了值得重视的宝贵参照，期待吴道毅的研究视野随之进一步广阔深邃，也期待该书的问世得到社会各界的关注，并以此来推动湖北民族文学乃至中国少数民族文学的更大繁荣和发展。

五彩云霞

最近心情一直难以平静，再过几天，我们辛劳了多时的成果就要面世，《民族文学》蒙古文、藏文、维吾尔文版刊物将在下周正式出版。

我曾在给一家创刊 60 年的刊物撰写纪念文章时，想到阳光下的树和清澈的河，树的绿荫能给经过的人们一片阴凉，是旅人焦渴途中宝贵的栖息地，而河水的滋养则更为长久。精良的文学刊物或许就是那树、那河。这三版少数民族文字的刊物又将给多少人带来精神的愉悦和心灵的悸动呢？我们期待着。

可以体会，所有第一次在刊物上发表作品，看到自己亲手写下的文章变为铅字的人，都会不由自主地加剧心跳，那一个个黑色的印刷体生机勃勃，活灵活现，简直就像要蹦出来扑进人的怀里。你会恋恋不舍地读，像饥饿的人捧着一块松软的面包，却舍不得大口地吃下去。而当目光离开那些洁净柔软的纸张，窗外如果有阳光，那将是金色和煦的，如果下着雨，则是清冽温情的，再或许走过一个人，如果熟悉，你会觉得多了些可亲，如果陌生，你投去的目光会彬彬有礼……总而言之，文学会改变一个人对生活及世界的看法，也可能会改变一个人的命运。

作为一个编者，在这个信息化的时代里，不能不揣摩纸质传媒给人们带来的感受。面对纯文学期刊受到的猛烈冲击，坐落在北京后海的民族文学杂志社要做到坚守。在我们目前所经历的中国都市化进程中，城市在不断扩大，以一种辐射的方式逐渐改变着越来越大范围里人们的生存状态及思维方式，某些民族经验随之消失或扭曲，对于存留在我们身边丰繁而又在不断远去的民族经验，文学的传承显得弥足珍贵，我们责无旁贷。

随着时代变革，作为纸质传媒的《民族文学》将注意到形式的更新与拓展，比如多媒体和网络的运用，再如与作者、读者的互动联系。近几年民族文学杂志社先后多次举办了全国人口较少民族作家改稿班，全国少数民族文学翻译家座谈会，全国少数民族"祖国颂"创作研讨班等，大江南北、雪山荒漠、边疆沿海的民族书写给中国文学的天空增添了一片片五彩云霞。

事实上，无论科技发展将给文化传播增添多少手段，但万变不离其宗，最为重要的仍然是内容。

剧烈变化着的时代和中国的现实生活对文学充满了期待，文学是引领民族精神的火炬，多民族的文学在和谐文化的建设中显然具有不可替代的意义。在如此热烈的期待之中，蒙古文、藏文、维吾尔文版的《民族文学》在中国作协领导和社会各界的支持下正式出版了。

一种文字可谓一个文化物种，承载着丰富的民族经验和独特的民族记忆，我们将精心选择 56 个民族的优秀文学作品，精心组织翻译，精心介绍给以这三种文字阅读书写的广大少数民族读者。至此，《民族文学》成为国内外四种版本公开发行的刊物，这是中国多民族文学发展值得记载的一页，是值得自豪于世界的五彩云霞。

见证者

　　29 岁的舒群在延安清凉山的小路上疾步行走，这是 1942 年的初春。风还有些凉意，月色正好，照着淙淙流淌的溪水，迎面矗立着一座牌坊，牌坊两边刻有："二水绕座晨望嘉岭塔边烟，八景环山夜对凤凰楼上月。"他抬头望去，"清凉第一"的横额在月光下依然分明。

　　清凉山古来就是一座名山，位于延安城东北，延河对岸，隔河与凤凰山、宝塔山三足鼎立，遥相呼应，高耸峻峭的山崖上有开凿于隋代以前的万佛洞，留下历代许多名人的咏词和足迹。而自党中央和毛泽东在延安时期，这里便成了中共新华通讯社、延安新华广播电台、解放日报社、边区群众报社、中央出版发行部、中央印刷厂、新华书店所在地。

　　时任《解放日报》文艺副刊主编的舒群正在日夜奔忙。就在此前，为了配合抗日战争及世界复杂多变的斗争形势，中央决定将《新中华报》与《今日新闻》合并改名为《解放日报》，作为中共中央机关报。毛泽东亲自起草了关于出版《解放日报》

等问题的通知，通知说："一切党的政策，将经过《解放日报》与新华社向全国宣达。"《解放日报》四版为副刊，由丁玲负责主编，1942 年 3 月丁玲被调到中华全国文艺界抗敌协会延安分会后，副刊的主编重担就落在了舒群身上。

舒群来延安之前，已经走过了一段充满危险和牺牲的革命之路。他是一个满族人，1913 年出生于哈尔滨阿城，原名李书堂，自幼备尝艰辛，曾求学于哈尔滨东北商船学校，因酷爱文艺，中途退学到航务局谋生，兼在商报馆做编辑，那时便开始在报刊发表文艺作品，并与萧军、萧红相识结为挚友。1931年，未满 19 岁的舒群在九一八事变后的第三天凭着一腔热血参加了抗日义勇军，1932 年加入共产党，参加第三国际工作。伪满洲国成立后，遭到日伪追捕，他从东北辗转到青岛，后在青岛被捕，在狱中写出了小说《没有祖国的孩子》，描写了一个失去家园的朝鲜少年在中国东北遭日本侵略者凌辱压迫并起来反抗的故事。舒群出狱后，此文发表于《文学》杂志，1936年发行单行本。在当时面临日本帝国主义侵略的民族危机空前严峻的形势下，充满爱国主义和民族主义思想的《没有祖国的孩子》得到文艺界和读者的好评，舒群不仅成为东北作家群的领军人物，也成为中国左翼作家联盟的重要成员之一。

1937 年抗日战争全面爆发后，舒群参加八路军并来到延安。滚滚延河水，巍巍宝塔山，让他心潮涌动，干什么都不觉得累。1942 年 4 月《解放日报》改版之时，他担任鲁艺文学系主任，同时又是《解放日报》文艺副刊主编，两副重担压在肩上，他来回奔走于枣园杨家岭和清凉山之间。改版后的《解放日报》文艺副刊，每周见报四五次，一度出现稿荒，毛泽东亲自过问，找来舒群一边商量，一边起草《〈解放日报〉第四版征稿办法》，还特地在枣园摆下两桌酒席，直接点名宴请了陈荒煤、张庚、范文澜、彭真、艾思奇、周扬、吕骥、吴玉章等人，酒宴上毛泽东亲自宣读了征稿办法，然后说："办好党报，党内同志人人有责，责无旁贷。我想诸位专家、学者必然乐于为第四版负责……当仁不让，有求必应，全力以赴，取之不尽，用之不竭……"毛泽东举杯相邀，众人尽欢而诺。自那以后，延安及各解放区的作家、艺术家纷纷向《解放日报》副刊投稿，文学、戏剧、美术、音乐精品迭出，"摆宴约稿"也传为佳话。

春意渐浓的季节，为了解和梳理延安时期文艺工作的一些动态和观念，毛泽东好几个夜晚，由警卫员提着马灯，沿着一条条山路走访文艺家，听取他们的意见，然后综合起来，准备开一个座谈会，并要求舒群等人也分别为此做一些了解。就在此后不久的 5 月 23 日，毛泽东在延安文艺座谈会上发表了重要讲话，鲜明地提出了文艺为什么人的问题，号召一切有出息、有作为的文艺工作者"必须到群众中去，必须长期地无条件地全心全意地到工农兵群众中去，到火热的斗争中去"。随后的文艺下乡运动带来了文艺的繁荣，一大批优秀作品相继出现在《解放日报》副刊上。1943 年 4 月 25 日，秧歌剧《兄妹开荒》发表，接着是马可的《夫妻识字》，贺敬之、丁毅的《白毛女》，赵树理的《李有才板话》，西戎、马烽的《吕梁英雄传》，李季的《王贵与李香香》，丁玲的《田保霖》，以及古元、力群、彦涵的木刻等。在清凉山的窑洞里，舒群手捧着那一张张飘散墨香的报纸，感慨不已。

他所站立的窑洞于 70 年后，成为纪念地。清凉山作为新中国的新闻广播、出版事业的发祥地，引来无数人的崇敬瞻仰。

学者们认为，延安《解放日报》副刊的研究是整个现代文学研究的重要组成部分。人们在黄色窑洞前久久徘徊，倾听着山林的阵阵回声，从首都和全国各地来的一批批新闻工作者在山上举起拳头宣誓，毛泽东题写的"深入群众，不尚空谈"八个大字就刻在他们眼前。

舒群一直践行着毛泽东的教诲，1943年，他参加了南泥湾大生产运动，又在抗战胜利后率领以延安鲁艺人员为主的东北文艺工作团历经两个月的跋涉，抵达沈阳，领导创建了新中国第一家电影制片厂——东北电影制片厂，并任厂长。1950年他又以作家身份奔赴抗美援朝战场，撰写了长篇小说《第三战役》。1951年舒群任中国文联副秘书长、中国作协秘书长，后又转入冶金战线，其间创作了长篇小说《这一代人》《在厂史以外》等反映工业战线的小说。

2009年，哈尔滨阿城建立了"舒群纪念馆"，门前竖立着一尊青铜塑像，舒群棱角分明的脸廓，剑眉之下沉毅的眼神和紧抿着的嘴唇，显示了作家一生的理想追求和执拗的性格。从少年时期便追随革命的舒群，历经坎坷，但他理想不改追求不变，在最困难的环境下也没有放弃文学创作。1979年恢复工作后舒群任中国作协顾问，更是孜孜不倦，相继创作出版《舒群文集》（4卷）、《舒群短篇小说选》等，并撰写了50多万字的专著《中国话本书目》和长篇小说《乡曲》。在自序中，舒群写出了一段十分透彻的感悟："在生时，作品以作家的命运为命运，而在死后若干年，作家却以作品的命运为命运，或各有各的命运。后人铁面，历史无私。"

清凉山上的名胜古迹中有一范公祠，祠中有范仲淹在延州抗御西夏时的戎装像，祠堂对联为"先天下之忧而忧，后天下之乐而乐"。范公祠对面为歇山四出水九脊十兽的古建殿宇，有一副对联为："纵观二水一城古今英雄功过，遥看三川两山历代风流善恶。"就在这上边的东山头，便是解放日报社的旧址。

古今英雄，清凉可知也。

青藏之子

    阳春三月，在美丽的西宁召开了藏族诗人格桑多杰诗歌研讨会，此时正是纪念西藏民主改革五十年的日子，又是新中国成立六十周年的前夕，无疑使本次会议更具特别意义。这不仅是青海及藏族文学值得记载的一件盛事，也是多民族文学的一件盛事。

    青海人杰地灵，在这块由汉、藏、土、回、蒙古等多民族聚居的土地上，自古以来产生了丰厚的民族文化和代表性的人物，诗人格桑多杰生于斯长于斯，是这块具有灵性土地的纯正的儿子。他的诗歌《你是阳光的婴儿》《玛积雪山的名字》《昆仑的云》《醒来吧，萨尔格》等非常鲜明地显示了藏文化的特征，雄阔高远而又丰富多情，对自然和生命的向往深沉、执着和纯真。从他的诗歌里，可以读到藏族深厚的历史文化以及翻天覆地的变化，也可以读到高原的一幅幅各具特色的图画，带给人们独特的审美惊喜。

    有评论家称，在藏族文学坐标系上，格桑多杰作为新中国藏族诗歌的奠基人之一，具有不同寻常的历史功绩。他出生于1936年，与1933年出生的伊丹才让、1934年出生的丹真贡布、1935年出生的饶介巴桑，为人们公认的当代四大藏族诗人。格桑多杰作为地道的青海诗人，作品在青藏高原广泛传播并为高原各族人民群众喜闻乐见，他吟诵塔尔寺、三江源、可可西里、玛积山、昆仑山和美丽的家乡，为青海作家和诗人提供了辽阔的想象空间。

多年来他公务繁忙，将全部身心融入青海的富裕进步之中，因此他的诗歌始终关注着同胞的命运和青稞的芳香，关注三江的奔流和雪莲的开放。他的诗歌所饱含的深情，是他长年跟土地和人民亲密接触的情感抒发，也是他对自己负有的责任的诗性表达；他的诗是他热爱山川、热爱人民、热爱祖国的最好见证。

众所周知，改革开放以来，中国的少数民族文学得到了极大发展，格桑多杰是其中具有代表性的人物。他从《民族文学》创刊之初，便一直担任编委，同其他热情洋溢的少数民族作家一道，以自己呕心沥血的持续努力，为少数民族文学的繁荣作出了积极有效的探索。他与其他藏族作家、诗人的作品所具有的独特色彩，在中华文化百花园里弥足珍贵。也正是因为少数民族文学的鲜花不断绽放之势，扩大《民族文学》阵地的呼唤才应运而生。《民族文学》藏文版的创刊，是包括格桑多杰在内的藏族作家多年努力耕耘的结果。

格桑多杰的诗歌给读者带来诸多启示，尤为重要的是，如何保持民族性，坚持时代性，可从这位青藏之子的歌唱中找到形象的阐释。他与他的诗影响了许多读者，可以期盼在那块圣洁的高原之地，多民族文学的格桑花将开放得愈加绚丽！

阿凡提的微笑

　　艾克拜尔·吾拉木是维吾尔族人，民族文学杂志社的同事们都知道，他讲阿凡提的故事已有几十年。骑着毛驴的阿凡提俏皮风趣，是民间智者的化身，也是维吾尔族传统文化的优秀结晶。多年来，艾克拜尔·吾拉木一直不间断地收集整理、编译研究，先后出版了《阿凡提故事大全》《世界阿凡提笑话大全》《阿凡提笑话的人生智慧》等系列作品50余部，还担任编剧拍摄了电视连续剧《阿凡提》《阿凡提传奇》等。

　　几年前，由民族文学杂志社和新疆青少年出版社等多家单位联合在京举办了"艾克拜尔·吾拉木《阿凡提》系列作品研讨会"，那天的会场很热闹，除了众多的评论家，还有一些影视界的人士参加。曾为孙悟空、唐老鸭配音的李扬也曾为阿凡提配音，他在现场学说了一段，逗得大家捧腹大笑。

　　许多参会的人都惊讶地说，打小都知道阿凡提，读着他的故事长大，却不知道其中的好些故事都是这位艾克拜尔先生收集翻译的。

其实艾克拜尔·吾拉木出生于翻译世家，他的父亲就是一位著名的文学翻译家，曾参加《三国演义》《红楼梦》《水浒传》《离骚》等古典名著的维文翻译工作，还翻译过《高玉宝》《果戈理》《战争与和平》等中外名著。艾克拜尔的哥哥艾尼瓦尔·吾拉木也是一位维文翻译家，曾翻译出版过《格林童话》等多种文学作品。

出生在新疆的艾克拜尔·吾拉木，几岁就随父母来到了北京，后来又作为知青插队回到新疆，当过农民、工人。1975年从新疆大学中文系毕业之后，当过记者、编辑、秘书等，后在民族文学杂志社从事文学编辑和翻译。他刚着手翻译阿凡提故事那会儿，有些新疆的朋友似信非信，说在北京生活了几十年的艾克拜尔·吾拉木还能搜集翻译阿凡提吗？听了这话，艾克拜尔·吾拉木自己也有些犯嘀咕，他想来想去，对这类问题只有一个答案，就是一头扎进民族民间文化的海洋，去寻找阿凡提，亲近阿凡提。苦心劳作几十年，古老而又年轻的阿凡提成为他最亲密的朋友，阿凡提的故事也成为他生命中最重要的一部分。

功夫没有白费，广大读者和众多的评论家对艾克拜尔·吾拉木的辛勤劳动给予了高度评价。

积劳成疾，那年的一个秋日，艾克拜尔·吾拉木的妻子茹仙发现，他在与新疆的一位朋友打电话时，一只手压着胸口，嘴唇发紫，大汗淋漓。茹仙当即叫来了救护车，后来医生说，要是再晚来一会儿，也许就耽误了。检查的结果是心肌部分堵塞，要动大手术，朋友们陆续去看望他，但医生说最好不要多说话。在他手术前夜，我忍不住心里的忐忑，想给他打个电话，却不知说什么好。我想到了他的阿凡提，便给他发了一条短信："阿凡提说，勇敢的人笑着面对一切，善良的人宽容地对待一切，他还说，艾克拜尔·吾拉木会平安幸福长寿，再来翻译我所做的一切！"

过了一会儿，他便回了短信："明月每晚都会升起，太阳也会每日升起，阿凡提不是一幅老照片，艾克拜尔·吾拉木还会雄起！放心！"

那是一个秋意渐浓的夜晚，是一个容易感伤的时节，但艾克拜尔·吾拉木以阿凡提的微笑迎接了所有的一切，他的手术很成功。数日后，他给同事和朋友们发来一条颇长的短信，引发大家在后海院里愉快的议论。

他写道："患过大病，才知道健康；孤独在外，才知道家庭；住院三月，才知道外面；走过心路，才知道忧乐；度过岁月，才知道坎坷；迈过山梁，才知道大海；交过挚友，才知道磨合；读过好书，才知道修德；做过实事，才知道真理；怀过梦想，才知道选择。非常感谢您在我患病期间对我的牵挂和关心！"

那是他在生命经历严峻考验之后的真切之言。

我想，除了大家的关心，带给艾克拜尔·吾拉木以生命的勇气和豁达的一定还有翘着胡子的阿凡提，以穿透人世的智慧抚慰了他的心灵。

《民族文学》于2009年8月创办了包括维吾尔文在内的三种少数民族文字版，作为编委的艾克拜尔·吾拉木如鱼得水，积极发挥了他的长项，奔走于翻译家队伍之间。其间，他还继续着阿凡提故事的翻译，先后又出版了《阿凡提故事荟萃》《聪明的阿凡提：巧斗巴依》等多种书籍，并担任了300集3D动画片《阿凡提》的总策划，该片由中科院艺术中心和宁波民和文化传媒有限公司联合制作，即将在央视少儿频道和新疆电视台同时开播。

贝加尔湖部落

小说集《神奇部落》汇集的是鄂温克族女作家敖蓉的 5 部中短篇小说。

鄂温克人主要分布在黑龙江省讷河市和内蒙古自治区，敖蓉便生活在内蒙古风光壮美的莫力达瓦，那里有富饶辽阔的黑土地，有胜似江南的碧波湖水，还有密密的森林。鄂温克人有语言但无文字，他们将自己的民族叫作鄂温克，意思是"住在大山林里的人们"。只有 3 万多人口的鄂温克族经历了漫长的历史风沙，积淀了独特的民族文化，世代相传的神话、故事、歌谣、谜语滋润着鄂温克人的心灵，他们擅长用舞蹈和歌曲来记载历史和祖先的足迹。

敖蓉就是在这样的氛围里成长，并开始文学写作的。

她的小说经由贝加尔湖水和葱郁的大兴安岭的濡染，散发着桦树皮的清香，同时挟带着森林的野性。这几乎成为她所有小说的基调，无论是写人描物，还是对某一个故事的铺展，都能让人呼吸到这样的气息，这或许就是鄂温克的气息。

篝火、驯鹿、森林、萨满、猎人和猎犬……在敖蓉的《神奇部落的神秘女人》《映山红》《古娜吉》等作品中多有再现，让读者细致地感受到鄂温克人的生活场景。如驯鹿，古时记载鄂温克"畜鹿如牛马，使鹿牵车，可乘三四人，人衣鹿皮，食地苔，其俗聚木屋"，驯鹿被称为"森林之舟"，人与鹿的亲密相处是鄂温克族人生活的重要内容。父亲驾着雄鹿奔驰，女人精心调养驯鹿，鹿群的兴旺给人们带来欢欣，而每当灾难降临之前，群鹿都会睁大惊恐不安的眼睛……勤劳的鄂温克妇女洗衣做饭，缝补皮衣皮裤，拾柴火，割草皮，给驯鹿驱虫、喂盐，"尤日卡饲养的驯鹿长得膘肥体壮、生龙活虎，熬出来的鹿奶茶甜润可口、香气逼人，驯鹿头上的七叉犄角也与众不同，如一棵枝繁叶茂的小树一般"。这些特别具有民族特征的细节在敖蓉的小说中随处可见。

生活在山林里的鄂温克人，用简朴真切、互敬互爱的方式与大自然朝夕相处，随意砍伐、无来由地折断一根树枝都会引得鄂温克人的心痛。敖蓉写道："鄂温克人有一个不成文的规定：做饭和取暖用的柴火，必须是枯枝或倒木，即便捡不着枯枝的日子，也不能损伤活性树木，更不能乱砍滥伐。"

她笔下的小主人公因为折断一根树枝而被人足足瞪了一分钟，因此再捡柴火时只捡枯枝，小心翼翼。为了个人的贪欲而糟蹋森林的人会遭到所有鄂温克人的唾弃。敖蓉的作品强烈表达了对自然的珍爱以及感于环境退化的忧思，大兴安岭是苍天恩赐的绿色宝库，在那里，敖鲁古雅的蚊子都是毫无毒性的绿色昆虫。她写道："如果草尖上没有蜻蜓飞舞，如果林子里没有鸟鸣和野兽的奔跑，自然界将是多么的沉闷和单调，人类社会将是多么的毫无色彩和了无情趣啊！"

作为女性，敖蓉在书写民族以及民族生存环境的同时，还关注着民族女性的命运。森林深处的鄂温克人随着社会经济的发展，也一步步地走出大山，结束了狩猎，甚至相当一部分人结束了放牧和耕植，进入都市化的行列。祖辈千年的生活方式得以改变，女性的命运也随之改变。或许是对这些女性的深度熟悉，敖蓉对小说中的一个个女主人公，采用的多是近似于写传的手法，来讲述她们的一生。尤日卡、娜得娥、古娜吉这些美丽的名字，这些"森林之舟"的女儿，凝聚着敖蓉心中对美好的向往。古娜吉，鄂温克语的意思是仙鹤，一种吉祥、神奇的鸟。敖蓉笔下的古娜吉和她的名字一样美丽，桦树一样婀娜的身姿，树叶般薄薄的双眼皮，母鹿一样又黑又亮的大眼睛，清澈透明得令人不忍伤害。可这些女性大都命运多舛，在动荡的时代变迁中几经沉浮，而至伤痕累累。鄂温克人说："沉睡的虾会被激流冲走。"身处弱势的女性怀着对命运的不甘，追求爱情，保卫家园般的森林和人世间的纯真，虽累遭伤害，但始终相信"一个人心中有希望，有目标，有一种永不言败的精神，就一定会跑到幸福的彼岸"。

敖蓉对文学的追求也如同她笔下的女主人公一样，总是心存希望和目标，一直不停地奔跑。她以对鄂温克女人们的理解，为她们立传和代言。

被誉为"森林之舟"的鹿善于奔跑，柔顺、美妙，具有神力，也象征着生机、活力和兴旺，敖蓉在文学的长路上跋涉，"森林之舟"给予了她前行的力量。她向世界传递着鄂温克人的气息。无论她的文字还存有多少粗糙，文学之梦的圆满还需要经过多少星星和月亮的照耀，读者都应该感谢她的传递，因为她使得当下的人们能够瞩目"森林之舟"滑行的轨迹。

这些年轻的名字

——《民族文学》蒙古族"80后"作品专号卷首语

多年前，"80后"文学就已经风生水起。有人认为"80后"作为青春文学的表现，早期停留在自我的迷恋，是泛审美时代的颓废与虚无之花；还有人认为"80后"文学的热闹是文化消费与商业炒作的作用，意味着文学偶像化、商业化时代的进一步来临。可无论怎样众说纷纭，"80后"文学无疑是新世纪历史语境下重要的文学浪潮之一。

一代有一代之文学，王国维早在他的《人间词话》里说及。事实上，"80后"文学的兴起应是势所必然，众声喧哗之中，"80后"文学以越来越昂然的形态向前跃动。而在此之前，尚未引起人们关注的少数民族"80后"创作也正在悄然兴起，《民族文学》2010年第4期推出的"蒙古族'80后'作品专号"就是一个实证。

照日格图、苏笑嫣、木琼尔、陈萨日娜、查黑尔特木日、赵吉雅、金达、扎·哈达、周静、新醍博、呼·布和满都拉、欧其尔加甫·台文、桑杰等，对于文坛来说，这些年轻人的名字尚且陌生，他们大多是第一次在国家级文学刊物上正式亮相，但有着深长的意味，让我们聆听到一个古老民族新一代的文学话语。

蒙古族的"80后"文学，与其他民族的"80后"文学一样，糅杂着叛逆、感伤、多元，由关注自我逐渐延伸到思考社会。木琼尔的中篇小说《雏凤清声》表现了母女之间不可抹去的代沟，妈妈林木是个理想主义者，凡事都求完美，处于青春期的女儿则不以为然，在工作、爱情等一系列问题上反抗着"不听林木言，吃亏在眼前"的教诲，但又始终与妈妈欲远还近，亲密却有间，细节和语言生动幽默，富有情趣。陈萨日娜的小说《情缘》在叙述几个年轻人爱情纠葛的同时，贴切地表现了当下蒙古民族的生活及情感方式。新一代走进校园和城市的风景，多元的选择让人眼花缭乱，"有情歌，有爱语，有札鲁特，乌珠穆沁的摄影……"草原的女儿在探求中梦想成真。

还有赵吉雅的《片片枫叶情》、金达的《503号宿舍》、扎·哈达的《我的女老板》，从不同的生活场景中摄取了"80后"求学、生存的各种画面，富有象征意味地分别定格在"紧紧地拥抱在一起""依旧非常热闹""现在我到底该怎么办呢"的镜像中，表达了"80后"所经受的磨砺，以及在困惑和追问中的成长，让我们对蒙古族新一代的生活有了多彩的解读。

查黑尔特木日是一位用母语写作的年轻人，他的小说《巴拉嘎日河边的故事》（哈森翻译）描写了一群大学生，自觉保护民族历史文物的故事，表现了新一代蒙古族青年鄙视金钱至上、追求理想的价值取向。在呼·布和满都拉、欧其尔加甫·台文、桑杰、周静等人的散文、诗歌中，我们读到《往事飘过河流》《忽必烈狩猎》《我在秋天洗涤着思绪》《羁不住的心》等篇章，表达了面对全球化和都市化带来的文化趋同，种种情感的纠葛以及倾诉的欲望。

他们虽然来自不同的地域，但似乎是登上了同一辆列车。文化悠久的蒙古族在历史上曾有过无数次与其他民族的交汇融合，他们在包容拓展的同时，从容地保留着自己民族独有的文化脉络，以及富有音律和表现力的语言文字。这些，我们可以在经典的《蒙古秘史》中读到，也可以在当代蒙古族作家的作品中读到，眼下，"80后"的蒙古族年轻作家们也给了我们这样的感受。草原、库布其沙漠、辽河、牧人，那些并没有淡去的风景带着蒙古民族的骨感，苍茫而又高远。

从网络上，我们可以见到一群"80后"的文学宣言："我们需要思考，我们需要沉淀，我们更需要特立独行的探索。"显然，"80后"文学给予文坛的冲击波还远没有结束。伴随着又一次浪潮的开始，少数民族的"80后""90后"将会在以后的岁月里吸引更多人的目光，他们之中将会产生更加耀眼、更加具有独特风格的文学精品。

祈福玉树

——《民族文学》藏族"70后""80后"作品专号卷首语

生活在世界屋脊青藏高原一带的藏族，是离天空最近的民族，他们想象的翅膀翱翔在雪山之巅、蓝天白云之间，藏族文学如同怒放在高原上的格桑花，美丽、挺拔。《民族文学》2010第5期编辑了藏族"70后""80后"作家的作品专号，这是藏族青年作家的一次集体亮相，也是底蕴深厚的藏族文学在新世纪的青春展示。然而，就在这期刊物即将付印之时，震惊世界的青海玉树地震发生了，4月14日，一个让我们紧紧揪心的日子。

玉树，聚居着众多的藏族同胞，当我们的藏族青年作家专号还没来得及呈现，玉树倾斜，大地颤抖，让我们伸出手来，再一次传递温暖。藏族青年诗人嘎代才让、多加·索南多杰、才登等用他们的诗歌表达了我们的心声：玉树，你不能倒！

我们谨将"藏族青年作家专号"献给玉树，献给为玉树救灾的所有人！

在这期专号里，有藏族青年诗人献给玉树的诗歌，还有藏族青年作家献给玉树的小说、散文。

女作家尼玛潘多的小说《城市的门》，描写了一位从小只到过邻村的藏族女子桑吉，跨入城市之门，寻找男友强苏多吉的曲折经历。她忐忑不安地寻觅在城市的人海里，希望看到情人发上飞扬的红丝线，她遭遇了灾难、欺骗和抛弃，也幸逢了慈悲、怜惜和爱情，文笔细腻，暗示了缘分的存在和人心的相互体谅。复杂多变的人生，鲜明饱满的民族性格，结构成一个个扣人心弦的故事，好看又耐读。

赵有年的小说《温暖的羊皮袄》，描写了一家藏饰专卖店的女老板华措吉面临生意萧条的困境，并不气馁，琢磨民族服装设计风格的创新，而后逐渐走出了低谷。藏袍、腰带、辫套、耳环、彩帽、珊瑚、琥珀、松耳石，巴滩女人、男人离不了，追赶时尚和潮流的上班族也渴望穿戴。民族与传统在藏服的精彩描绘中铺陈，男子的装束威武、宽松舒适，女子的纤巧、华丽庄重，生活方式的改变潜伏着爱情和命运的变异。对于女性的深入刻画，透视出藏民族崇尚美丽，富有生命激情的心理。

扎西措的《云朵上的梦》，讲述的也是女性故事。在藏族姑娘花花的眼里，母亲和她的情人大胆而又深情，但又不无顾忌，花花的梦想是要飞出大山，当她终于理解了母亲并有机会踏上出山之路时，突然的变故将一切改变，花花仍然留在了山里，看似偶然，却是必然。

在藏族青年作家的小说中，流动着传世的悲悯和利益众生的莲花之心，引导读者穿越俗世生涯，体味精神不断攀升的向度。拉先加的小说《影子中的人生》，回忆小时候，恍若看到自己前世的前世，留恋于离太阳最近的高原的某个角落，简单而快乐地成长，体现了年轻一代在现实与理想之间的追寻和徘徊。

德乾旺姆的《轮》写的是生命的顽强和延续，在不断老去的岁月中感悟，幸福和痛苦取决于力量的指引。永基卓玛的《雪线》用一种寓意式的写法，将一对萍水相逢的男女青年置身于大雪飞扬的车道上，雪山像一个敞开胸怀的天神，坦然接受人们的膜拜，然而上升的高度中存有不能逾越的雪线，人在登山的同时经历着自省。还有觉乃·云才让的《心愿》、范玉蓉的《弦子舞》、格央的《铁匠的女儿》、江洋才让的《小说二题》等，通过许多生动鲜活的细节，表达了藏族年轻一代对现实生活的观照和思辨。

在白玛玉珍、王更登加、次吉、王小忠、刚杰·索木东、扎西才让等人的《牧场四季》《我的草原冬天》《像梅一样傲立》《记忆中的小院子》等散文中，读者会走进海拔4000多米的青藏高原，那里的太阳往往升得很早，具有春的希望，夏的繁忙，秋的交换，冬的超凡脱俗；那里美丽与严酷并存，离不开对大自然的祈祷，用人心的温暖换取自然的包容。暮色中的马和羊儿，头都会朝向一个地方，那是家的方向，这些有灵性的牲畜与高原的宁静使人心生感动和敬畏，沉浸于玛曲（藏语"黄河"之意）边的小草，捡拾不起的落地尘埃，长足的行囊，以及马蹄声远……

"经幡翻飞／隆达高扬／羚羊群骚动／雪原依旧沉默／双手合十／盘腿打坐／传来女子种在春天里的歌声"（高次让《安多的秋天》），诗人高次让、王志国、德乾恒美的吟唱耐人咀嚼，人在他乡，呼唤故乡。牧羊人，从遥远的天边，把白雪里丢失的道路，一步步找了回来……诗性绵长，给人无尽的遐想。

格桑花象征着吉祥和幸福，藏族青年作家的作品专号，显示出藏族文学的繁荣和鲜明的青春气息，相信会给关注藏族文化和藏族人民生活的读者带来内涵丰富的精神之旅。

丝绸之路上的绿洲

——致维吾尔族青年作家群

　　风沙掩不住的古丝绸之路，从一个绿洲到另一个绿洲，在漫长的岁月之中，将多民族与多种文化交汇在一起，从古至今行走在这条漫长道路上的维吾尔族人得以创造了丰富、具有天然多样性的文学财富。

　　诞生于 11 世纪的不朽长诗《福乐智慧》是维吾尔族文学的第一座丰碑，伟大诗人玉素甫·哈斯·哈吉甫撰写了这部享誉世界的巨著，用诗剧的形式反映了维吾尔族在中古时期的社会生活。精彩的描述和深入的议论传达了深邃的思想，以知识的力量将人们导向幸福、公正、睿智。以阿凡提的故事形象为代表的维吾尔族民间寓言传说流传甚广，那些或神奇机智或寓意深远的故事，表现出鲜明的爱憎，生动地体现了维吾尔族的道德观念和生活哲理，表达着他们顽强、乐观、风趣的民族性格。而以吟唱神话传说、英雄史诗、爱情叙事和民歌等的大型套曲《十二木卡姆》，以它奇特的存在和无法比拟的表现，被称为"人间非典型音乐"。它们沿着丝绸之路，添加着不同民族的色彩，不断地继承和创造，既是民族的，也是世界的。

现当代的维吾尔族文学从"五四"新文学和俄苏文学中汲取了丰富的滋养，将祖国命运、人民解放作为关注的中心，产生了大量优秀的文学作品，如曾经受到陈潭秋、林基路、茅盾深刻影响的诗人黎·穆塔里甫在抗日战争时期写出《中国》《我青春的花朵就会开放》等许多热情洋溢、歌颂祖国的诗篇。铁依甫江·艾里耶夫的《祖国，我生命的土壤》《一位老战士的嘱咐》等，以恢宏磅礴的气势，深沉激越的感情而脍炙人口。新时期以来，长篇及中短篇小说、散文、评论、歌剧、话剧、电影文学剧本这些现代文学体裁的作品相继问世，许多老作家、老诗人重新焕发青春，克里木·霍加、柯尤慕·图尔迪、祖尔东·萨比尔、麦买提明·吾守尔等闻名遐迩，他们的作品语言精湛，寓意深刻，祖国高于一切、重于生命的炽烈感情在许多作品中得到鲜明体现。

随着21世纪进入又一个十年，维吾尔族文学呈现出更多的活力，尤其以新一代作家和翻译家的出现为标志，凸现了古老丝绸之路上的诱人绿洲。《民族文学》出版的"维吾尔族青年作家专号"是一次相对集中的展示，从总体上看，这些出生于"70后"及"80后"的青年作家，显然充分吸吮着前人的滋养，体现出对民族文化的继承和对世界文化的吸纳，也表达着对现实生活的深刻观照，试图用智慧之灯照亮尘世之路，同时又体现出艺术风格、创作手法的多样化。

比如居住在伊犁河畔的凯赛尔·柯尤木所写的中篇小说《苹果树下的梦》，将现实与梦幻交织在一起，一次次提出对金钱、情爱、道德的思考，发出哈姆雷特式的疑问：我是谁？小说通过人物巴图尔的双重体验，感受着人的消失，人出生之后就会在命运的摇篮里摇摆……深深触及人的内心。

《伊尔法的日记》是一部儿童文学作品，作者阿依努尔·多里坤描写了一位维吾尔族少年的成长。小男子汉的最大渴望是：拥有一把魔扇，在沙漠戈壁上轻轻一扇，沙漠一下子绿树成荫，河流奔腾，土壤肥沃，犹如传说中的伊甸园。作品感情纯真，采用了一系列看似琐碎但细腻动人的情节，体现出维吾尔族青少年热爱知识、保护自然、尊重礼仪等优秀品质。

马合穆提·尤利瓦斯的小说《青芦苇……》，描述了美丽的伊犁河畔，在连绵起伏的土坡上，土百灵悦耳的鸣叫，芦苇丛和开着淡蓝色花的马兰花丛随风晃动，就好像蔚蓝的大海上波涛翻滚。农人将欢笑和哭泣、歌声与情爱交织于一片片芦苇之中。小说语言充满了维吾尔族惯常的诗意，将人们带入美丽和梦幻的境界。

阿娜尔古丽和阿舍是两位生活在新疆之外的女作家，她们的家世及本人的经历印染着多民族血统和文化的融合。阿娜尔古丽的中篇小说《左岸番茄》，叙述了一对从远方走进城市，为生存而奔波的情侣，不同的耕耘难免会有不同的收获，品尝不同的滋味。阿舍的散文《白蝴蝶，黑蝴蝶》是一篇耐读的作品，她用具有粗糙砂土质感同时又不乏精致的语言，描绘了西北的一幅图画：一群飞舞在沙漠边缘的白蝴蝶黑蝴蝶，一群奔走于此的少年伙伴，体验着时代和自然的风流云散，每一副骨骼里因而都有着裂缝，都有着钻进裂缝里的沙子。沙漠的历练，蝴蝶的眼睛，自在和明亮的歌声，让人眺望到荒芜广阔的沙漠，以及小小的身影。

如果聆听过《十二木卡姆》中的"没有你,我要这生命干什么;没有你,要那天堂和天仙干什么。苦恋于你,我流了那么多的泪水,又要那淅沥不断的春雨干什么……"或许会更好地理解艾哈买提·玉苏浦的《你什么都不要说》。它更像是一首散文诗,一连串的"你什么都不要说",将爱情的火花和缠绵表达得噼啪作响,"生与死紧紧缠绕在一起的地方就是你要来的路,我站在远处,望着那条路将手中盛满不安与忧伤的金碗摔得粉碎"。

还有热孜古丽·卡德尔所写的《迷雾》、玉苏甫江·达吾提的《给母亲的信》、阿依木尼沙·苏莱曼的《心灵的闪光》,揭示你向别人乞讨的财富带来的只是屈辱,乞讨来的享乐不会有精神的享受;生命充满奥妙和真谛,不能为了名利而放弃真谛。阿尔孜古丽·艾则孜的散文诗《女人的心》、阿不都热西提·麦麦提的《维吾尔姑娘》,分别表达了对女性的赞美,对爱的期盼和倔强。

诗歌一直是维吾尔族人表达心声的自然方式,如阿亚提努甫斯·买买提的《清晨的独白》,流露出对父辈的怀念,吟唱祖先用坎土曼翻阅历史,赤着脚从沙漠中走来,领悟带给自己的启示;给月亮讲童话的女婴,用天籁之音教会了那些绿叶子一首新的歌。还有艾比拜·斯马以的《生日那天》、哈力木拉提·阿布力米提的《思绪》、阿斯木江·乌布力卡斯木的《当水流入我的田野》、买买提江·达吾提的《塔克拉玛干》、艾尼瓦尔江·亚森的《你原来如此》、阿布都瓦力·克然木的《忘却》、阿卜杜外力·艾萨的《买火柴》、霍加穆罕麦提·穆罕麦提的《昨天比今天远一天》,从这些诗行里,可以感受到维吾尔族人所具有的诗性的思维方式,以及流动在血液中的热情奔放。

维吾尔族有着自己优美的语言。2009年创办的《民族文学》维吾尔文版，一直得到维吾尔族青年作家的深切关注。《民族文学》"维吾尔族青年作家专号"大多用母语写作，正是得益于译者伊力亚·阿巴素夫、麦迪娜、伊丽欣娜、铁来克、甫拉提·阿不力米提、艾则孜·艾山、艾克拜尔·吾拉木、狄力木拉提·泰来提、伊明·阿布拉等。

"你那黑羔皮做的帽子，我戴行不行；你那玫瑰似的嘴唇，我吻行不行。"（《十二木卡姆》）随着丝绸之路的延伸，我们感受和亲近着维吾尔族文学的魅力，犹如感受着沙漠绿洲带给人们的清凉甘甜。无疑，维吾尔族青年作家群的崛起，是丝绸之路上新的绿洲。

容美诗话

　　鹤峰，位处湘鄂川黔交界，土家族、苗族等多民族聚居之地，古为容美土司所辖，上溯秦时，已有记载，后世更盛，有"自汉历唐，世守容阳"之说。明依元制，土司田氏受封为宣慰使，世代相传。同西南其他土司相比，容美土司所辖地域宽阔（含鹤峰、五峰、恩施等），实力强盛，自唐元和元年到清朝雍正十三年改土归流，稳定一方历时 930 年。容美历代土司以知书识礼为重，其子孙皆高才识学，能诗善文，所谓"容阳障半壁，田氏宿多辞"，曾有《紫芝亭诗集》《容阳世述录》《古城记》《田氏一家言》等著作传于后世，受到"地连荆蜀称才薮，天接西南散缔霞，历代山河应赏世，千秋人事是名家"的称道，当载入中国少数民族文学史。其不仅是土家族古典文学的高峰之作，也是研究湘鄂川黔历史文化的重要史料，是中国历代多民族文学的宝贵财富。

　　鹤峰一地景色奇丽，山山堪作画，岸岸可垂纶，催生了此地古往今来的美妙文章。改革开放时期，更是人才辈出，华章迭起，《鹤峰作家文集》正是这一引人注目的文学现象的记载。此套丛书包含的作家有李传锋、王月圣、邓斌、向国平、杨秀武、周长国、龚光美、唐敦权、田良臣、向端生、梁寿臣等，堪称新时期崛起的"鹤峰作家群"。

生长于鹤峰并一直书写这片土地且在全国具有广泛影响的著名作家李传锋曾先后担任《长江文艺》小说组长、《今古传奇》主编、《民族文学》编委，以丰硕的创作成果引领了鹤峰文学，并以其价值观影响了一批批鹤峰文学人。改革开放初期，即有王月圣的《唐喜娃拜年》《金黄的山湾》、向国平的《赶年贝锦寨》、周长国的《盖面肉》、杨秀武的《啊，鄂西》、田珍安的《野渡》、龚光美的《凤凰俦》《美人赠我金错刀》相继在一批省级刊物上发表，从而在湖北文坛崭露头角。

继而，随着恩施土家族苗族自治州文联的成立，王月圣主编的刊物《清江》，鹤峰的小型文学刊物《溇水》《满山红》《百步蹬》也相继出现。鹤峰作家经常相互切磋，共同探讨，营造了良好的批评氛围和广袤的文学土壤，逐渐形成了厚实的群体实力。王月圣的《撒尔嗬》《太阳从西边出来》、龚光美的《沧海之恋》、杨秀武的《清江寻梦》、唐敦权的《刘维根的乡下生活》、鹤峰作品汇编《鹤鸣苍山》等长篇小说或文集纷纷出版。

辛勤耕耘带来的收获的喜悦，凸现于 21 世纪。鹤峰作家近年来先后有邓斌、向国平的《远去的诗魂》，杨秀武的《巴国俪歌》摘得全国少数民族文学"骏马奖"的桂冠，标志着鹤峰文学的厚积薄发。并有一批新老作者笔耕不辍，相继有周长国的传记文学《容美土司王——田舜年》，祝光强的《容美散论》，向国平的《鹤峰民族文化新论》，赵国平与向国平、陈鹤城共同编著的《鹤峰傩愿戏》等著作的出版。显示了鹤峰作家群体的民族文化意识和愈加广泛的历史视角，其体裁、内容及风格丰富多彩，艺术技巧也愈加成熟并各具特色。

《鹤峰作家文集》的出版，是鹤峰文学的又一次集中展示，也可视为当前鹤峰作家群具有代表性人物的一次检阅。这套文集的出版，将会引起人们对这一群体更为积极的关注和思考。

作为出生在恩施山乡的土家族作家，我有幸得以了解包括鹤峰在内的武陵山区及三峡地区的优秀文化，并有幸在恩施及湖北文学自改革开放以来的繁荣发展中，与李传锋、王月圣等诸位朋友在多年的文学交往中结下深厚情谊，深知他们对文学的不懈追求，始终如一的社会责任感、集体荣誉感和民族自豪感。同时，也深知在此期间，曾在鹤峰、恩施执政一方的历届领导对民族文化的发展所具有的远见卓识，以及多年来采取的扶持奖掖等实际举措。正如一位鹤峰作家所言，近年来鹤峰的文学发展环境是"四季如春"，温暖和煦的美好环境，使得百花争相绽放，给鹤峰人民带来了滋润心灵的精神食粮，促进了当地的社会经济发展，更给后世积累了珍贵的非物质文化财富。

鹤峰虽然地处崇山峻岭之中，但自古以来就是一个具有开放和包容心态的地方，这里的多民族之间，土著族群与客家人之间，以及当地人与外地人之间相互交流，取长补短，恰如其分地体现了汉族离不开少数民族，少数民族离不开汉族的依存关系。鹤峰曾接待过无数外来文人墨客，今又有来自全省、全国的作家、评论家笔会多次在此举办。在千百年来的文化积淀、碰撞、融合中，鹤峰文学独树一帜，渐入佳境。清代容美土司田舜年曾赋《中秋登楼》一诗道，"光明高揭，良宵佳境，双逢乐事，辉煌阀阅"，正好用来作为当下鹤峰文化及各项事业繁荣昌盛的写照。

　　回首历史，中国少数民族文学自新时期以来有了长足发展，与已成格局的蒙古族作家群，藏族作家群，新疆维吾尔族等多民族作家群，宁夏回族作家群，广西、云南等多民族作家群一样，武陵土苗作家及鹤峰作家群也有着自己独特的存在和良好表现。多民族文学的灿烂增添了中国文学在全球化背景下的勃勃生机和亮丽风景。恰逢其时，《鹤峰作家文集》得以出版，并邀我为序，让我再次领略了来自家乡的自豪和愉悦，借此祝福鹤峰文学如东流之水通往更为广阔的天地。

不可缺失的恩施记忆

——《抗日战争时期湖北省临时省会——恩施文化风云录》序

在中国西南的版图上，有着显著的葱绿和土黄，那是绵延不断的崇山峻岭和巍峨的高原，武陵山脉及大巴山的汇合之处，那些险峻的山峦不仅养育了世代生活着的土家族、苗族等多民族人民，而且在历史的危难时刻，成就了鄂西南一方的风云变幻、奇象万千，《抗日战争时期湖北省临时省会——恩施文化风云录》所呈现的便是那样一幅让人们永远不能忘怀的特殊的历史画卷。

1937年，日寇从东北进入后步步逼近华北、华中，进而攻克武汉，气焰嚣张地溯长江而上，企图占领宜昌以西，从而控制重庆，视整个中国大西南如囊中之物。可是令日寇没有想到的是，他们一头撞在了长江三峡坚硬的石壁上。那是中国古代最伟大的诗人屈原的故乡，诗人最痴情的莫过于自己的祖国和百姓，宁愿以血肉之躯投向汨罗，召唤人们的爱国之心，那样的情怀即便是亘古不变的高山大川也为之动容，巴山楚水因而早已浸透了中华精魂。震惊世界的鄂西会战就在宜昌恩施一线的石牌岭悲壮展开，好男儿几个昼夜的血战，歼灭日寇两万余人，西行的铁蹄就此被斩断。

于是，相对日寇占领的沦陷区，以恩施重镇为中心的鄂西南在抗战时期便成为一片宝贵的安全地。1938年，湖北省政府及省属的大批机关、学校、商界如潮水般涌至恩施，给千百年来偏僻冷清的鄂西山区带来了经济文化的特殊繁荣。抗战时期，恩施山城作为湖北省政府和第六战区长官司令部所在地，成为战时陪都重庆的坚固屏障，不仅在经济上对于重庆乃至整个中国后方举足轻重，而且因各路文化精英的纷至沓来，掀起了轰轰烈烈的抗战文化热潮。

恩施抗战文化以教育、图书、报纸、戏剧、音乐等多种形式活跃展现，有深受五四新文化影响的外来文化，同时也包含色彩浓郁的地方文化，以及生存艰难弥足珍贵的中共地下党文化。以田汉、洪深、夏之秋等为代表的文化人曾云集恩施山城，创作和演出了大量抗战题材的戏剧、歌舞，如夏衍的《为国忘家》《心防》《愁城记》，老舍、宋之的的《国家至上》，陈白尘的《大地回春》《未婚夫妇》，洗群的《烟苇港》，魏如晦的古装戏《碧血花》（即《明末遗恨》）、《郑成功》、《岳飞》，第六抗敌戏剧队集体创作的三幕剧《生路》，洪深改编的《寄生草》以及独幕剧《求婚》等。

在当地民族文化的影响下，"外来文化人"还采用恩施音乐素材创作了许多歌谣、乐曲，如《歌八百壮士》《耍耍调》

等，传唱一时。还有不计其数的小说、诗歌、散文，对那个时代作了真实而又生动的描述，一批批热血青年正是在这样一些诗文的感染下走上前线，选择了自己的人生道路。

恩施抗战文化的产生及传播，在当时极大地鼓舞了人们抗日救国的战斗热情和生活的勇气，是抗战时期不可多得的精神食粮，是名副其实照亮民族的火炬，更值得提及的是，这也给世代繁衍生息在这块土地上的土家族、苗族等多民族人民带来了深刻的影响。

《抗日战争时期湖北省临时省会——恩施文化风云录》一书，即是对恩施抗战文化较为全面系统的记录。编者张汉卿怀着对中华传统文化的自觉和对家乡的深厚情感，殚精竭虑，耗时多年，在信息越来越远去的紧迫形势下，想方设法从全国各地搜集资料、遍访故人，并对浩繁庞杂的各类史料进行仔细严谨的分析梳理，最后汇成此书。书中既有历经半个多世纪烽烟的原始史料，也有当年亲历亲闻的真实记载，内容翔实，条理清晰，编排讲究，使我们得以对恩施抗战文化进行完整解读，并感受到编者所持的客观真实的唯物史观和顽强求索的治学精神。

一个民族不能没有自己的记忆。虽然星移斗转，地覆天翻，使中国人饱受苦难的抗日战争已经成为历史，我们以崭新的姿态跨入了新世纪，并充满自信地迎来全球化的发展和竞争，但是，作为一个对自己也对世界负责任的民族，我们怎能忘记过去？

在人类的历史长河中，那一切仅仅是昨天。

《抗日战争时期湖北省临时省会——恩施文化风云录》一书为我们提供了保存记忆的珍贵文本，同时可供有心人进一步从事文化学、历史学、社会学以及地方史学等多方面的研究。它让我们可以长久地凝视过去，一个个充满热血的身影仿佛在我们面前闪回，一声声激昂悲怆的呼号歌唱在我们耳边回荡，让我们不由得感叹，中华民族一步步走到今天，是多么不易；而当代恩施人更可以由此进一步深切了解脚下的土地，从历史的回顾中更好地面对今天经济、文化的发展，面对更为广阔的世界和未来。

仡佬族的发现

　　盘点近年的中国少数民族文学，仡佬族女作家肖勤无疑是大家公认的新秀之一，这位贵州湄潭县的女子，在短短一两年里，先后在《民族文学》《青年文学》《十月》《当代》等刊物上发表了《暖》《丹砂的记忆》《金宝》《好花红》《上善》等中短篇小说及散文随笔，其作品所表现的浓烈的生活气息，以及独到的见解让人耳目一新。

　　在《民族文学》改稿班上初识肖勤，一堆人里，时常会听到一阵阵清脆的笑声伴随着语速很快的贵州普通话，相互介绍时，才知道笑声的来源是这位圆脸的女乡长。她不说话时不像乡长，披肩发，脚蹬皮靴，打扮时尚；说起话来便有了乡长味，她不避讳自己来自基层乡干部的身份，而且不管什么场合，只要说起乡村事务便会一脸严肃、分寸不让："其实，好些人对乡镇不了解，有些看法全是乱说，有些作品全是编出来的。"

　　或许正是由于对那些"乱写乱说"不以为然，肖勤自己拿起了笔，她带着她的小说走进了《民族文学》的改稿班。在我看来，她带来的那些稿子还是懵懵懂懂的，那是她的一片本真，合着山野乡村的风云，还有在沼泽里跋涉的混浊，小说技法基本没有讲究。但接下来，她瞪大眼睛，双目炯炯地坐在改稿班的课堂上，捕捉每一位讲授者的信息，一天天吐故纳新，话语也一天天有所变化，只是笑声清脆依然。

她的爽朗和伶俐似乎来自她的职业，但更多来自天性。她明快坦荡，让人从容地在她种植的园地里穿行，比较方便地帮她除草、灭虫、施肥，就如那些建立QQ农场的好友们，也经常互相帮忙一样。肖勤接纳人们的批评，聪明地汲取营养，从这时起，她的脚步开始真正迈向了广阔的天地。

这不久之后的秋天，肖勤进了鲁院。那期研讨班的学员全都来自少数民族，真个是多姿多彩，肖勤带着她丰厚独特的生活经历，如鱼得水地遨游于"鲁12"——这是她和她的学友们对这个班的爱称。

我有幸受到鲁院邀请，作为导师走动于鲁院的师生之间，得知肖勤果然勤奋得厉害，她喷发式的写作渐渐受到人们的关注。在"鲁12"即将结束之际，鲁院的副院长施战军面带微笑，颇为得意地告诉我，"肖勤这家伙有悟性，写出来了"。后来施院长还针对肖勤写过一篇文章，题目是《小说，她来了》。

肖勤果然走进了小说，再读她的作品，仿佛换了一个人，虽还是从前那些故事，但从昨夜走到了今日，夜里的懵懂混浊消失了，那些或远或近的风景，以及活动在风景中的人物在阳光的映射下清晰可见，甚至让人能感觉到他们的体温和痛楚。肖勤不需再嘟着嘴说：你们不了解乡村。因为从她的笔下，人们可以了解到当下乡村和乡村的人，包括孩子。在乡村的留守儿童那里，缺失的不仅是热腾腾的食物，抑或书本、铅笔盒，还有妈妈的抚摸，只有妈妈的手才能带来的温暖。肖勤的发现和开掘让许多读者动容，那不仅是文学的发现，也是肖勤作为一位负有责任的乡长、一位深怀母爱的女人的发现。

新的发现在肖勤的作品里不断涌现。

又一次与她相聚是在《民族文学》内蒙古呼伦贝尔市改稿班上，她忙碌得很，每天要拿出几个小时跟乡里对话，一边侧着耳朵听周围的人谈文学，一边举着手机跟贵州那边说："这条路修得质量不好的话，我是不会付钱的。雨季马上就要来了，完工时间一天也不能拖……"说完后转过脸来接着谈她的构思。她是一个擅长叙述的人，说到委婉动人处，让我们一个年轻的女编辑红了眼圈，继而离席而去，忍不住夺眶的眼泪。

在可汗宫近一个月的改稿班上，她几乎天天熬夜，曾连续三天没睡过一个完整觉，走路都在打飘，说话前言不搭后语，最终赶修了两个中篇，新写出一个中篇和几篇散文。中篇小说《金宝》后来刊发在《民族文学》上，我一直认为这部小说还应该引起更多人的阅读。小说写到一个小镇上的居民金宝，本是一个与世无争的人，却因为种种挤压推搡，成为一个不停歇的上访户，与他构成联系的社会关系，到底是哪里出了毛病？肖勤将常见的信访现象引入新的思考层面。

在呼伦贝尔市的改稿班结束后，我曾写过一些散漫的博客，其中也谈到肖勤，她的成功显然离不开长年于乡镇工作的经历，离不开对文学的热爱，离不开勤奋好学，离不开她精神世界的一次次飞跃和提升。肖勤是一位具有良知和责任感的乡长、作家，她转换不同的角色，贴近、发现和开掘生活，表达对土地的一片深情。她的成功给更多的文学人以启示，我们离生活究竟是近还是远？

如今，肖勤已升为副县长，职位虽变了，但她作为女乡长的那份情怀没有变，与百姓的交往没有变，只是发现更为深邃、更有担当了。

岭南仫佬人

在所有对自己的称谓中，潘琦最为中意的是岭南仫佬人。对他来说，无论仕途走得多远，文学之旅多么漫长，起点永远是广西岭南的仫佬族山乡——那个叫凤立的山村，那个每到中秋节就要对歌的地方。潘琦就是在那样一个小村庄里，饮着凤凰山下的清泉，浸润在仫佬人的歌谣中长大的。

潘琦将这一切视为生命和创作的源泉。

几十年来，潘琦以超人的勤奋一直笔耕不辍，一篇篇文章融入了他生命的河流。刚参加工作时，因为没有住房没有写字桌，便从人家扔掉的旧物里找到一张瘸腿桌子用砖块垫平，桌面铺上一张白纸，即欣然伏案而作。家里有了孩子，妻子上夜班时，潘琦便将孩子用布带捆在背上或抱在怀里，继续趴在那张桌上写作。

后来当了领导，一个记事本、一支笔仍是他随身必带之物。乘坐飞机时人家都在合眼休息，他却在写随笔游记；坐在主席台上听人家念报告，他也笔走龙蛇，人家以为他在记录，没想到他却是在笔记本上写小说,到后来就成为大家都熟知的秘密。日日耕耘,年年收获,眼下潘琦创作出版的著作摞起来比他当年那张桌子还高出一大截,即便是好些专业作家也比不过。

潘琦写小说、散文,还有诗歌,让人一读一听就是岭南仫佬味儿。他平时说话也多幽默风趣,出口成章,仿佛是在对歌。他自称打小爱好文学,如要细探源头的话,第一个启蒙老师应该是他的母亲。

仫佬人生来爱唱歌,可以说无人不会歌,无处不唱歌,每逢对歌的日子,歌坪上人山人海,从早到晚歌声不歇。潘琦的母亲是方圆百里有名的歌手。人们形容仫佬山乡一是山头尖,到处悬崖峭壁;二是筷子尖,好捡菜;三是笔头尖,出文人。潘琦的母亲不是文人,但山歌一唱就是千万箩。在母亲的歌声中,潘琦得知了民族的来源、乡情美丑、劳动的快乐和艰辛,母亲对歌的痴迷不亚于任何一位艺术大师。潘琦兄弟姐妹众多,母亲白天要下地劳作,晚上要做繁重的家务,但母亲天性乐观,薅草担粪、烧火做饭、带娃娃,总是歌声不断,辛劳、贫困、苦涩在母亲的歌声中化为一出人生大戏,迷醉着年幼的潘琦。

母亲疼儿子,但好似更爱对歌。潘琦到南宁任职以后难得回家,一次因公路过家乡,好不容易抽出一点时间去看望母亲,但恰巧几十里外的歌坪正在对歌,母亲托人带信给潘琦,说要对完歌才能回来,让潘琦唏嘘不已。母亲年老之后记忆力严重衰退,连回家的路都记不得了,但那些民歌却一段也没忘,母亲一直唱到老去。

潘琦将母亲的歌接着唱了下去。

因而文学之于潘琦,没有了功利的色彩。他的《山泉淙淙》《琴心集》《润物集》《微言集》等几十部著作都是他多年用心、动情的结晶。"两岸不见人家，有的只是静谧的碧绿的水，默默的石崖和蓬勃的树。偶尔一缕一片的阳光照射下来，静静地落到水面上，浓重的树影和阴凉几乎覆盖了整条河流。山风迎面吹来，拂耳而过，曲折深切的河谷不断地在我们的竹排前展现，像一扇扇神秘而没有尽头的门被不断打开……"（《漂游布柳河》）他以一个仫佬人的视角，尊崇中国古代文化"天人合一"，在许多篇章里描绘人与自然的关系，吟唱绿色的山林、善良的人性，引入了大量民间故事传说、民歌民谣，力图加深"人是大自然和谐整体的一部分，又是一个能动的主体"的阐述。

潘琦为官多年，但从不讳言自己同时是一位作家，他的作品贯穿了文以载道的思想。跟许多将文学作为敲门砖，得了一官半职之后便从此不再提"文学"二字的人截然相反，潘琦一直视文学为神圣的灯塔。事实上，中国古代的韩愈、柳宗元、李白、杜甫、苏东坡、白居易、范仲淹等文学大家都曾是为官之人，他们以光辉的诗文表达出忧国忧民的情怀，表达出一个时代的精神高度。

如果一个时代将文学弃之如敝屣，为官者羞谈文学，那这不仅是这个时代的悲哀，也将是社会精神的大缺失。潘琦以一颗热烈而又淡定的心在文学之路上跋涉，生活艰难时如此，位居高官和退居二线时依然如此，不能不让人感觉是一件可敬之事。

羊子和他的《汶川羌》

2008 年在宁波象山的海边，金黄色的沙滩上，大家围着刚从汶川地震现场走出的杨国庆，笔名羊子的诗人，听他说"5·12"的那一瞬间。大楼摇晃，天昏地暗，他赤脚摸索到楼下，一脚踩下去半尺厚的灰，他甚至以为到了别的星球，脑子里闪过的词是"世界末日"。羊子这样描述着，黑瘦的脸上惊魂未定。

《民族文学》在有着八百里海岸线的浙江宁波象山举办文学笔会，邀请羊子时，他正在救灾第一线，他是汶川文体局的副局长，羊子说："我真想来，可是这里救灾很需要人，我走不开。"后来我们与他商量，全国各地都为汶川写诗，汶川不能没有自己的诗，羊子说："是的。"

于是，他从汶川飞到了海边。已有一家出版社约他写关于地震的长篇纪实文学，他答应了。来到象山后，他独自坐在海边沉思、徘徊，脸色沉重。大家都很担心他，但只是远远地看着，不敢去打扰，不敢去惊动他眼里常含的泪水，似乎一叫他的名字，那泪水就会夺眶而出。有一次，他在海边笑了，那是一群年轻的战士听说面前站着的是一群作家，就问都有些什么作品。说了好几个，人家都不太知道，但说起《神奇的九寨》那首歌时，战士们就都七嘴八舌地唱了起来。那歌正是羊子写的词，藏族歌手容中尔甲唱的，风靡全国。

羊子在岷江边一所学校当老师时曾写过很多歌词，那时他叫杨国庆，是一位勤奋、单纯、爱好文学的羌族青年，他写大好河山、风花雪月和美丽的姑娘，但汶川地震震惊了世界，也震惊了杨国庆，从撕心裂肺的生死边缘走过之后，他不能不重新审视这片古老的土地，审视由这片土地养育长大的自己和民族。他很想好好完成给出版社的承诺，以一个汶川作家的书写向世界报告，但在海边徘徊了多日之后，他越来越苦恼，他说："我找不到表达的方式，我心里有很多话，但说不出来。"

他与我交流了很久，我最后建议他，能不能写一部长诗？羊子眼睛一亮。他说："我想想。"他回去了。这一次，他不仅回到了汶川、羌寨，也回到了祖先站立的地方。他领悟道："我必须在这个大悲大痛大慈大爱的时机中有所思考，有所表达，有所维护，有所确立和张扬。于是，在组诗《汶川之歌》被《民族文学》特别推荐并连续发表的背景下，我进一步抚摸着这一片破碎的山河和内心最终的需要，一步一沉重地走入了长诗《汶川羌》的书写。"

2010年秋，经历两年多的书写和磨砺，羊子捧出了长诗《汶川羌》。这部厚厚的长诗，仿佛"走过了至少七千万年的时光，岷的江和山，终于开出新的花朵，唱出新的歌谣。羌……"我在后海收到这部长诗，不由自主地随着他的诗行，走进时间的深处，走进姜维城土壤中熟睡的陶和羌民族。

考古学家称，在迄今发现的 3000 多年前的 10 余万片有字甲骨中，含有 5000 多个不同的文字图形，其中已经识别的有 1000 多字，而唯一有着民族意义的字就是"羌"。后人说文解字："羌，西戎牧羊人也。从人从羊。"仰韶文化末期，这个发源于青藏高原的华夏最古老的民族曾有过令人惊叹的强盛和人丁兴旺。炎帝姜姓，姜、羌本一字之分化，属古羌族部落，均为头戴羊角之人，以羊为图腾。在后来的战争中，炎帝部落大部分与黄帝部落互相融合，成为华夏族——今汉族的先民，另一部分则西行或南下，成为藏族、彝族、纳西族，等等。羌人经历数次战争和迁徙，大多选择了岷江上游的松潘、茂县、理县、汶川等地。

羊子在《汶川羌》中解读羊的密码，那来自祖先的神秘符号"羌"，"啊，羊。湖水一样涨满原野。祖先驯养的鲜美的羊。安居祖先，蓬勃族群的源头。未来儿孙的依靠。心情一样荡动在原野之上，不再是一群，不再是一处"。解读羌的来源，羌的文化，如羌笛、羊皮鼓、白石、羌碉、羌寨、羌姑娘、羊毛线、草场、释比、花儿，"我不得不说出，'我'是从 3000 年前甲骨文中所代指的那个区域，那个民族，那种生产和生活方式——'羌'中走来，穿过无数的祖先，穿过比 3000 年这个具体时间更多的时光，穿过众多的生生死死，死死生生。从这个角度来说，'我'的走来，是一个民族精神的走来。从世界关注的角度来说，'我'的走来，是汶川这个家园诗歌的走来"。

羌族，在汶川地震之后又一次雄伟地挺立，从羊子的灵魂深处，从《汶川羌》的诗行里，我们仰视古老的羌族，从远古历经坎坷，步履艰难，一步步走来的羌族，"终于没有丢弃自己。

终于看见了自己。/在这样一个星空翻腾的历史要点。/我终于回到真相的里面。天啊。羌。/我还可以继续延伸更多的可能"。显然，《汶川羌》使得古老的羌笛在新世纪有了一曲精彩的变奏，灾难的废墟上开出新的花朵。"石头，终于与人的家园在一起。人的信仰在一起。/与人的时间在一起。人的艺术和智慧在一起……挺身一变，成了石凿。石刀。石锛。石斧。/成了四季恒温的羌碉，成了独一无二的羌寨。"

羌族是一个敬仰万物、认为万物有灵的民族。作为羌族的儿子，羊子的诗对"岷的江和山"感激涕零：是它们收养了祖先，并将祖先留下的文化深藏于江山之间。他自幼长大的羌寨在岷江上游的群山之中，那里山高谷深，道路陡峭，梯田单薄，人们种植玉米、洋芋、青稞，但缺水，干旱，只能靠天吃饭。羊子从小就困惑，祖先怎么选择这样一个地方生存？但在写作《汶川羌》的过程中，羊子悟出了答案，原来这岷江的山承载着一个民族内化隐忍的全部性情和人格力量，这正是羌族数千年经历各种灾难仍顽强生存的真谛。

《汶川羌》是羊子的诗，羌人的诗，代表着羌族的集体声音，杨国庆—羊子—羊之子—羌人的儿子所期冀并努力的目标："我的创作就是关于灵魂的复活和看守。"

他召唤的是一个民族的魂，看守的是这个族群逐渐消失而又不断惊醒的古老文化，这是一桩艰辛的使命。只有经历过绝望的人才更懂得希望，只有经历过死亡的人才更加珍爱生命，过去司空见惯的事物在经历了那场毁灭性的地震之后令人感喟原来是如此珍贵，动人心弦，让我们向这个古老的新生的民族致敬。

鲁若迪基的小凉山

　　人们谈到民族文学时，经常会对少数民族诗人夸赞。从遥远的民族史诗到今天的诗歌吟唱，少数民族的诗人们显然具有与生俱来的诗性，相比小说、散文等文体，诗歌似乎是他们更擅长表达的方式。

　　普米族诗人鲁若迪基平时不善言语，但凡他开口发言，都常以他的诗以及歌，配以手势和身体的摇动来表达情感。近年在一些不同的场合，常有人说起鲁若迪基的诗，我也时常想起这位诗人，同时想到他的民族。

　　普米族是一个与古代氐羌族系有着渊源的族群，根据本民族的传说和历史文献记载，普米族的先民是原先居住在青海、甘肃和四川交会地带的游牧部落，后来逐渐南移，13世纪中叶，一部分人被征召入元军，随忽必烈远征云南，而后留在了那块温暖的地方。

　　鲁若迪基的祖先和同胞们正是这样来到了云南，分布在云南兰坪、丽江、维西、永胜、宁蒗等地，与纳西、白、彝、藏、汉等多民族世代相处。在长达 1000 多年的迁徙历程中，普米人创造了一系列想象丰富的民间歌谣，一代代口口相传。如早在东汉时期就开始流行的《白狼歌》，讲述普米起源的神话《直呆喃木》，以东巴文和藏文记录关于宗教历史的《古利歌》，还有叙述天地形成和人类起源的古歌，原始宗教祭祀活动中的仪式歌、婚俗歌、丧葬歌、苦歌、劳动歌、情歌等。

从鲁若迪基的诗里，能读到祖先留给他的声音。

自遥远的地方迁徙而来的祖先，因为对这块土地的挚爱而作出选择，鲁若迪基参透了祖先的暗示，也将爱毫无保留地献给了这片土地。"河流太多了 / 我只选择无名的那条 / 茫茫人海里，我只选择一个叫阿争五斤的男人 / 做我的父亲 / 一个叫车尔拉姆的女人 / 做我的母亲 / 无论走在哪里 / 我只背靠一座 / 叫斯布炯的神山 / 我怀里 / 只揣着一个叫果流的村庄。"（《选择》）这片土地生长万物，包括诗人和诗。简朴天然，温暖美丽，鲁若迪基的诗俨然是那片土地上自然生长的一种植物，有洋芋的甜、荞麦的苦，还有不为人道的一丝神秘，那或许就是祖先留下的声音。

他的诗比他的脚步更快地走出了那片山地。算起来，鲁若迪基的文学之路已经多年，熟悉他的人会说，迪基的诗越写越好了。他的诗集《没有比泪水更干净的水》汇集了他近年来的精彩之作，虽然与一些重要奖项擦肩而过，但引起了许多读者及评论家兴味盎然的关注，甚至有一些诗句在人们的阅读中不胫而走。它让许多从未到过小凉山的人发现了那座山的魅力，让并不知道泸沽湖水深的男人女人感受到了那水的凉和热。

其中有一首《小凉山很小》，我曾忍不住一次次提起，这是一首催人想象、让人心疼并骄傲的诗，使我对鲁若迪基和他的民族肃然起敬。人口只有 3 万多的普米族，是我国人口较少的民族之一，鲁若迪基用他的诗为自己的民族做了响亮代言，使得各地的人们更深地领会到这个名字所蕴含的丰富内涵。

普米人所居住的山地也逐渐感受到工业化、城市化、商业化的强烈冲击，而鲁若迪基在此时不断开掘对土地和劳动的尊重，显出诗人对时代本质的另一番解读。"小凉山上 / 我面对土豆 / 就无法回避土豆后面的 / 那片土地 / 那片土地上的耕牛 / 耕牛后面挥汗如雨的 / 农人……/ 无法轻松地把它吃下去。"（《餐桌上的粮食》）诸如此类回归自然、还原生态、对云南山地风光绝妙抒情的诗，在鲁若迪基的吟唱中比比皆是。而对违背自然、践踏自然的行为，他的忧伤和愤怒溢于言表，"一条河 / 经过一座城的时候 / 受伤了 / 它捂着伤口 / 急切逃离 / 却被阻挡在 / 一个个工厂 /……看不到向海的路 /……投入海的怀抱 / 它已奄奄一息 / 海愤怒了……"（《愤怒的海》）。

有一位叫陈哲的音乐人，认为普米族所有的歌曲都跟森林有关，他前后十几年走进山野，在普米族人居住的山林里发现了一批距今 1500 年左右的大树，从唐宋时期活到今天。音乐人受到震撼，他呼唤要像普米族人一样保护森林，保护优秀的文化传统。而普米族人鲁若迪基早已将这种意识铭心刻骨，他的民族自称"木祖"——天的子民，自然是天人合一。他无论去到哪里，回家对他来说都是一件至关重要的事，回家意味着回归，"从柏油路 / 回到山路 / 从钢筋混凝土的楼房 / 回到木屋 / 从熟悉而又陌生的人群 / 回到父老乡亲身旁 / 从汉语回到母语 / 告诉斯布炯神山 / 和每一个果流人 / '阿金米义色'（普米语：我回来了）"（《回家》）。

小凉山、泸沽湖是一片多情的土地，我无法一一列举常年生活在泸沽湖边的鲁若迪基的那些炽热昂扬又风趣幽默的诗句，只想说，如果没去过那里，那么不妨读一读鲁若迪基的诗；如果已经去过，那更要读一读他的诗，会让你真正懂得那片山脉和湖水。

　　而如果要了解普米族，就一定要读鲁若迪基的诗。

怒江乡村记事

　　远在怒江一带生活的傈僳族是都市人并不太熟悉的民族，近年来，一位叫玖合生的"70后"傈僳人带着他的诗歌从那片险峻的怒江大峡谷走进了京城，让人们近距离地感受到傈僳族文化的悠远和奇妙。

　　远古的青藏高原孕育了河流，也孕育了中华民族的若干族群，傈僳族作为氐羌族后裔也是其中之一，生活在金沙江、怒江、澜沧江三江并流一带，语言为藏缅语族的彝语支。文字在以前很不完善，后来又先后出现了三种文字：一是20世纪初由西方传教士用拉丁大写字母及其变形体创制的拼音文字，称"老傈僳文"；二是由傈僳农民哇忍波于20世纪20年代创制的音节文字；三是1957年由中国科学院专家以拉丁字母形式创制的新文字，称"新傈僳文"。

　　我想，玖合生是一定知道哇忍波的。这位造字前辈哇忍波跟玖合生一样，出生于乡村，从小家境贫寒，父亲过世时没钱安葬，便向同村有钱人典当自家土地，说好今后用3块银圆赎回，并在一块木头上刻了三转三道，作为典当凭证。几年后他拿着3块银圆去赎地，有钱人却不认账了，说三转三道的木刻表示每年还要3块银圆的利息。这昧天理的事激发了哇忍波造字的决心，他想如果能像汉人那样，白纸黑字地写下来，有钱人还如何赖得了账呢？从此以后，他一笔一画地创制了918个字，因为是刻画在竹节上的，又称为"竹书"。如今在这位傈僳人的家乡云南维西县，人们将这些字刻石铭记，永世尊重。

在许多记载里，哇忍波被写成汪忍波，我理解是音译不同的结果，若从傈僳人的发音来说，或许哇忍波更为准确，玖合生就是这样的口音。这位以汉语写诗的年轻傈僳人，来北京好多次了，其中一次是参加《民族文学》的创作研讨班，一次是上鲁院的高研培训班。很多时候，他都穿着一件白色条纹的麻布衣衫，斜挎一个布袋，说话带着很重的云南抑或怒江的口音。在他的诗《一些人、一些事、一些物》里，表达了他对语言的感受："母语失去了家园／土地失去了光泽／站在故乡的山坡／我无能与一只鸟坦然地对话／相互变得如此陌生／北方学起了南方话／南方讲起了普通话／使习惯了母语的乡亲／茫然不知所措／一些人、一些事、一些物／在我的笔尖／也开始有了哆嗦。"

显然，玖合生与他的前辈哇忍波心是相通的，他们以不同的方式体现一个时代与另一个时代的对接，从事傈僳人的文化创造。

民族民间从来就有着了不起的创造。一个不识字的农夫竟造出字来，并带有优美的音节，长期成为这个民族的基本工具。如果不了解傈僳人的心灵和性情，又如何能解读这一切呢？他们可以"与狗对话／学会了仁慈／与鸟对话／学会了聆

听 / 与山对话 / 学会了沉默 / 与江河对话 / 学会了容纳 / 与草对话 / 学会了活着的姿态"（玖合生《对话》）。

懂得了这种对话，就会明白那些由哇忍波创造的文字及音符，还有后人玖合生的诗行是如何诞生的。哇忍波十几岁时开始向傈僳族"多巴"（巫师）学习本族的原始宗教及传统文化，后继任当地第 20 代祭天主持人，将傈僳族的远古传说、历法、天文、农耕、医药、文学艺术等用音节文字记录下来，成为研究傈僳族历史文化的重要文献。24 部《祭天古歌》便是例证之一，人们公认，这部可以说是傈僳族的"百科全书"，如果没有哇忍波的音节文字记载，肯定早已失传。他所记录的有民间创世、叙事歌曲，还有《射太阳月亮》《占卜书》等，其中绘制有三幅傈僳族太极图，与汉族的太极图大体一致，但运转相反，学术界认为对于探讨先天八卦的起源及其天文学方面的意义价值非凡。

傈僳人的祖先还留下了《创世纪》《我们的祖先》等神话传说、叙事长诗及民歌，如《生产调》《逃婚调》《牧羊调》等，被列入各级非物质文化保护遗产。傈僳人称："盐，不吃不行；歌，不唱不得。"也就是说吟唱诗歌跟吃饭一样重要。尚为年轻的玖合生面对先辈留下的丰厚的民族历史，有过千百次的凝望和沉思，"让一条流经村庄的河 / 洗净我的眼睛 / 让时光停留在时光暗流的礁上 / 投出一个影，看着我……"。全球化背景下的中国文化人，在东西方文化碰撞中不能不产生隐忧和焦虑，少数民族作家、诗人，更因为肩负民族文化传承发展的使命而殚精竭虑，在沉甸甸的心思之中。

这位从乡村走进兵营又回到乡村的农民诗人玖合生，几乎也将诗歌当作了吃饭，锲而不舍地多年求索在文学道路上，有过困厄，有过无数个失眠的夜晚。他常用一条河作为他思考的载体，流经当下的村庄和城市，沉淀所经由的事物。那是一条从碧罗雪山流淌而下的河，一条咆哮于怒江大峡谷的河，也是一条激荡于他心底的河。他看得见水里的石头，辛苦地摸索，对迅猛而来的改变欣喜，对传统文化的失去而担忧，城市太大，他怕走失他的羊和村庄。他希望思考的花朵跟他的村庄一起，不断地绽放壮大。

傈僳诗歌常包含隐喻比兴，这在玖合生的诗里也时有出现，"瓜秧断了／搭再好的架子／也爬不到架子上／酒再醇，没有了你／它飘不到／想你的那座山头"。故乡细雨后悄悄散发的泥土和牛羊粪的清香、阿爸的咳嗽、赶山的太阳、爬山的月亮，远不止这些落在他的心上，"它们先是让我疼一下／再疼一下／直到喊出声音"（《在故乡，所触及的事物》）。

在此之前他已著有《被雨浸湿的夏日》《遥远的山那边》《故土》三本诗集，最近又出版了第四本《乡村背面》，这仍然是他因为心中的疼爱而发出的声音，是怒江乡村的生动记录。我虽没到过怒江，但从玖合生的诗里，触摸到了那条充满阳刚活力的河流，看见那些傈僳人站在险峻的山头，一张张被阳光抚摸的脸。

阿尔泰：醒来吧，我的诗

　　蒙古族诗人阿尔泰身材高大，就像他的家乡锡林郭勒南端贡宝拉格草原邻近的博尔赫山，每当我和他站在一块儿交谈时，需以一种仰视的目光；而他则会低着头，微躬着腰，表达或倾听。这是他常有的姿态。坐着勒勒车从草原走进学堂的阿尔泰很早就热爱诗歌，几经坎坷之后，在新时期里曾以诗歌《洁白的蒙古包》，诗集《心灵的报春花》《阿尔泰新诗选》三次获得全国少数民族文学创作"骏马奖"，他的诗歌在草原上家喻户晓。

　　有一次我们来到内蒙古，随着阿尔泰在鄂尔多斯广场上漫步，那里耸立着一位蒙古族母亲和她雄俊的儿子们的雕像，表露着马背民族的雄奇之风。几位游人迎面走来，突然面露惊喜地叫道："阿尔泰老师？"当他们确信无疑之后，立刻上前来按蒙古族的风俗给阿尔泰行了大礼，然后热烈地说个不停。他们都是阿尔泰素不相识的读者，虽然第一次见面，但这些陌生的汉子在广场上大声读出了阿尔泰的诗。诗歌像烈酒一样，迅速让我们站立的地方燃烧起激情的火焰，让人深深地感受到一个热爱诗歌的民族，一位热爱民族的诗人。

鄂尔多斯的朋友说，过去广场没有这么漂亮，但并不妨碍人们在这里朗诵诗歌，如同盛大的那达慕一样，成千上万的人会聚集在一起，听有名的诗人读诗，也听脚蹬马靴的牧民读诗，甚至还有怀抱孩子红红脸膛的妇女，也会大方地走上台去读一首自创的诗。有一次，正当人头攒动的诗会进行之时，一个毛手毛脚的小伙子从一旁经过，好奇地问了一句："这是干什么，这么多人？"一位喝了点儿酒的老人上去就给了他一巴掌，非常生气地说："这后生，咋连诗歌节都不知道？你还是咱蒙古人吗？"

阿尔泰也在那样的诗会上读过他的诗。"醒来吧，我的诗！"他说。阿尔泰用母语写作，我们曾听他用他那马头琴般的音色，用母语读他的诗，我们这些不懂蒙古语的人在一旁听着，不一刻便会情不自禁地被其中难以形容的魅力所感动。阿尔泰仿佛在唱着一首歌，将我们带入他的草原，带入远古的沧桑，又仿佛裹挟着一望无垠的草原地平线上滚滚而来的雷声，说："醒来吧，我的诗！"

"苏醒的牛奶正愉快地滋入惊醒的奶桶 / 苏醒的羊群正悠然漫向惺忪的牧场，醒来吧，我的诗！"阿尔泰用母语读过之后，又翻译成汉文读了一遍，读到"苏醒"时他停了下来，有些苦恼地说："这个翻译不完全是原来的意思，我是说醒了并且活动起来，不是汉语醒了光睁开眼睛的状态。"在座的人都听懂了他的话，但无法去解释这种翻译的遗憾。一种语言的魅力或许就在这些难以转换的独特感觉之中吧。

《民族文学》自 2009 年创办了蒙古文、藏文、维吾尔文版之后，许多用母语创作的作家诗人都十分欣喜，认为这是国家对不同民族文化的深深关爱。我们曾分别赴内蒙古、西藏、新疆召开翻译家、作家座谈会，曾将美国诗人惠特曼的诗集《草叶集》翻译成蒙古文的阿尔泰，也随之带着他的诗及翻译的感受走进了西藏拉萨，与藏族作家、翻译家倾心交流，虽然高原反应让他的口齿有些含混，但他对文学翻译的理解让人们深受启发。

阿尔泰说翻译应分为三个层次，第一个层次是最基本的，是什么就说什么；第二个层次要表达出一定的意蕴；第三个层次也是翻译的最高层次，是真正文学的翻译，是又一次文学创作。他的这一番话，不同民族的翻译家们都十分认同。后来我请教于他，能否将第一个层次叫作直译，第二个层次为意译，第三个层次为美译？

他点头，用很大的嗓门说："就是这个意思。"

我将这些启示用于《民族文学》的少数民族文字版的翻译组织工作中，告诉杂志社年轻的编辑们，阿尔泰的这些经验十分宝贵。

蒙古国有一位著名诗人巴·拉哈巴苏荣，曾写过一首长诗《你美丽的内蒙古——献给阿尔泰》，讴歌他与阿尔泰之间的友谊。巴·拉哈巴苏荣是国际蒙古语诗坛伟大的诗人，曾荣获世界文学与文化协会杰出诗人奖，他对中国内蒙古诗人阿尔泰十分青睐，多年前就开始关注和研究阿尔泰及其作品，并亲自将其诗作翻译成斯拉夫蒙古文，发表在蒙古国文学刊物《星火》上。

阿尔泰的诗歌在蒙古国以及更辽阔的范围广为流传，就如同他的诗里写到的那样："大青山在行走 / 为了真在行走……"他的诗也在不断醒来，朝远方行走。

草原上的花儿

　　娜仁琪琪格，这个来自东北的蒙古族女子，柔美且具有诗性。

　　蒙古族作为古老的游牧民族，生活疆域辽阔，诗歌及民歌在中国文化史上占有重要的位置。以英雄史诗《江格尔》为代表的民歌长调，形成了瑰丽雄阔的草原文化带。蒙古族诗歌在漫长的历史演进中，从谚语般简单的句式发展成为诗行齐整、韵律多变、表现力丰富的艺术，现当代以来，涌现出一批批卓有影响的优秀诗人。

　　娜仁琪琪格自小受到多重文化的滋养，"那蒙古人的长调/马头琴/一个蒙古人的好歌喉/腾格里/你给了我这些的同时/也给了我/一个诗人的灵气与智性/我就是要以蒙古族人的血液/大汉文字来抒写来歌吟……"她是一名具有民族气质的诗人，但视野一路放眼而去，坚持着一种求索开放的姿态。多年前来到北京，以文学为业，一边当着刊物编辑，一边写诗。她曾参加诗刊社第22届"青春诗会"，先后在《人民文学》《诗刊》《星星》《民族文学》《十月》等刊物发表作品，作品曾入选《中国当代少数民族女诗人诗选》《中国诗歌年选》《世界华语文学作品精选》等多种年选，获得冰心儿童文学奖等多种奖项。

她在生活的风雨中跋涉，一路劳顿，诗歌是她贴身的家园，我相信，是诗给了她力量前行，走过一程又一程。2010年，娜仁琪琪格的诗歌经过严格评选，入选"21世纪文学之星"丛书，这是她多年执着的结果。在此之前，《民族文学》曾推荐她申报过这套丛书，但那年参与的诗作不少，众评委经过一番难以取舍的投票之后，娜仁琪琪格与其擦肩而过。但她仍以她的柔韧等待着。

她说她将此作为给自己的一次希望，如同将一颗种子播进了土壤，会让人满怀期待地守望，惦记它是否发芽，是否破土而出，开花结果。这一次，花儿朝她开放了。

非常有意思的是，在她这本诗集里，真的就有那么多的花儿。

写诗本如赏花，猛然读到好诗，就如突然闪现的鲜花，亮眼得很。而娜仁的诗到处都是花儿：《一朵苦菜花正把生活歌唱》《梅花印上了她的肩头》《初冬的牵牛花》《先于某一年春天的泡桐花》《大地从此改名叫玉兰》《桃花深处蓄养着我的羊群》《秋阳下的木槿》……她笔下的花儿形态各异，有的娇美，有的朴拙，有的含蓄，有的灿烂。她似乎是一个种花的女人，将花儿种入了她的诗行，喜爱用花儿的色彩和表情描述人生，传达出她内心的情愫。

她的诗含着花儿一般的善意和爱，这个世界上有那么多的无以言说，而她只是以一个女子的眼睛期待着明亮的色彩，万千花开。她用《我们说着花开》作为诗的标题，说自然与人世的美，而不说花落，但看那红色的翅翼在绿草中闪动，一瓣又一瓣，诗人会怜爱地拾起，又把它们还回草地，"它们在草地中闪着／洁静／喜悦／透彻／多像相爱的人彼此发现又照亮"。

她把诗歌的高贵牵引向对底层生活的关注，写京城的灰灰菜，与故乡一模一样的灰灰菜，像邻家姐妹，穿着朴素的衣裳；写都市里的向日葵，那些民工兄弟头上的橙色安全帽，就是盛开的葵花，带着足可驱散严寒和寂寥的温暖；写胡同口的修鞋妇人，"一双皲裂的手／把一只鞋粘好，将鞋掌钉正钉牢"，炎热的夏天过去了，收获的秋天也就快来了。她将诗歌与现实稠密地黏合在一起，让人领略到那些细屑的日常情景中的诗意，从而体味到具有人文关怀的诗歌所能带来的平和与昂扬，如洋洋洒洒的微风细雨，给人细致的滋润。

在这个后工业化时代里，面对乱纷纷闹哄哄的世相，诗人该发出什么声音呢？娜仁琪琪格表示"请原谅我依然写诗／依然在这个尘世上忙碌与热爱／……就像春天的花朵来自自然的风和雨／喜欢这样的明媚与灿烂。"她相信种下一首诗，就是种下了一种人生，就是种下了一种花。她希望因此找到一个能洗掉尘埃、洗掉痛的路口，经过那里，人们能到洞庭湖上去吹箫，引来凤凰，在烟波浩渺中歌舞。

海子曾以"从明天起，做一个幸福的人，喂马、劈柴，周游世界……我只愿面朝大海，春暖花开"打动了无数年轻的心，而娜仁琪琪格有着相似的渴望，要"找到武陵山／进入桃花源／绾起长发／做一个会播种会插秧／会打腕会用锄镰的人"。与其说她学习了海子，还不如说她以自己的发现为海子作了证明。

　　人类生存环境的变化对诗人而言有着切肤之痛。一个小学一年级的孩子在看到墨西哥海湾被污染的图片之后，伤心地问："现在是夏天，灰鲸正在北极，可过了夏天它们就要回到墨西哥海湾繁衍后代，它们还回得了家吗？"爱花儿的娜仁琪琪格发出的声音是："把青山还给青山／把绿草还给绿草／把鸟鸣还给鸟鸣／把风还给风／把简单还给简单。"（《还给》）诗人在亲昵现实的同时，超越现实并审视现实，维护自然生态和人类精神生态，表达诗歌的立场。

　　娜仁琪琪格一直在寻找美，她从草原风物的一般描摹中得到超越，在更为广阔的精神世界里寻找诗意，她的诗语言素雅，情韵流动，顾盼之间均有美，即使有时含着忧郁和苦涩，就如她所拈起的苦菜。但通读过后，会见到辽阔的草原，恰似她的诗名《花儿推着花儿开》，玉兰、樱花、紫叶李、金色的灯盏连成片……软盈盈，亮闪闪，好一片草原文学之美。

她的家乡在甘南

秋天来了，甘肃高原上的树叶由绿变黄，或变红，一层层无边的艳丽，想起来应是秋色肃然的黄土地却是画一般的风情，浓汤一般的黄河水比往年更要宽厚，这是在兰州两山夹峙着的河道里看到的情景。那日傍晚走过白银市的黄河岸，天色将暗，一轮金色的夕阳却突然从云层中跳了出来，霎时将我们的眼睛照亮，河畔的村庄以及一片片杨树金光闪闪，翻动的树叶变幻出各样色彩。高原的秋色原是这样的斑斓。

站在我身旁的严英秀却说："我的家乡甘南，比这儿更美呢。"

甘南是甘肃所辖的藏族自治州，俗称"陇上桃花源"，在严英秀的描述中，那里高山峡谷，灵气充沛，风情万种。这不能不使人遥望甘南并溢满想象：这个生长于甘南舟曲的藏族女子，以及她的文字，竟有许多的特别之处，她的来历，她的家乡，她的民族，她的土地，它们之间是一种什么样的联系呢？

乍一听"严英秀"这个名字，似乎很难想到她来自藏族。

她的姓来源古老,是清朝皇帝赐予她曾带兵打仗的祖先的姓氏,代代相传至今。她在七岁之前一句汉语都不会说,上学之后才开始学习汉文,现在家里,她和父母兄妹仍然以藏语交流。这个皮肤微黑额头高高的女子站立在那里,风拂动着她肩上长长的黑发,眼神里有一种藏族人特有的执着和专注,她是一个道地的藏族女子。

她擅长的是对于当下城市女性心理的刻画,她的小说、评论细腻而充满知性与智慧。跟很多人一样,我读到她的小说是近几年的事情,在此之前,她曾以"荳儿"为笔名发表诗歌散文百余篇,近年来主要从事文学评论和小说创作,在《文艺争鸣》《文学自由谈》《南方文坛》《民族文学》《中国作家》《青年文学》等刊物发表作品,得到《小说选刊》等多家刊物转载。

严英秀显然是一位拥有文化自觉的女作家,她的写作态度取决于她对事物的清醒认识和把握,而非人云亦云。在许多人看来,她的藏族身份似乎会给她带来很多写作的优势,但从一开始,她就没有拘泥于狭隘、表面的民族风情习俗的一般性描写,而是努力进入人的心灵深处,坚持对人性的解剖和对女性生存状态的关照,这使她超越了自我,也超越了通常意义上的少数民族作家的写作。她曾经表示,对那种一般性的描写,"写是一种迎合,不写则是一种坚持"。

她的小说《纸飞机》《沦为朋友》《玉碎》《一直对美丽妥协》《苦水玫瑰》等,打开了一扇扇女性情感世界的门,在那一个个曲折委婉的故事后面,有着女性淡定的微笑和感伤,爱恨并非一瞬间,而是缠绵如水,时而波涛汹涌,时而润物无声,如泣如诉动人心魄。"我从不知道在我的故乡小城里,竟然藏着那么多水一般灵动的女子,她们简直是一群林妖,从童话的森林中冲出来，纷纷飘向草地，飘向水湄。"（《1999，无穷恩爱》）她们就是英秀，英秀的笔也鲜活了她们，那些女子无羁地抛洒的浪漫与忧伤，风花雪月的爱情，摇曳生姿的青春。

她在作品中引用了波伏娃的话，没有男人，女人是一团散乱的花。是男人的手将花拾起，插进花瓶，使之规范。而美丽的花一旦成为瓶中之花，男人便再也懒得去关注她的明媚鲜艳。她的作品透视着强烈的女性主体意识，"多么的傻，多么的天真啊，我们女人。我们想不到，独一无二的爱情最终使我们变成了千篇一律的人。女人，花一样的女人，谜一样的女人，经过婚姻的调教，个个像出自一个模子……是的，男人改天换地的本领何其彻底、巨大，但又那么步步为营，大智若愚……"严英秀言辞犀利，一泻千里，在强势的男性话语大潮之中，她勇敢地高高地举起了女性之手臂。

值得注意的是，严英秀的写作实际上是藏族文学在今天多样化的真实体现。从古至今，藏民族多次经历了与其他民族融合的变迁，藏族文化在接纳传承多种脉络的智慧中散发出自己独特的光辉。在今天，对当下藏文化及藏族人民生活的真实再现有待文学的进一步深入，一成不变或想当然的写作，只能是肤浅表面的。

值得期待的是，新时期以来，继阿来、扎西达娃之后，如次仁罗布、达真、尼玛潘多、白玛娜珍、江洋才让、格绒追美等，藏族青年作家已经形成了一个具有旺盛活力、佳作频频的创作群体，他们中间有严英秀这样学者型的具有自觉和自信的写作者，他们的写作体现了藏民族多姿多彩的生活形态及心路历程，也真实体现了多种文化在藏族文学中的存在，并由此校正着对少数民族文学的某种片面之见。

他们试图弘扬民族性，但绝不囿于民族性，"要从根本上杜绝那种在'被看'的视野下的写作，而以对藏族文化朴素真挚的热爱之情为出发点，为民族传统文化现代性诉求的社会实践进程提供文化养分"（藏人文化网《严英秀访谈》）。

写母族题材其实一直是严英秀的一个心结。

她深信她的故乡，那蓝天白云，宽阔的草原，有多么悠扬就有多么忧伤的牧歌，在天灾人祸中痛失往日面貌的山川河流，有一天会从她的梦中流到她的笔尖，结晶成一颗疼痛炫目的珍珠。在一场举世痛惜的舟曲泥石流灾难中，严英秀失去了好些亲人，还有儿时的伙伴，她用一贯的隐忍将深深的哀恸埋在心底，铸造着意志和灵魂。她坚信自己的创作是有根的，这个根就是藏族文化给予的慈悲善良、纯净美好，以及心中的大爱。她在《西藏文学》上曾发表散文《走出巴颜喀拉》，文中写道："没有什么关于我的种种，比我是个藏族人更抵达我的本质、我的内里。"

在这个离甘南不远的秋天，我们站在黄河边，向往着那里的多姿多彩，向往严英秀等新一代藏族作家的崛起，带给我们充满大地和生命气息的新的佳作。

年轻的哈萨克

　　与年轻的艾多斯·阿曼泰的接触，缘起几年前《民族文学》主办的"全国少数民族作家祖国颂研讨班"。那次文学聚会上，五十五个少数民族一个都不少，每个民族都有一至两位代表参加，艾多斯作为哈萨克族青年作家也来到了研讨班。他高鼻鹰眼，容貌具有典型的哈萨克人特征，一张嘴却是纯正的北京话，京腔京韵十分流利，引起大家的好奇。

　　后来才知道，艾多斯的父母一代很早就生活在北京，他在京城出生长大，一家人还保留着哈萨克族的习俗。交谈之中，我问他懂不懂母语，小伙子面带愧色地说只能简单地对话，对于文字还很生疏，他说他以后会学的。再次相逢时得知，艾多斯就在那次研讨班之后，去哈萨克斯坦学习深造，不仅很快熟练地掌握了母语、对民族文化的研究不断深入，还同时坚持了文学写作。眼下，由他在学习之余创作的长篇小说《艾多斯·舒立凡》已出版。

　　这是艾多斯一次带有试验性的写作，五十个故事如同珍珠，用文学的红线穿缀起来，向读者展示了哈萨克族美好的精神财富，也展示了这位年轻人丰富的内心世界和极高的艺术才华。

近年来，各地涌现出的少数民族作家，成为中国文学十分重要的力量，他们为读者展现出一个个多彩的文化世界，让中华文学殿堂变得神奇丰富，让读者汲取到独特的民族文化营养，使民族文学之脉生生不息。

2012年的金秋，《民族文学》又创办了哈萨克文版，这是继2009年蒙古文、藏文、维吾尔文之后，再一次推出的包括朝鲜文在内的两种少数民族文字版本。我们在新疆乌鲁木齐举办了《民族文学》哈萨克文版的首发式，作家、翻译家们欢聚一堂，分享民族大家庭的喜悦。一位打小就来到新疆的汉族作家用他难以去掉的河南乡音，唱了一首哈萨克族民歌《可爱的一朵玫瑰花》，大家从歌声里听出他对新疆民族文化的感情。这位河南先生来新疆时才十六岁，在此娶妻生子，爱这片土地的文化爱到了骨子里。其实，不同民族的文化创造及融合，自古以来就是你中有我，我中有你，今天更是如此。生活在新疆的河南人，与生活在京城的哈萨克人一样，都在用不同的方式创造着新的文化，新的中华民族文化。

在今天网络媒体异常发达的背景下，碎片化的信息如同快餐消费转瞬即逝，年轻的艾多斯没有偷懒，没有停留在表面的随波逐流，而是选择了一条辛苦而漫长的路，从民族文化的开掘到传播，下了真功夫，使读者对他的作品抱以欣喜和期待。

阿拉提·阿斯木的诗意新疆

近日在长沙为来自遥远的新疆维吾尔族作家阿拉提·阿斯木的长篇小说《时间悄悄的嘴脸》举办了一次研讨会。湖南作协主席唐浩明用湘味十足的普通话主持了这次会议。这位著名的小说家，因为主持这部带有诗性的作品研讨而化作了一位诗人，从头至尾的主持词都如诗一般。人们感慨，阿拉提·阿斯木带来了新疆的诗意。

从小学习汉语的阿拉提·阿斯木出生于新疆伊犁，这一带的人们幽默乐观，爱说笑话。有专家认为，在维吾尔族民间文学以及社会生活中，讲笑话是重要的娱乐形式之一，他们称之为"恰克恰克"。伊犁笑话流传甚多，十分形象地体现了维吾尔族人的性格、社会形态及生活习俗。

有个笑话说，有一位维吾尔族胖大妈在路边等车，坐上了巴郎子（小伙）拉煤的卡车，巴郎子后来忘了大妈在车后，到了地方一按按钮，车斗就自动把煤翻下来了。巴郎子突然想起大妈，赶紧跑到车后，没想到大妈从煤堆里爬了出来，说："哎，小伙子不好意思噢，太胖了么，车都给你压翻掉了！"这个是善意的，还有讽刺的，说一个外地人在一馆子里吃饭，要了一碗三元的汤饭，吃着吃着，发现里面有一块化纤的抹布丝，于是质问老板娘："同志啊，我花三块钱吃饭，怎么在你们的饭里吃出来一块抹布？"老板娘不屑地说："三块钱么，你还想吃出来个金丝绒的么？"

阿斯木就生活在这样的环境里，用他的话说，"我们那里么，只要一开口就会说笑话，劳动、聚会、喝酒，张口就来"。他用汉语书写的长篇小说《时间悄悄的嘴脸》便体现了维吾尔族文化的幽默深邃，充满哲理和诗性。他以一种独特自由的方式讲述了一个寓言式的故事。一个叫艾莎麻利的男人在开掘玉石中获得了财富，但心存贪婪和残忍，与对手结下冤仇，逃往上海整容之后再度回到新疆，如同隐身人一样观看朋友、亲人、仇敌等人的一举一动，后来又再次换回真实面目，在善良的母亲及哲人的教诲下，弃恶扬善，自我救赎，得以新生。

这部作品由人民文学出版社出版，初稿由汉族作家董立勃推荐给责编周昌义。董立勃在新疆作协服务多年，介绍当地作家作品这一类事情对他来说不计其数，但这回作品不仅顺利出版，而且跨越千山万水在长沙举办研讨会却是第一次。大家共同认为，跨地域的作品欣赏进一步凸显了民族文化的多样性和差异性，让读者深刻感受到维吾尔族传统文化以及正在不断改变的生活方式和思维方式。

书中人物的对话和作家的自白充满诗意的表达，主人公的母亲，一位善良平凡的女性对儿子复仇的告诫是："你们要忘记，停止复仇的事情，我们古老的说法是，冤仇不能超过四十天。……我不愿继续冤结怨，仇结仇。我要给孩子们留下一个和谐温馨的小路，这是我的财富，我要把它留给我的孩子们。生命看似短暂，实际上那是一条一代代相连的金环，我懂这个秘密，尊重这个秘密。"一个民间的交易人说："他人是我的阴凉，是我的饭碗，是我的笑声。"理发的小老板观察那些因金钱而痛苦的人嘴脸发黑，嘴唇像毛驴的屁眼儿那样丑陋，感慨道："贪婪的人，一生都不能安宁。琴手的歌唱里，爱情是生活的引子，真正的天使是延续生命的日子。他歌唱大地的希望：你有自己的山峦吗？山里有你的情人吗？山上有皑皑的白雪吗？有能融化那些雪山的男人吗？"

阿斯木的写作有对维吾尔族传统文化的继承，但更多是对现当代中国文学、世界文学的借鉴。在此之前，他已经出版过多部小说，但意识到自己写得拘谨，一直在思考怎样放开文学的翅膀，找到一种舒展表达的方式。近几年，他读书思考、交流，在《时间悄悄的嘴脸》的创作中找到了突破口，不再拘泥于传统的叙事，而更多地进入人物的心灵，将人物从生活的小环境里置于天地自然万物之间。他在采用大量现实主义手法的同时，又常常超越现实，让人物灵魂与自然界的灵气相汇合，产生对话。

阿斯木笔下的动物也都是通人性的，高大亲切的枣红马，看人的时候眼睛里什么意思都有，人期盼的事，它们都懂；于田最好的双峰驼，看人的时候，眼睛像年迈的爷爷的眼睛那样慈祥可爱。神秘的沙漠腹地，碧绿的胡杨坚韧挺拔，象征千年的生命和人气，沙海里的无数个湖泊，有着黑亮的野鱼，千年繁衍，与人相伴。主人公与露珠的对话，实际上是自我忏悔，他在梦中会想到人能看得见天，天能看得见人吗？露珠的回答是天怎么能看不见人呢？天甚至能看得见蚂蚁的心。阿斯木将他对生活的种种感悟赋予人物，让读者领略到维吾尔族人对生活的感受，对自然的看法，他们别具一格的目光加深了对善恶、美丑的认知。

他的描写别出心裁，引人入胜："从火灰里扒出红通通的烤包子，金黄的抓饭，脆香可口的皮芽子（凉拌菜），热闹的维吾尔婚礼……""高速路像女人一样可爱，而女人的美丽则像民间神话里的神镜。""汉人会说'有钱能使鬼推磨'，而维吾尔人会说'有钱戈壁滩上也能找到肉汤'。"阿斯木的小说让我们的阅读超出了惯常的经验，感受到十分独特的审美意趣。

在新疆还流传着一个大家熟悉的故事，说有个年轻人，总觉得自己生活得很不幸，他学过画画，做过生意，后来又遇到了一个哲学家，觉得悟透了人生的道理，那就是一切最终都会被死神一笔勾销，只有死亡才是伟大、永恒的，除此之外，一切都是短暂的。于是，他想寻找一个满意的地方结束自己的生命，他来到了昆仑山下，找到一棵五百年的核桃树准备上吊。不料却碰到一位白须垂胸的老人，正吃力地搬一辆陷进水渠里的毛驴车轮子。老人叫他："年轻人，你为什么不来帮我一下？"年轻人想，搬完车子再死也不迟。等到搬完车子，天已经快黑了，老人一定要感谢他，留他吃饭，他推辞不掉，心想，吃完饭再死也不迟。就这样，老人不断地请他帮忙，植林带、修水渠、种葡萄，一件又一件，年轻人没有理由推辞，只好干下去，秋天的时候，老人对年轻人说："你不是一直要死吗？对不起，为我的事耽误了你这么久。现在，你可以去死了。"年轻人看着美丽的田园、林带、葡萄架，堆满粮食的谷仓，长满了绿草的水渠两岸，还有新盖的房子，盛开的花圃……这一切，全都和自己的汗水有关，让他割舍不得。他决定不死了，和老人好好活下去。他画画，做生意，总结和思考人生的意义，准备写一部哲学著作——《福乐智慧》。

据说，这位年轻人如今还活在世上。

他与阿拉提·阿斯木同在。《福乐智慧》中说："人的一生，最需要的是正义幸运智慧知足。"阿拉提·阿斯木用他的作品印证了智慧的火花。新疆的少数民族文学自新时期以来，产生了一批批作品，阿拉提·阿斯木的小说是其中的代表作。我以为，对这部作品的研讨和关注还将继续。

南国春风化雨

　　有一天在一道长而弯的走廊里，巨大的窗帷，光线若明若暗，我走过去，她们迎面而来，两个苗条的女子，一个着婀娜的长裙，另一个穿紧身牛仔裤，擦肩而过时，那笑容具有街市上不多见的温婉谦和，心中便不由一动，虽没能站住往前的脚步，但那笑容竟留在了脑海里。

　　只知道其中那位长发女孩叫欧逸舟，来自福建，鲁院高研班之后在北京寻谋工作。不想近日读到她的一篇文字，是给一本散文集写的序。这书的封面极尽淡雅，一白到底，只有右上角一张邮票，嵌着一个女子小小的头像，瓜子脸，红嘴唇，戴一副似摇非摇的玲珑耳环，眉宇间尽显淑女之气，旁边盖着的老邮戳里写着书名《出生地》，不似现如今许多出版物大红大紫的闹眼，别有一番新意。

　　看那女子的画像眼熟，翻篇读过欧逸舟的序，才知道她是在为自己的母亲作文，那天从酒店走廊里走过的便是这母女俩，长裙女子就是欧逸舟的母亲吕纯晖。

读着《出生地》中的文章，不觉渐入佳境。一个亲戚的女孩到家里来玩，拿着这书翻了翻，便老半天坐着不动了，吃饭时叫了好几遍，也不愿放下书去，还理直气壮地说，您替我给那位作家带句话，说我好久都不看书了，因为现在的书不好看，可《出生地》让我想要一口气看完。我说人家知道你是谁呀？女孩撇着嘴说，怎么了，一个普通读者啊。

一想，她的理直气壮也有道理，书的真正阅读对象不就是一个个普通读者吗？但有时候，当作家的倒真是没整明白，不知为谁而写，为何而写。人家女儿欧逸舟读懂了自己的母亲，是"用整日的辛劳来支付欣赏到的美"，写情写爱，写思写史，写生活，传递心中的爱。

之前，虽没与这位叫吕纯晖的南国女子交谈，但读她的文字便似在听她的娓娓道来，甚至好像能看见她脸上的表情。她不带做作的，细声细气又情感充沛的，只是将自己经历的人和事，自己动情之处、五味杂陈之处、陶醉之处写出来，让人觉得有情有味有趣。

她的散文，点点滴滴的，如春风化雨，却是那南国的风，夹带着鱼腥和潮汐，还有红掌百合、玫瑰紫薇的花香。果然是一方水土一方气息，绝不同于北国之春的粗犷雄壮。

她的一篇《水姜》，写的是自己的母亲，即欧逸舟的外婆，在她柔情的目光里，耄耋妇人孩儿一般的娇柔可爱。她常是一个乖巧的女儿，给母亲洗脚，满屋都是温馨和愉悦。她将母亲的人生描述得如诗如风，原来即使老去也有千般的甘甜美妙，那些故往的亲友不仅栩栩如生，也仍然不断带来和煦的春风。她让我们觉得，生命的力量全在爱之中。有了这种力量，不仅是不论任何时候都能从容地面对死亡，而且更重要的是无论任何时候都能从容地活着。活着真好。

　　她常能从平淡的生活中触摸到惊心动魄的情感，那是她的温度融化了看似平淡的外壳，而进入到人心的深处。一次风雨夜里的搭乘出租车，本来是相谈无大事，但话到浓处，那司机转过脸来，这一转让她触目惊心。一张被锋利的西瓜刀砍去了幸福的脸，狰狞着，恸哭着，却是多年都没能哭出来，只将一腔悲苦紧压在方向盘上。且是这素不相识的女子，平常的话，温婉的话打动了他。终于有一个人愿意倾听他的诉说。他看出她的善意，看出她就是一颗滋养明亮、纯洁、温润的珍珠。这个遭难的司机在这个夜里伴随着暴风雨的痛哭，重新升起了希望，他甚至愿意去整容，重新去正视这个世界。

　　在吕纯晖的笔下，有她碰到过的骗子、小偷、马蜂窝，有穷苦朋友、小面店和渔村的童话。小小的故事，都是这女子与人的一些交往，平凡不过，但因为有情感的涓涓注入，平凡之中却显出千般滋味。现如今，太多的大悲大喜发生在身边，人们大多摆出一副百毒不侵、目不斜视的样子，生怕会有麻烦沾了上来。但吕纯晖仍是一副古道热肠，即便是萍水相逢，只要她看出人家的窘迫，就会伸出友爱之手。这人间的许多动人之处，从她的笔端流出，化为情，化为意，化为寒夜里的一点烛火，焦灼时的一缕春风。

　　她看生活津津有味，让我随之心旌动摇，那南国的房舍，篱上开满了木槿花，门是柴门，而且没关，一群白和黄的小鸡雏，在葫芦瓜棚下觅虫子吃。一只老掉牙的猫在窗台上歇凉，一只年轻的狗，傲慢地走着。还有一个男人手里举着锡打的酒壶，一个女人怀里抱一缸笋炒酸菜。就是不平和苦难，从她的心愿里也常是化险为夷，苦中有乐，趣味盎然，她的聪颖她的俏皮也全在其中了。

她常是小中见大，比如春日里繁花似锦，她会与众不同的，在怒放的花丛中特别注意到一朵小小的花儿，如指甲盖如一颗豌豆，但终归是一朵完整的花儿，她会细细地凝视它，揣摩它的绽放。她的文字将赋予它生命。她说自己也好似这样一朵花儿，在百花园里不占地方，但暗暗芳香着，给这园子添着香的花儿。闻香的人走过来，会说，好美的花啊！

第二辑

（2013—2017）

癸巳迎新

面对 2013 年第一期《民族文学》PDF 电子版，心生许多感慨。首先要告诉读者的是，这期选择的作品来自 56 个民族，这是 56 朵鲜花的同时绽放。或万言长歌，或锦绣小诗，让人想起草原、雪域、天山、边寨，还有那蓝天白云、骏马和牛羊……篇幅虽小，汇集了八面来风；后海不大，涌来了大江大湖的潮水，涌来了雪山清泉的涓涓细浪。

其时身在后海的小院，窗棂上已经沾扑上一层薄薄的雪，雪落玻璃窗的沙沙声，细细入耳。窗外雪花飘散，漫天就像飞舞着洁白的蝴蝶，飘飘洒洒，迷迷茫茫，似蕴风景无限。

小院地上水一汪，雪一团，斑驳陆离，像是天公涂抹的水墨画，煞是好看；院门外的后海雾雪弥漫，岸上熟悉的垂柳，枝梢上挂着白，却难掩苍翠，透着勃勃生机。多年来，出入于我们工作的这个小小院落的少数民族作家，披着塞北的风，南疆的雾，操着各种口音，在这里谈论文学，评点人生。他们的语言会使人感觉生疏，但十分生动有趣，将那些不同民族的不同文化带进了北京城，又从这里传播到祖国的山山水水。

或许在我们熟知的语言之外，这些比较陌生化的交流在今天的时代更具有民族学、人类学、社会学的价值，它们蕴藏着丰富灵动的信息，语境深远，不仅滋养着流行的汉语言文字，更为我们提供了别样的思维和表达的方式。中国多民族文学疆域的高远，正如中华民族的版图一样辽阔，新人新作不断涌现，致使 55 个少数民族其中包括 22 个人口较少民族也都不断有文学新人崭露头角，少数民族文字母语创作及翻译也更多地走入了人们的视野。

过去的 2012 年，被文化界称为中国少数民族文学年。这一年我们共同经历了少数民族文学系列研讨、"骏马奖"评选、全国少数民族文学创作会议等重大活动，《民族文学》也正是在这一年又创办了哈萨克文、朝鲜文版，目前共拥有汉文、蒙文、藏文、维吾尔文、哈萨克文、朝鲜文等六种版本。我们告别收获的一年，再一次抖擞精神迎接新的一年。

《民族文学》杂志根据近期作品来稿，选择了 56 个少数民族作者的作品集中亮相，这既是对 2012 年的纪念，也是回报读者对多民族文学未来的展望和期许。这期作者有大家熟悉的作家，文笔劲道，也有尚显稚嫩的新秀，携带着自然清风，让人耳目一新。

特别值得欣喜的是，中国多民族的文学大河如此宽阔奔流向前，象征着中国文化的多样性在工业化时代依然斑斓多彩，并强劲地独立于世界之林。

让我们珍视这一切。

历史的意味

　　我们知道藏族，知道康巴人，但不知道历史上的瞻对人正是藏族康巴人的典型。阿来的《瞻对：终于融化的铁疙瘩》一书披露在那样一个偏远贫困的小地方，曾经生存过一个强悍族群。他们挎刀骑马，两百年里数次与朝廷对抗，与西藏政权分分合合，百般纠结，你死我活，成为皇帝、将军软硬兼施都奈何不得的铁疙瘩。但最终铁疙瘩融化于时代的洪流，所谓大势所趋。这部用非虚构方式创作的长篇文字，有人称之为纪实文学，也有人称之为历史小说，但其实这些称谓对于阿来而言，都已无关紧要。他只是占据大量史料，并进行深刻思考，理性叙述，体现出一位作家最为珍贵的原创性和独创性，以及高度的智慧与担当。这部历史意味与当代思考同时并存的作品，不仅仅是讲述一个从前的故事，而更多的是以史为鉴，为人们提供了一系列重要的参照。

　　民族的融合必须以进步为前提，而进步又必须以打破封闭、不断扩大对世界的认知为基础。阿来以一种反思的目光审视青藏高原的前辈，包括那些生而高贵的世俗贵族与先知。他认为自吐蕃帝国崩溃以来，在很长一段时期里，他们对世界的见识不是在扩大，而是在缩小，经过了那么多次生物学意义的传宗接代，但思维几乎还停留在原处。他提到法国人托克维尔的著作《旧制度与大革命》，这本书出版于1856年，讨论的是法国大革命，法国人那时不仅知道了中国，而且打到了中国的门口。中国其时正处于清朝咸丰年间，在瞻对出现的枭雄贡布郎加势力如日中天，他们不知道世界上所发生的事，依然重复着过去的战事，并没有给人民和社会的进步带来半点好处。

阿来不无沉重地指出，在他所讲述的一个个故事中，几乎充满人类有史以来所有的戏剧要素，但单单缺少一个主题词：进化。他进一步指出封建王朝统治者的设想，就是让这个世界处于社会进化的历程之外，处于落后与荒蛮，"修其教不易其俗，齐其政不易其宜"，以便于王朝的统治。但其实这种统治的结果是民心涣散，逐渐疏离，最终适得其反。史实证明，如果不着力促进这些地区的社会进步，不在这些疆土上培养起码的国家认同，便会得而复失。在中国历史上，边界版图或大或小的变化，都与边疆民族的认同和背反息息相关。

民族的和谐与进步，还需要不断改革。阿来将两百年的瞻对历史置于中国的五千年文明史之中进行比较，他发现，在中国历史上，于国计民生都有利的改革，总是不能在最容易实行时进行，官僚机构的怠惰和利益集团的反对使得种种良策难以实施。到最后，终于不得不改了，但为时太晚。历史上的一些英雄良臣，对于治藏也曾有过好的构想，但实施过程中出现了种种问题。褊狭的地方主义与民族主义是一个巨大的障碍，而主导方执行者的行事风格与方法，在很大程度上也会成为决定事情成败与效果优劣的关键。比如一个人要成就一番事业，干一番大事，往往得不到理解与支持，反而时时被吹毛求疵。比如那种只求事功，藐视民众，在各级官员中也并不少见。他用大量的史实证明，改革需要达成广泛的共识，更需要壮士断腕的勇气，一步一步负重前行。

历史是一面镜子，从再现"瞻对"这个铁疙瘩的融化之中，感受到作家阿来对民族和祖国的大爱，感动于他的真知灼见和赤子之心。他以严谨的治学精神，长达数年潜心于浩瀚的史料，经过深入的田野调查，最终完成了这部作品，让读者咀嚼到深刻的历史意味。

盲人智者

雾霾的天气，摆在我们面前的由李朝全撰写的这本《梦想照亮生活》，却像一盏灯带来了光亮。李朝全这些年总在勤奋创作的状态中，除了文学理论研究外，还不断进行报告文学的写作。这部让人感动的书是一部励志的书，一部情感充沛的书，也是一部闪耀着人性光芒的书。

河北乡间的盲人穆孟杰，用他的智慧和善良创造了奇迹，不仅自立，而且办起一所免费的盲校，他让人们反省，这样一位盲人能够做到的善举，我们能做到吗？李朝全用一种贴近地气的朴素，再现了平凡世界的善良美好，文笔真挚感人，是一本为老百姓所写的书，非常适合于民间传播。

报告文学的写作或许也应是百花齐放，千姿百态的，李朝全作为一位资深的评论家没有故作高深，而是真实自然地塑造了一个人民群众中的楷模，传递了当下积极提倡的自立自强、助人为乐的道德文化。穆孟杰从小没读过书，但他学会了说书，说杨家将、岳家军、梁山好汉一百单八将……他走乡串户，讲述忠义诚信，成为传统文化的传播者，同时自己又深受熏陶。这位失去光明的盲人在心里建造了另一个光明的世界。

李朝全的书写唤起人们对民间文化的重视。现如今，说书人已很少出现在乡村，代代相传的故事也被淡忘，不能不说是一种遗憾。

穆孟杰从小到大，经历了许多坎坷，但他身上有一种超人的精神力量，绝非常人所及。书中写到他遇到的两次生命危机，一次是在他 15 岁时，因为说书跋涉于冬季，差点在冰雪之中冻死；还有一次雨中打出租车，司机欠厚道，他在瓢泼大雨的半道上差点被大水淹死。尽管如此，穆孟杰办学的梦想从未放弃，吃苦受累不说，还将多年的积蓄全都搭了进去，按常理来看难以理解，支撑他的究竟是什么样的动力？如果结合他从小的经历来看，就会明白他为什么这么做。

穆孟杰不光是一位好人，更是一位智者。作为盲者的穆孟杰本属于弱势群体，但获得了许多人难以达到的成功，他娶妻生子家庭美满，经营企业驾轻就熟，在复杂的时代浪潮里处变不惊，总面带微笑。李朝全开掘出这位盲人智者的心灵世界，写出了一个盲人的自信，甚至让人联想，穆孟杰虽然看不见眼前的事物，但正好排斥了许多正常人遇到的种种诱惑，将自己的世界拓展到无限。

李朝全写作此书经过了深入采访，细节真实生动，读来可信。作家的文风与主人公的性格浑然一体，朴实真挚，这在目前假话套话空话盛行的风气里，显出一种难得的朴素的美。相信读者可以从中感受到人性的温度，吸取有益于身心的正能量。

苗族人修正扬的小说

　　至今尚未见到修正扬，只是在电话或邮件里有过简短的交流，但对他的小说，已经有过好多次的阅读。初时见到这位作者姓名后的括号里注明是苗族，便带着一份职业的亲近，一步步走近他的写作。

　　曾在另一位来自广西苗族作家的作品里读到这样一段让人难忘的描写：爷爷背着小孙子，不停地走啊走啊，从太阳升起走到月亮出来，翻过一座又一座高山，蹚过一道又一道河流，爷爷的脚步仍不停止，小孙子在爷爷的背上忍不住一次次问："爷爷，你为什么还不停下来呢？我们这是要往哪里去啊？"爷爷说："孩子，你要记住，哪里的山最高，坡最陡，哪里才是我们苗族人的家！"历史上的苗族人曾遭遇许多灾难，他们被追赶到南方不同地域，成为分布最广泛的民族之一。苗族人在长期的颠沛流离之中，丢失了自己的语言文字，它们就像一脉清泉消失在时光的沙漠里，如今留下来的只在节庆歌声或阿哥阿妹的情歌之中。有一年我去贵州的凯里，那里属黔东南苗族侗族自治州，除听到苗岭情歌之外，还见到了苗族的歌棒。那些一尺多长的木棒上刻满了花纹，或弯曲如小蛇，或凿空如深井，据说是苗族歌手用来记录歌词的工具。它们静静地躺在一家博物馆的展柜里，在那个下雨的日子，隐约闪烁着黑色的神秘光芒。看了一阵我转身欲离去，突然觉得这歌棒似在诉说着什么，因此再一次回过身来，在它跟前站立了很久。

我不知道修正扬有没有这样的歌棒，但我似乎一时无法从他的小说里找到苗族人的踪迹，这位湖南的苗族人，并没有对自己的民族刻意书写。从他的《创作谈》里可以看出，他的写作一开始来自遥远的狄更斯、马克·吐温、塞万提斯，从初二到高中，这个差一点要荒了学业的少年完全沉浸在文学梦里，在练习本上写诗或小说，甚至"还模仿《喧哗与骚动》写了个小长篇，三本稿纸九万来字，写的什么记不得了，当中的一个细节是主人公夜里在操场上自慰，翌日太阳把那些体液蒸腾上去，完成隐晦曲折的神交"。他至今仍然经常回味当年在校园里的文学梦，那个捧着《雾都孤儿》乐不可支笑出眼泪的学生娃娃，让他不由得屏住声息，年纪越长，感觉这样干净纯粹的阅读快乐越少，那样的回忆越加显得温暖珍贵。

走出校园的修正扬迅速进入了生活的旋涡，这是一个与他的祖先截然不同的时代：一边是飞速发展的经济，让人眼花缭乱的现代化；一边是凋敝的农舍，玩黄泥巴的孩子，拴着的牛和舔着唾沫数着散票子的粗手。一边是期待做诚实正当的体力活，享受尊严和爱情；一边是摆脱不了的困境，人性的恶弥漫在生活的无数空间，物品充斥着假货和毒害。作为一个真实的写作者，修正扬意识到他的作品无法独善其身。他的小说《花木兰》《黑色的羽毛》《家谱》《平安夜》《天黑请闭眼》《乐观者和他的儿子》《传奇》《恐怖事件》等，都是他在灵魂挣扎之中的写作，表达了他对世界、对人性的种种看法，正如他自己所感到的危机一样，他常常将人物处于看得见或看不见的危机之中，如同看似平静的河面，却暗流涌动，他笔下的人物正是在日常生活的平淡河流中，经历着想象不到的险恶。修正扬的叙述平缓淡定，考验着读者的耐心，也考验着书写者对人性开掘的功力，他像一个目标坚定的采矿人，不断地掘进，在人们想象不到的时候，突然出现转机，那时，一定是人性的另一个侧面的凸起。

他的中篇小说《花木兰》曾发表于《人民文学》，小说开门见山道："花荣面临着人生中的危机时刻，这个危机的导火索（不妨直接说脐带）连着一个未出生的孩子，一个年轻的女人。年轻并不代表没有经验，她从哪方面来说都不乏经验，这甚至不是经验的问题，撇开生产力不谈，这个女人未知的不可捉摸的黑漆漆的力量同样让他感受到暴雨将至黑云压城的窒息。"主人公花荣本来生活稳定，却不幸有了一位情人，情人怀孕成为一颗定时炸弹，年幼的女儿明察秋毫，时时以少女的率真和本能的厌恶与花荣的情人为敌，使做父亲的花荣不仅焦头烂额，且时刻提心吊胆，终于引发一场血案。可当读者与主人公一样，都以为是他的情人杀了他女儿花兰，或者是这小女孩要杀这情人时，最后的事实却是小女孩舍身救父，她想以自己的生命唤醒走入迷途而不能自拔的父亲。花兰的作为究竟是一种力量，还是一种悲哀呢？从死亡线回来的少女露出淡淡的但是挟带着光辉的笑容，对父亲说："你知道得太少了，世界上有许多事情你都不知道呢。爸爸。"这实在是对成人世界的一种教训。

再如中篇《平安夜》，写了一对恋人在平安夜里闲话连篇，青春期男性对性的渴望和生理的强烈反应，差点让姑娘受到伤害。姑娘却始终守住底线，没能让小伙子满足情欲。小伙离去之后，姑娘半夜遭贼，这突如其来的危机让读者揪心不已，但浑身颤抖的姑娘一遍遍地重复着，这贼看上去像她的弟弟，她猜想他是第一次做这种事，如果有困难，她为数不多的钱就算送给他也无妨。即使在这种危机时刻，修正扬也依然是不动声色地叙述，他仿佛站得远远的，又仿佛钻进了这些人物的内心，不慌不忙地把握他们的心理节奏，让事件的表面平静如水，却一层层剥去心理的茧壳，将人性最丑恶的零碎暴露无遗，然后再一点点聚拢来，艰难地一层层提升。当那个或许稍一冲动就可能杀人的贼受到感化之后，被情欲烧昏的小伙再次来到姑娘的小屋，他得知了贼的来去，与姑娘"在摇曳的烛光下静静地注视着对方的眼睛，第一次觉得心里盛满了安静的柔情和爱意，温暖而踏实，身心舒畅，这种感觉是他从来没有过的，他甚至没有认真想过这个，但是这种感觉让他很好"。

显然，修正扬的小说不仅是他对当下社会事物看法的表达，也是他试图治病救人的尝试，他在一次创作谈中谈到，当下考虑更多的是反映现实和艺术性之间的平衡，换句话说，就是怎样真实地得体地写出现实主义的作品。事实上，小说里的命运纠葛对我的折磨远远抵不上每天打开电脑浏览新闻给我的痛苦，仿佛有那么一股力量，引导你不得不流淌到最低处去。所以就算终其一生写不出伟大的艺术作品，内心里还是卑微地期望自己的努力能对这个社会，对一部分人或多或少有所助益和慰藉。读过他的小说，可以感觉到他的努力已经在发生着作用，这些命运多舛的普通人，用自己的力量在进行某种救赎，让人们在面临一桩桩丑恶、欺骗、暴行之时，还能心存希望，善良最终以明灯的光芒照亮人世。

在与修正扬不多的交流中，他曾征求我的想法，他这本入选"21世纪文学之星"丛书的中短篇小说集叫何书名，是《幸福村》还是《家谱》？这俩都来自他的小说。我建议叫《家谱》。《家谱》写的是一位修姓的男子从网上结识了"我"，然后来到"我"处，寻找家谱，拜谒修氏祖先。这本是可当作散文写的一些素材，但修正扬在散淡的描写之后，让"我"突然歇斯底里，声称自己杀了妻子，并葬在了陈年老屋的院子里。事实上子虚乌有，但影响"我"的是一种难以解释的宿命，修家的男人每一代里总有人不知到哪里去了，或迟或早总会如此。"我"无法控制地认为自己也会如此。读到这里，会非常明显地觉察到南方山林里的神秘气息，它就像那只静卧着的歌棒，虽然无言但有久远的故事。

修正扬的小说写在当代，同时亦透视出笔下人物的过去及未来，它让我们肯定，他是当下的苗族人，也是意味着过去及未来的苗族人。

等待马金莲

　　去年秋日，读完马金莲的《长河》，那些鲜活的文字铺展开一条大河，等待已久的神韵似翻动的浪花，鼓涌着，洗涤着，让我们愈加深切地理解了一个民族、一个村庄和一个女人。突然意识到，我们一直在等待马金莲。

　　等待马金莲，等待的是文学的真实与沉稳。众声喧哗之中，罕见的是这位宁夏女子的沉静，她似乎更愿意做一个播撒种子，割完糜子割荞麦的农人。她的心思在四季的村庄，春天的土地解冻，小河里的冰化开，向阳的田埂上冰草芽儿顶破地皮，冬季的村庄下雪了，雪花大而稀疏，一片一片轻飘飘又沉甸甸；她的心思在她的父老乡亲，那些劳作了一辈子，坚忍的无常的生命，她从这些朝夕相处的亲人那里，领悟到生与死的高贵、美好，还有宁静。

　　等待马金莲，等待的是人性的良善。在她笔下那个小村庄，人们互相分享人生的喜悦和苦难，即便是不懂事的娃娃，也知道老实厚道的人应当受到尊重。九十一岁的老爷爷做了一辈子善事，他年轻时又曾受过一位老阿訇的恩惠，善良的光芒代代相传，温暖着平凡人生，使得孤独不再孤独，悲伤不再悲伤，苦难之中亦有希望。作为女性，她逼真地刻画母亲、女儿，描写暮色透过白雪缓缓降落，就像一个女人的怀抱，拥抱村庄和所有的悲欢。

等待马金莲，等待的是自然纯真的美妙。她领悟到季节更替，候鸟来去，万物复苏的宏大和细微的美：在土路上跑来跑去的孩子，两弯儿细溜溜的眉毛，明亮羞怯的眼睛，像清亮的月牙儿，是那么美；即使那些邋遢、穷困的人，也透着朴实勤劳，让人愿意去亲近。她在生活中发现美，在笔下创造美，这时她又似乎是一位细心的画家，以天籁之笔，描绘人、景物、风，还有声音。

等待马金莲，常常等来她的一些消息，她做了妈妈，过着平凡的家常日子，住在简陋的房子里，锅里炕着土豆，床上躺着娃娃，一张低矮的桌子上铺着她的稿纸。这些年，《民族文学》好多次请她来参加笔会、培训班、改稿班，每次都听说她很高兴来，但每次都没来成。她只是发来作品，含着她朴素坚定的文学观，以及编辑向她索取的照片，遥远的带着略有羞涩的微笑。

《长河》的出现，是在意料之外，也是在意料之中。先是在《民族文学》年度奖的评选中，几位著名评论家给予了高度评价；接着是《新华文摘》打来电话，问是否同意转载；再后来是在 2013 全国中篇小说排行榜上位居榜首。

我们等到了更加沉稳、内敛、宁静，越来越丰富的马金莲。

还有更多的马金莲呢？

穹庐一曲本天然

与兴安相识已多年，初次见面是在湖北郧西，其时《北京文学》在那里举办一个活动，我与武汉的一位年轻作家同行，进了住地小楼，那位年轻人便迫不及待地四处探头大呼：兴安、兴安！我道兴安是谁？年轻人瞪眼大惑：你不知兴安——？大有文坛无人不识此君的意味，让我好生惭愧。随后便见一男子迎出，宽肩厚唇，一副北方人的面相，年轻人上前拍肩打背，好一阵亲热。方知兴安正是张罗这次活动的北京市文联研究部的评论家。曾任《北京文学》副主编的兴安人缘甚广，跟与会者不分老幼都如哥们儿，会上漫谈，说古论今，席间豪饮，斗酒不醉，原来性情中人也。

后来接触便多起来，我来京做事之后，因兴安是蒙古族，又做着评论，于是常在一些场合不期而遇，听他带着胸腔共鸣的发言，也不时读到他的文章，知他兴趣广泛，爱干的活儿可一头扎进去，不计功利，且常是利人之事，独到之举。

早在新时期文学之初，兴安就是一位活跃的编辑及评论家，他曾经策划和参与了许多颇具影响的文学活动，推动了某些文学浪潮的兴起与发展。在他的《真实与想象》一书里就录入了他当年所写的《九十年代以来的文学事变与"60后""70后""80后"作家的写作》《新体验小说：作家重新卷入当代历史的一种方式》《怀疑主义者、"外星人"与尴尬的一代》等。一位文化学者曾在与兴安的一次对话中，称他是"文学推手"，因为他经手编辑过中国许多著名小说家的作品，并把这些作品推到了应有的位置。他曾率先倡议，与白烨、陈晓明、雷达、孟繁华等评论家首次发起了"中国当代文学最新作品排行榜"，包括中短篇小说、散文诗歌和报告文学，设置了严格的推荐程序，可说是意气风发。果然在推出后获强烈反响，也引发了不小争议，达到了他所要追求的效果，即在文学逐渐边缘化的状态下，呼唤媒体与读者，让文学重新一步步回到公众的视野。接下来，他提出了"好看小说"的概念，并把"类型小说"的提法引入国内，从编辑杂志的角度，他提出小说要好看，并与一批小说家达成共识，吸引作家走出书斋，融入大众与时代，主张小说无论是内容还是形式，都要具备感染力。为此，他策划了"好看小说大展"，收录了大量年轻作家的作品，从很大程度上来说，不仅当时影响了这些作家的创作，而且或许将延续到他们的一生。

多年的编辑生涯，使兴安成为一个阅读量很大的评论家，而他对作家及作品的看法，也超越了一般的办刊人，他不光是从刊物的需要出发，更多的是站立于中国文学发展的潮头，看潮起潮落。他带着一种天生的敏感，一边广泛与作家们交朋结友，一边对他们的作品加以评说，他从自身的视角出发提出一些专业研究者并非均能认可但充满活力的观点，他断定："'60

后'：文学的怀疑主义者，历史废墟的拾垃圾人；'70后'：尴尬的一代，可望后发制人；'80后'：我们没有见过的'外星人'。"他在新世纪尚未到来之前就提醒传统的作家、评论家要多加注意各种类型的写作，包括网络文学，他认为"文学肯定要发生变化，这种变化不仅仅是载体和工具的变化，而是更深刻的内在结构和叙事观念的变化，除非我们不再需要它"。他总是比较早地对一些新人新作发表看法，心悦诚服地为他们叫好。有一次他和安妮宝贝一起去参加《南方都市报》在北京举办的传媒文学大奖，那时这位女作家的名字在文坛还不甚响亮，但兴安发现，在座的大学生们在主持人介绍到她时，全都齐刷刷站起来热烈鼓掌。吃惊不解的兴安后来认真读了她的作品，发现确实代表了相当一大批年轻读者的心声，有着"疗伤"的功能。他将这些观点写进了文章，显示了一位相对成熟的评论家的包容和开放，以及对一拨拨文学新人的提携。或许正是如兴安以及更多类似的作家、评论家的努力，才使得今日文坛上增添了许多光彩夺目的新星。

兴安对各种作家的了解程度，很少有人能与之相比，他熟悉老少三辈，从某些被人们遗忘的老一代到小荷才露尖尖角的年轻人；熟悉不同类型，从所谓的"纯文学"到不断流行、不断变换旗帜的各种流派；熟悉多民族，从格萨尔到嘎达梅林、冰山上的来客；还熟悉国内外经典作家，从托尔斯泰到赫塔·米勒；熟悉与文学有关联的音乐家、美术家、书法家……只要提及，兴安都能情真意切地一一道来。《真实与想象》书里有一篇关于赫哲族作家乌·白辛的短文，让人读后难忘。赫哲族在我国属人口较少民族，总共不足三千人，乌·白辛才华横溢，曾经作为新中国成立后第一批赴青藏高原的作家，写出大型游记《从昆仑到喜马拉雅》，发现了被毁灭的古格王国，使传说中的古代文明遗址重现人间；还写出了一部史诗性的话剧《赫哲人的婚礼》,使只有语言没有文字的赫哲族口头文学"伊玛堪"得以流传。这位作家在西藏拍摄的纪录片《风雪昆仑驼铃声》获得荷兰著名导演伊文斯的盛赞。兴安的文章让我们触摸到了这位赫哲人的灵魂，也引起许多反思，人们不该遗忘这一切，而应该对现有的民族文化格外珍惜，对宝贵的人才多加保护。

兴安是蒙古族人，人们与他交往之间，大多时候似乎都不太会想起，是因为他的民族意识已完全融入大家庭之中，是一种自在天然的状态。事实上，他对少数民族文学情有独钟，近年来十分留意多民族文学的崛起，并提出一些独到的见解，如从不同民族的写作中把握不同民族心理及独特性、母语写作及翻译的多种可能等。他还在个人的深切体验之中，反复思考如何看待草原民族剧烈变化的生存状态，蒙古包在不断消失，骑马射箭成为一种记忆，大多数牧民住进了温暖的砖瓦房，开始喜欢汽车、摩托、电视和手机，现实与想象已然存在着一条裂缝。草原城市化和过度开发带给人们无尽的忧思，如何让生活越来越好，又不损伤民族的根基，更不以破坏生态和环境为代价？兴安觉得，"对这些矛盾的阐释和见证才是作家应该关注的焦点，一个民族能够立足于今天的阵痛，也是一个民族走向未来的起点。我们的作家必须真诚面对"。

兴安的文字如同他的性情，不受拘束，又让人读出温度，读出真情和思想。金代诗人元好问作有"慷慨歌谣绝不传，穹庐一曲本天然。中州万古英雄气，也到阴山敕勒川"一诗，送与兴安倒也贴切。这些年里，兴安的工作环境多有变换，唯一不变的是性情，他对文学始终不渝，虽然时有沮丧但初衷不改。

他热爱美食，喜欢游历山川，如今有了微信，他会不时将美景美食拍下来，晒在朋友圈，让朋友们共赏。他还喜欢搜集一些不太值钱但颇有意趣的小玩意，如啤酒筒、小茶壶、砚台之类，分享给大家。最近又在苦练书法、绘画，汉文、蒙古文相得益彰，一幅幅"苍狼""蒙古人"，劲道十足。尤其是蒙古文的书法，墨汁饱满，展现出兴安浓烈的情感。

有人说，兴安人到中年，却还是一副文艺青年范儿。的确，他似乎天生就是一位与文学结缘的活动家，一个生活闲散、脱离世事的人。他兴趣多样，但从未在某个范围摆出一副不到黄河心不死的架势，他只是自在地行走和表述。他的评论只限于文学，在生活中从不说是道非，即使批评也是善意厚道的。显然，文坛因为有了他，便多了情趣；也因为有了他，便多了朋友。

这些，在他的文字里都能读到。

香格里拉的白云和哈达

那一年，去美丽的香格里拉，在小城的一处藏楼里，认识了单增曲措，她的爽朗让我觉得似乎与她相识多时，片刻间就读懂了彼此。再读她的诗，却有些诧异，没想到会有那么好。

夜月依傍着河边的核桃树，一寸一寸地移上来。远处是雪山，一半隐在夜色里，一半隐在月光中，都洛寨子的轮廓就这样慢慢露了出来，让清秋的朗月徐徐照亮。河水是静的，村庄也是静的，始终注视着河水的女诗人单增曲措也是静的。是有些雾，并不浓，有纱的直感，清清浅浅，湿湿的，带着淡淡的忧伤，贴着河面，河仿佛在动，也仿佛不动。有风吹过，河面碎成一片涟漪，夜雾有些不知不觉，融进其间去了。

这些意境都是她带给我的，而她的诗，"都洛／这块土地全都绿了／珠巴洛河也绿了／我骑着骏马／阿爸牵着缰绳／奔驰而过／马的骨头就绿了／阿爸开垦了一亩地／他走了／留下我们／去耕作／这永远耕不完的一亩地"，竟让我这样一个来自三峡的人突然对藏地有了伤感，从她的诗行里流走的那些岁月，一片片在我眼前飞翔。

那时秋意还没有完全退去，秋阳温润，岁月静好，单增曲措的诗歌，在一抹茶香之上飘逸，那是些带着体温和脉动的文字，是些有着浓烈的自我标识度的文字，是些宁静温婉，充溢着灵性，让人心生感动，也让人心生疼痛的文字。无论外在，还是内里，都让你觉得，这些，或许是她自我的显现。这里每一行文字，都是高原上的鲜花，都是高原的灵魂。

对亲人的挚爱、对土地的深情，没有太多的渲染和铺陈，只有朴素的勾勒。纵然是疼痛，在她的笔下，也收起了外在的血痕，然而穿透文字的筋络，真切的疼痛与苦涩藏在深处，化为一种如水的坚韧。香格里拉广袤而又高远的天空，格桑梅朵盛开的时候，缠绵的边地风情，围绕着、盘旋着，都是不能一一道尽的美好。

十朵格桑花/绽放了/绽放在草原上/又瘦又小/十朵格桑花/游人看不见/心事重的人也看不见/十朵格桑花/想了又想/住在草原上/像我层次不齐的十指。

秋夜读这样的诗歌，点点滴滴，仿佛回到那一片明朗的天地，数着高原上的花瓣，便能体会心与心的交融。周遭的喧嚣一应隐去，只留这天籁的清音，流水似的漫过，一个个的音节清脆而来，像细雨微风中轻轻摆动的青竹，又像旷野里一道晨光中跃动的露珠。诗歌画出了一个香格里拉的女子，将她的生活和文字柔婉地联结在一处，鲜活的她，裙裾随风而动的她，就在诗行里。如火的情感跳跃着，却并不太考究文字，只在平凡的词句里，透出让人沉醉的内蕴与情致。

> 珠巴洛河/一条河水/一盒骨灰/一床被褥/一份亲情/多事的死神/将父亲一个人带走/把我们留下/一百〇八颗珠子/生与死的距离/越来越长/思念越来越近。

珠巴洛河来自远处的雪山，清澈照人，湍流不息，在一个叫拖顶的地方融进金沙江。父亲在这里诞生，又在这里安息，这里是他灵魂最后的安歇之地。单增曲措噙满一眶眼泪，倾听河流的故事，寻找祖先留下的印迹，寻找藏文化的根脉，也寻找人生的意义。由此，她更多地写到个人记忆，写到时光逝去，写到对心灵归属的追问，写到对生命意义的还原。

面对香格里拉古韵悠长的风，她宁愿持以更多的谦恭，因此她的诗句和意象不事张扬，像是她的亲生姊妹，次第从她的笔端走出，素颜，清纯，本真。雪山与河流带给她内心的宁静，对文字的极其敬畏，使她时时擦拭，希望那些文字不染尘埃，光鲜活泛，时时闪耀初始的色泽。

> 牛角梳/你从前世走来/梳理我前世的爱/让爱情驻扎在阿里的帐篷/前世我一直等待/一次挥手，成为永别/牛角梳/你从今生走来/梳理/今生的爱让真情冰冻，永无保质期/今生我一直等待/一次回眸，成为永恒。

她写的情爱，如水墨画，饱满地在宣纸上浸润，漫延过去，直抵心尖上的战栗。"滴了一滴眼泪/把男人囚禁在一滴泪里"，女性温暖的胸怀，如一弯明月，又含着古典诗歌的情韵，秋天青稞地的率真，康藏情歌的放达。

> 用酥油灯焰架鹊桥/左边的灯焰照着你/右边的灯焰照着我/伸出左脚去会你/灯焰烧焦了左脚/伸出右脚去会你/灯焰烧焦了右脚/灯一盏盏熄灭/你也慢慢消失。

她的诗，一向多为短制，少则三五行，多则二三十行。她喜欢以简捷的方式表达自己的关注，找到自己与这个世界最好的呼应与对接。让人联想到高原上直射的阳光，雪山草场边如箭的风雨。没有过多的修辞和抒情，着眼于一些原本看去平常的世相，追究，消解，呈现，而一旦走入诗歌，便有了剑走偏锋的效果，陡然多出诸多情趣，让人能从中得到奇妙的体验与感悟。是生活催动了她的诗情，又是她的悟性参透了生活的点点滴滴，让那些诗的意象一个一个冒出来，成为她精心构造的诗园。

> 喜庆的日子，天上星月圆/喜庆的日子，地上良辰美/喜庆的日子，无桥水上过/喜庆的日子，白雪鸡来报晓/喜庆的日子，黑马不上路/喜庆的日子，格桑花遍地开/喜庆的日子，新娘穿六层氆氇/喜庆的日子，新郎穿三层氆氇。

她传承流动着藏族的血脉，吸纳了康藏雪原多重文化的熏染，同时又自小接受汉文教育，这让她的诗歌穿行于汉文语系与藏文语系之间，富有汉藏融合的独特效应，是康藏高原多种文化汇合交融的真实体现。在她虚实有致的笔墨里，渐次建构了一个只属于她自己的语言城池，一个有着雪域高原这一文学生态体征的文学气场和诗歌天地。她极具个性、别致的语言形式，使人们感受到云南女性诗歌的多样化，她对古典、民族歌谣的借鉴和运用，透视出康藏高原文化的原生带，值得关注和研究。

　　遥远的地方，香格里拉，羊群爬上山坡变成了白云，炊烟飘过房顶变成了哈达，就在那里，有一位女诗人单增曲措，她的诗歌流出笔端，就变成了白云，变成了哈达。

说的是一个厚道

作文其实是跟做人联系在一起的，所谓"文如其人"，观其文，如闻其声，如见其人，虽然不是所有的文都是如此，但总能从中找到其性情，读词作家乔悟义的《感悟》便是如此，让人读出了中国人的厚道和质朴。

在这个西北汉子几十年的人生历程中，充满激情的追求，他像一个猎手，随时捕捉着生命的光彩，点滴记录于心。"如果你的心胸像草原那样宽广豁达，晶莹剔透，能够给别人宽容，你就会产生一种坦然和勇敢，可以弥补你天生的不足和遗憾，就能收获许多别人得不到的东西。"

这是他的感悟，也是人生给予他的智慧，朴实真切，不是虚幻空洞的理论，而是实在管用的经验。"如果你想让别人喜欢你，或想改变你的人际关系，你就应该从关心别人开始，不贪图别人的名利地位，关心爱护别人也不图回报，将心换心，让人感受到你的真诚，你才能赢得别人的喜欢，交到真心的朋友。"

捧着《感悟》这本书，就像闻到空气里飘浮着的兰州拉面辣乎乎的香味，羊肉泡馍蒸腾的热气，还有山药蛋的泥腥。乔悟义的感悟就是从大西北的黄土与风沙里得来的，是他在那片大地上采摘的果实，也是他走过千山万壑之后的一把汗水。

没有造作矫情，直率真诚、不夸张、不虚张声势，俨然是一位厚道的老大哥，与朋友围炉而坐，一壶茶、两盅酒，长夜促膝，倾心而谈；又如严冬的阳光，盛夏的清风，让人信赖、熨帖。

感悟包含为人处世的道理，也有经营管理的经验，比如，"与人交往，品德好的人总是推功揽过，在利益面前总是先人后己，把幸福快乐给予别人，这样做似乎吃了亏。但你要知道，有投入就会有回报，你的人格魅力会得以不断增强，你的事业也会随之兴旺发达"。

总之，做老实人不会吃亏，这也是厚道的老百姓所衷心希望的。大街上扶起摔倒的老人，冰河中救起失足的少女，职场上让贤于同事，得了好处不忘朋友，困难面前往前站一步，利益面前往后退一步，一尺之距离，或许便量出世道人心。"人厚道诚实守信，福自来，危难时贵人不请自到；人狡诈常坑害别人，祸相随，无风也起三尺浪。"

中国的民间智慧里包含着丰富的哲学意味，生动具体。乔悟义的《感悟》让我想起一位远在广东中山的土家人谭功才，他一个农家子弟，二十来岁远离乡土，去南方谋生，多年后写出一本散文集《鲍坪》，开掘出少年时期的记忆，传递出约定俗成的乡村文化和传统习俗，"夜夜做贼不富，日日待客不穷""你敬我一尺，我敬你一丈""好人有好报"，这些最为朴实的乡村智慧成为漂泊游子的最大财富，养育着他的勇气，让他在遥远的南方艰苦打拼，成家立业，颇有成就。南方谭功才的散文与北方乔悟义的《感悟》一样，都是新的民间智慧的创造。

乔悟义的《感悟》如警句格言，词作短小精悍，凝练深厚，"太阳是最大的神，父母是最大的恩，朋友是最大的财，厚道是最大的福"。他写过很多歌词，由一些著名的曲作家和歌唱家谱曲演唱，他的歌词和他的其他文字一样，言之有物，朴实温暖。一曲《心里有就足够了》流畅如白话，"抽空见见面，聊聊天喝杯茶，危难时刻伸伸手，友谊也会自然升华。君子之交淡如水，心岂能让钱绑架，如今日子都能过得去，只要心里有就足够了"。

西北一带的民歌生动有趣，天下闻名，"想亲亲想得我手腕腕那个软呀呼嗨，拿起个筷子我端不起个碗呀儿哟。想亲亲想得我心花花花乱呀呼嗨呀呼嗨，煮饺子下了一锅山药那个蛋呀儿哟呀儿哟"。联想乔悟义的文章，倘若有更多山药蛋的味道，也就是乡土民间的气息，采用更多直接来自生活的鲜活语言，无疑会进一步增加其感染力。这里有对《感悟》目前存在不足的指出，也有读者对其今后写作的真心期待。

四季歌

有一些书读过就忘了，还有一些书读一读就读不下去了，而李延青的《鲤鱼川随记》，首先是一本好读的书，引人入胜；其次是一本耐读的书，让人回味，读过之后会想再次去重读细读；此外，还是一本可以流传的书，它可以勾起人们对20世纪六七十年代中国乡村生活的记忆，也可以使年轻的读者了解到几十年前的社会生活、农村经济、民俗风情、人性善恶及人与人的关系等。其中有些篇章可以视为很好的乡村文化教材。

李延青的《鲤鱼川随记》勾画出一幅幅独立而又紧密相连的图画，宽泛而又细致地再现了华北乡村的风情。他兼容了散文随笔、小说诗歌，甚至美术音乐的手法，创作出一种具有独特风格的小说，刻画出一个个栩栩如生的人物形象：德馨、陌生人、王老师、哥哥、医生、邮递员等，那似可触摸和嗅闻的花事、野杜鹃、夜风和年味儿……让读者体味到超越虚构和堆砌的艺术魅力。

这部书看似随意实则用心良苦，在多年的思考之中，更有文学修养的丰厚积淀，明显流露出对中国古典文学的继承和张扬，似有明月松间照、清泉石上流之气韵，节奏舒缓而不凝滞，结构浓淡相宜，让人联想到中国书法的章法。

在令人愉悦和感动的阅读之中，李延青将他对生命和人世的态度传递给了读者。在其平和从容的笔下，深藏着温厚的悲悯情怀，不仅有对善良、春天、花事等美好的嘉勉，还包含着对所谓的恶以及人性多样性的平心解读。俗世中曾发生过的惨烈、残酷、卑劣，在鲤鱼川的往事中不时闪现，李延青没有慷慨激昂、痛心疾首地指画，而是持一种理性的审视，怀有更多超越具象的人生关顾。在《鲤鱼川随记》众多的描写对象中，李延青给予的不是狭隘、片面的评价，而是尽量将其人物原汁原味地呈现，让读者自己去思索人与人之间，人与物之间，人的内心复杂多样的生命状态，从而产生更多宽容和怜惜。

《鲤鱼川随记》体现了作家在后工业化时代对农业文明的一种眷顾，而这种眷顾并非简单建立在对工业文明的否定之上，而是将农业文明所包含的某些温馨——后工业化时代弥足珍贵的一些精神伦理层面的内容挖掘出来，让读者自己去体悟。

19世纪的美国作家亨利·戴维·梭罗的经典之作《瓦尔登湖》被美国国会图书馆评为塑造读者的25本书之一。梭罗对俭朴生活的崇尚，对大自然的真情描述，在《鲤鱼川随记》一书中似可闻到同样的气息。我们在紧张忙碌的尘世生活中，急急慌慌地一掠而过，确实丢弃了很多最为简朴而又最为珍贵的东西，丢弃了人生与自然之间最明确最直接的纽带，李延青等在帮我们找回。

花落红尘也是真

杭州女作家李素红的长篇小说《花落红尘》是一部饱含真情的传递女性话语的书，她的真情来自真实和真诚，她放开了写，带着不吐不快的喷发，这种写作风格源于她个人的切身感受和她的性格。

她是一个漂亮的人，还写得一手漂亮的字，她的人生跌宕起伏，精彩纷呈，让许多好男儿也为之咋舌。这且不够，她有话要说，借助于笔，将自己和姐妹们的人生告白于世。

李素红是将全副身心投入生活的一位女子，她的写作贴近时代、贴近生活，她的贴近首先是为了谋生，而谋生的过程使她获得了文学创作的丰富素材。

她不仅表现当下女性的生存状态，而且表现她们的精神诉求。她描写了几个乡村小女子成为都市女性的变化过程，这个过程在中国改革开放的几十年间。大量乡村逐渐变为城镇，相当一部分农村人成为城市人，她们的生活经历和情感历程是社会转型期的群体缩影。

　　蓝琳、晨依、芙蓉、景菲这些开放在山野间的小小花朵，纯真而美丽，也有着花一般的梦想，然而因为她们是乡村的孩子，尽管她们不愿意，但一出生就带着摆脱不了的贫困和哀愁。在社会急剧变化的滚滚红尘中，这群人特别愿意打拼，愿意跟随这个时代的洪流快速向前，但又特别容易受到侮辱和侵害。由农业化转为工业化、现代化、城市化，时代的发展创造着许多奇迹和浪漫，同时也无情地抛弃了许多农耕文化的脉脉温情：以近似于残酷的竞争和拼搏取代了彬彬有礼的温良恭俭让，相守已成为传说，承诺只在一定的契约中存在，人与人的情感比任何时候都要脆弱。如花一般的女人们，在澎湃的浪潮中，常常被杂陈纷乱碾作泥，有的是质本洁来还洁去，有的则是沾满泪水和污垢，随风而逝不知所终。难怪书中人物不止一次地叹道：我愿意化作尘埃，轻轻地来，轻轻地去。

　　李素红是一位"70后"的女作家，她和她的同龄人感受着改革开放带来的变化，旧的东西被席卷而去，新的价值尚在人们的争辩寻觅之中。李素红以姐妹们的故事，表明女人们无奈的选择："如果有一天没有了亲情，我会等待爱情；如果有一天失去了爱情，我会寻找友情；如果什么都没有了，我会悄悄地离去。"

　　《花落红尘》中有许多独到且流行的思考，让人读来常有会心之处，或是人们常议论但并未归纳，或是只能意会不能言传。比方说，"男人在他事业辉煌时，迎接他的是鲜花和掌声；而女人在她事业成功的那一刻，更多的也许是他人的猜忌和蜚语。所以一个优秀成功的女人，要有聪明的才智，女性的柔情，健康的身体，勤苦的经营"。

　　李素红的小说表达出强烈的女性意识，折射出社会所存在的妇女问题。《花落红尘》中的男性，多是虚伪、自私的，表现在利益和情感上，表面上的正人君子韩俊连当着老婆的面接一个女性的电话都不敢，假装有公事需要处理，实际上早有情人；蓝琳深爱的丈夫在女儿生病时离她而去，很快就有了新欢……这些情节采自目前喧嚣世态之中的形形色色，具有一定的真实性、典型性。

　　《花落红尘》既有对某些丑恶人性的酣畅淋漓的批判，也有对人性美的追求。主人公蓝琳及她的姐妹虽历经坎坷但仍不失内心的善良，一如江南水色，美是《花落红尘》的底色。正如李素红爱美的性情一样，这本书对于语言的使用，也在美的考究之中。

　　她以坦诚的倾诉完成了她的第一部长篇小说的写作，期待她日后对生活展开进一步的开掘和超越。

同袍同泽

  我与成都的几位年轻军旅作家似乎有缘，最近几年，在鲁院的安排下，年年与高研班的作家来往，鲁院是用拈阄儿的方法来确定联系的对象，鲁15时拈出了王甜，鲁17拈出了王龙，他们都是成都军区的，并且在一个单位。所谓鲁15，是鲁迅文学院第15届高研班的简称，鲁17亦然，每个班有五十多名学员。如果要从玻璃缸里的几十个字条中准确地将这两位暨摸出来，概率实在是很小，但居然都碰上了，只能说是一种缘分。

  王甜跟她的名字一样，长相甜美，说话也甜，后来知道她已经发表了不少作品，并且准备创作一部反映新兵连生活的长篇小说。说起她的书名，我们和另外几位鲁15学员热烈地讨论了好一阵。她用不太自信的语气说："我这书名已经想了好多个了，目前叫《枪膛里没有子弹》，但大家一致认为不够好。"

  我说书名当然很重要，好比是画龙点睛。再后来，出版社的编辑也帮她想了好些，《尖叫的子弹》《枪，你有名字吗》，仍然都觉得不太满意。直到她写完了，鲁15也结业了。有一天她来了电话，说最后定的书名叫《同袍》，取自《诗经·秦风·无衣》："岂曰无衣？与子同袍。王于兴师，修我戈矛，与子同仇！岂曰无衣？与子同泽。王于兴师，修我矛戟，与子偕作！"袍是长衣，泽是内衣，形容军人们相互友爱，情同手足，与王甜所写的新兵连战友们的相濡以沫倒是贴切，虽然一般读者乍一读来可能得费些琢磨。

仅从书名的确认，已可见王甜对这部长篇小说的呕心沥血。书出版之后我读到的第一感觉是颇为吃惊，王甜五年的心血没有白费。我对当代军旅小说的了解是从周大新、裘山山等人那里得到的，他们的作品显然与 20 世纪 50 年代大家耳熟能详的军旅文学有所不同，而王甜的这部小说又一次让我们感到耳目一新。

新时期以来的经济大潮波涛汹涌，冲击着社会的各个方面，而在信息化、工业化、科技化的时代里，军队建设及其文化建设也都发生了巨大的变化，读者对新时代的军人生涯有许多期待。王甜的小说满足了读者，她描写了在新时代背景下的红色青春，一批地方大学生走入军队，经受了种种磨炼，年轻一代的家国意识在理想的召唤下，在和平年代里产生了质的飞跃。

王甜在创作的过程中有着一种难得的沉静。今天的文学创作者随着社会的浮躁而心浮气躁，有些作家号称一个月就可以写一部长篇，每年出几本书是平常事。对于今天的文学，作为创作者，我们需要扪心自问，我们是否用足了气力？究竟要给读者奉献什么？我想王甜一定也有过这样的思考，她说她常常为了一个细节、一句话、一个词而冥思苦想。她绞尽脑汁的写法看上去有点自讨苦吃，但我以为在这样一个功利的时代里难能可贵，难得有她这样一位年轻的作家，以一种强大的定力来对待自己的作品。

她的小说中有大量动人的细节。一两年的军旅生活，没有残酷的战争，也没有大起大落的人物命运，如果没有这些真实感人的细节，恐怕是难以成篇的。这些细节来源于她对生活细致的观察捕捉，也来源于她所具有的天赋和想象力，以及精心的营造。她的这种精心有时甚至到了有些过分的程度，但正因为如此，她的这部小说才耐人品味、十分讲究。

王甜是单纯的，持有某种对生活、对理想信念执着的单纯，或者说单纯的执着，但是单纯不单薄，认真不刻板，幽默而不油滑。她的文字是很幽默的，还有很多慧心灵秀的批评。她把她的灵巧给了这本书，她曾说要写一部自己热爱的书。我觉得《同袍》可以算是她热爱的书，在军旅青年文学中也应是一本值得关注的书，一本具有突破意义的书。

书中仍有一些不足，部分抒情含有一些戏剧化的色彩，很适合改编成电视连续剧，像《炊事班的故事》之类，理想阳光。但作为一部长篇小说，戏剧化的色彩却显得过了些，人物的对白有时甚至就是话剧对白，如书中写到三班长冲上台去，就是话剧式的表演。

当前，军队文学的发展需要探索和创新。和平年代、很少有面对面的战争，但战争其实无时不潜藏在我们周围，今天的军人所担负的职责，所包含的精神内涵，更加接近生命的本质，接近高科技信息化的人类社会生活，文学如何去表现，要走的路还很长。

生活在漾濞的女子

只有在云南地图上细细地找，才能发现"漾濞"。这个全称为"漾濞彝族自治县"的地方，归著名的大理白族自治州管辖，从大理城出发，往西而去，翻过莽莽苍山，就会见到那座小而精致的县城，它背靠苍山，安详宁静。

"漾濞"二字，最早分别为两条河的名字，"漾"为水波荡漾，善为人记；"濞"则用得少，东汉许慎编著的《说文解字》解释为"水暴至声"，古时常用于人名，如今则只留下与"漾"组成的这个地名了。漾濞，是倚江而筑、有着千年历史的古城，发端于两千多年前的古西南丝绸之路从这里走过，沟通了多民族的绚烂文明。

那些不断消失又不断生长的漾濞故事，在一位叫左中美的彝族女子笔下，如那条她每天伴随着的河流，源源不断地溅出浪花。左中美从小生活在这滇西群山腹地的边城，不仅熟知这千年的古道要途，更是对这片以彝族为主体的少数民族聚居的热土有说不尽的喜爱。她在《江城》一文中描述道："一条江源远流长。江岸上的悠长岁月里，若雨后的森林中长出蘑菇那样，一点一点，长出了一座雨水细细、炊烟袅袅的古城来。"正是那山高水远，民族的根深源长，濡染成了左中美文字的底色：洁净与安宁。

左中美写作散文多年，她的文字少有张扬，更多是在安静地讲述，一如她的散文集《拐角，遇见》的内容简介："一书一茶的清简时光。一山一水的闲走情绪。一花一叶的生命心情。一村一城的悠远光阴。"她的写作，"不是为用行走打发岁月，而是因为安静反复歌吟"。她的文字细致、柔软、沉静，平和地讲述一个平常女子的烟火人间，娓娓道出一座千年古城的沧桑风雨。

从一座偏远山村走进城市的左中美，村庄是她生命的摇篮，是心灵最深的根，也是她笔下永远最具温情的风景。对于她，以及她的文字来说，村庄在，家才在，根才在。故乡，不仅是现实的故乡，更是她精神的故乡。她在讲述那座千年古城时，笔意是悠远的，而在讲述生养她的村庄时，更是一往情深，血脉相连的。

一直以来，无数作家用自己独有的方式，吟唱、讲述着自己的民族、故乡和土地，有人说，同类题材的名家经典已为洋洋大观，同时，相比小说和诗歌，散文写作更为普遍，很难再出现让人拍案叫好的精妙之作。在这种情境下，左中美多年来对故乡的散文写作，也应该看作是一种执着和勇气吧。

在少数民族作家队伍中，近年来一直活跃着一批擅长散文写作的女作家，如吉林的满族作家格致、西藏的藏族作家白玛娜珍、新疆哈萨克族作家叶儿克西·胡尔曼别克、云南的回族作家叶多多、宁夏的维吾尔族作家阿舍、出生于新疆后在杭州生活的维吾尔族作家帕蒂古丽等，这些优秀的不同民族的女作家，创作出了许多脍炙人口的散文。左中美也是这个群体中的一员，作为生活在云南边地的彝族女子，她的散文不仅数量颇丰，而且逐渐现出独有的文学特色，以其"云南印象"给少数民族女作家的画廊增添了色彩。

她以民族和故乡为背景的散文如《钥匙》《渴》《女性的庄稼》《母亲的歌》《明月天涯》《旧故乡》《村庄书》等先后发表于国内一些报刊，后来结集出版了《不见秋天》《时光素笺》两部散文集。如前所说，左中美写在人间烟火中，五百年的铁索桥，苍山的杜鹃花、荞花、攀枝花，小街上的米线、凉粉、饵块，山上的野菌，老庙的住持，都可入她的文眼，在她看来都那么温情脉脉。她的散文透着一股女性的温暖，读着不累，即使在疲惫中，也会因为阅读这些文字而感到轻松。

总之，左中美的散文能带给人们愉悦。要知道，做到这一点并不是那么容易，技艺是一方面，更重要的是执笔人心中要有善和爱。左中美的平和之作渐得好评，先后在省、州的一些文艺奖项中获奖，得到人们的认可。

新近，她的第三本散文集《拐角，遇见》又将出版，这是继2010年的第一部散文集《不见秋天》，2012年的《时光素笺》之后的又一次收获，也是她多年来工作之余的一种坚持。窗外风景多变，而她内心始终保持着一份平静，对生活无太多的贪求，素面朝天，看花开花落，潮起潮涌。从她的笔下，读者可以领略到《无事看花》《几处闲茶》这样的简静时光，也可以感受《时光书简》《看了又看》这样的生活笔记，还可以分享《村庄书》《江城》中的故乡情怀。

她一路延伸着她原有的文学底色，在那些看似一如既往的安静讲述里，有一颗总是在不断自我成长的内心。拐角，遇见，在她眼里，是当下，亦是远方。

　　作为一位西南少数民族的女性作家，左中美为人们提供了她独有的体验以及有许多象征意味的表述，对于时光和生命的理解，包含了彝族文化的基因。她对文学存有深深的敬畏，因而非常在意自己的写作态度，她将笔下的所有文字，共同指向一个方向，就是生命中那些最深切的爱意。

火把照亮回家的路

　　秋日的京城之南，树叶开始有些发黄，在一家小饭馆里，一位朋友望着窗外熙熙攘攘的车流，突然说："我的北京哪儿去了？"这位从小住在牛街的北京人，小时候爬过的城墙、摸鱼捉虾的小河已杳有踪影，他说每每开车走在如今的大街小巷，他都心生迷茫，仿佛自己是在一个陌生的地方。

　　他的话让我一下子想起云南大理的彝族作家纳张元。就在前不久的西南六省作家高研班期间，在紫色的三角梅盛开的苍山洱海边，纳张元开着车，几次接送我和施战军、毕飞宇一行。大理的天很蓝，没有京城的堵车，大家都赞不绝口，但身居大理的纳张元说不知怎么搞的，脑子里经常想的是过去的山寨，可那寨子，早已不是从前的模样了。

　　纳张元生活在一个偏远的彝寨，从小没穿过鞋，读书得走几十里细得像一条山草绳的山路，那路弯弯曲曲地挂在笔陡的山坡上，行人要像壁虎一样贴着悬崖小心移动，稍不留神脚下轻轻一滑，人就会像鸟一样在峡谷中飞起来，一直飞下万丈深渊。在寄宿学校里，下课之后的第一件事就是奔向灶屋。那是一间简陋的平房，同学们一人一小块地盘，找三块石头架一口小铁锅，煮洋芋、搅苞谷糊。捡来的湿柴不好烧，烟雾弥漫在小小的人儿之间，饭还没弄熟，一个个都成了花猫脸。

纳张元父亲是彝山远近闻名的毕摩（祭司），又是一个性格倔强、暴烈的汉子。他曾经凭着三尺多长的一截山楂树棒，与一头大公熊搏斗，从太阳还没落山一直厮打到天黑，双方不分胜负。

剽悍的父亲不赞成儿子的求学之路，而纳张元居然敢于反抗，他不去打歌、不约姑娘，一门心思在读书上，在走出贫困家乡的梦想中。他苦思冥想，远古的祖先能爬出葫芦，他们的世代子孙怎么就爬不出那个浅浅的酒碗？火塘怎么像一个魔鬼的怪圈，拴住了一代又一代想向山外挣扎的人？

城里男人是不是也像山里汉子一样把烟斗装得很满？回荡在红土地上的悠悠山歌怎么永远充满了抱怨？

多年后的今天，那个只爱读书的山里孩子已经成为教授，作为大理学院文学院院长、硕士生导师，纳张元教书育人，是云南省教学名师、大理学院优秀教师标兵。而他对从高中念书时就迷上的文学也一直没有放弃，近几年更是有些高潮迭起，迄今已有三百多篇小说、散文、评论在《人民日报》《十月》等报刊发表，出版个人专著《走出寓言》《民族性与地域性：云南文学永远的信念坚守与梦想超越》等，散文《父亲的三双鞋》、小说《彝山二题》、评论《冲突与消解——世纪末的少数民族小说创作》等作品先后获得"盛世民族情"征文优秀作品奖、"首届滇西文学奖"、"第五届全国当代少数民族文学优秀评论奖"、第三届"云南文化精品工程"文艺评论奖等，是《彝族当代文学史》十分关注的作家、评论家。

在大理，我们顺道去了纳张元的家，那是美丽的大理学院校园里的一幢三层小楼。他的母亲迎出来，这位洁净的老妇人看上去精神矍铄，脚上穿一双绣着红山茶的花鞋，一问是她亲手绣的。从他们家的窗户看出去，是洱海碧蓝的水，还有似乎触手可及的苍山之云。大理是一个跟世界连接很紧密的地方，就在他家附近，住着 20 世纪 90 年代因热爱大理的环境和气候而来的一批台湾同胞，将苍山占去一角，人称"台湾村"。

深山来的彝家人也非常爱美，纳张元一家将这幢小楼收拾得让京城来的所有人眼睛发亮。沿着红木楼梯拾级而上，最顶层是他宽敞明亮的书房，他在这里精心料理着文学，思念着他的山寨。他近年来比较得意的作品，无一例外都是对彝寨及过去岁月的回顾。

曾经用尽全力梦想出走，如今又日思夜想回归，这似乎不仅是彝族人纳张元，也是走进城市和现代文明的人们面临共同的忧思，山寨抑或村庄、胡同、城墙哪儿去了？其实不仅是这些，无数有着深刻文化符号的象征物也在现代化的浪潮中不断消逝，让许多个"纳张元"频频张望，担忧祈盼。

在对家乡的回望中，纳张元发现，在过去所见的贫困表象之下，潜藏在大山深处的尚有来自苍茫天地间的隔世之音。他从彝族人的史诗《创世纪》里开掘人的价值，考究天地人的处境和人的生存态度，比如彝族人很早就非常在意人兽共生，明白人与自然及动物的和谐相处是生存法则之一。还有对父亲的重新审视，种种过往犹如一座金矿，不断有新的金脉展现。这一切让他欲罢不能。

彝族人的节日很多，最为看重的是火把节，传说火把带来了光明，赶走了妖魔。每逢火把节这一天，人们就会举着一束束用蒿草精心扎好的火把，从四面八方的山坡汇聚到一起。纳张元用他的文学话语表达他的发现和开掘，透视着他的精神追寻，回家的路仍然很艰难，山草绳一般细，但火把照亮了他的路。

2009 年的金秋，纳张元在鲁迅文学院第 12 届高研班学习，有过一次精彩的发言，以至铁凝后来提道："我们都将时光比作流水，而一位彝族作家却说时光比剃头刀子还快，他说出了时光的锋利无情。" 彝族毕摩父亲给了儿子空灵和敏锐，纳张元的言谈妙趣横生，还常以歌代言，父亲给了他一副好嗓音，他时而高亢洪亮，时而柔情似水，用他的母语，变幻出丰富奇妙的意境。透过他的歌声，还有他的文字，我们可以清晰地看见彝族人高举的火把，在回家的路上熊熊燃烧。

凤尾竹下

　　到了德宏芒市，由车拉入一簇簇凤尾竹摇曳的园子，月儿已挂在竹梢。周围人声喧哗，人影绰绰，细看才发现都被茂密的竹林掩住了。空气里散发着一股甜甜的清新，还有扑鼻的花香。

　　德宏是傣语的音译，"德"为下面，"宏"为怒江，指的是"怒江下游的地方"，在云南省西部。芒市是德宏傣族景颇族自治州府所在地，下属陇川、盈江、梁河、瑞丽，三面为缅甸所围。《民族文学》杂志与云南作协在德宏州委的支持下，2011年在这个美丽的地方举办了全国人口较少民族作家笔会。这是一次难得的聚会，从祖国的四面八方赶来了几十位不同民族的文学朋友，有来自东北的鄂温克族、赫哲族、俄罗斯族，新疆的塔吉克族、乌孜别克族，西藏的门巴族，还有南方的高山族、京族等，他们兴奋地相聚在竹林下，南腔北调地互诉衷肠。还有一些阿昌族、基诺族、普米族、怒族、德昂族、布朗族的作家,他们属于云南本省二十六个世居民族中的较少民族,虽然都在云南,但其中好些人从未到过德宏,也都是跋山涉水而来。但他们在远道而来的外省人面前,俨然以主人的热情,笑对各民族兄弟。

三十年前也是在德宏,甚至就是在我们下榻的芒市酒店,当年《民族文学》主编玛拉沁夫一行曾举办过声势隆重的少数民族作家笔会,给德宏人留下了深刻印象。这回让人们高兴的是,既是作家又是领导的丹增和玛拉沁夫又一次来到了德宏,玛老兴致勃勃地回忆当年,谈文学,与年轻人一道举杯共饮。参与过当年笔会的云南省作协主席黄尧,那时还是一位初出茅庐的小青年,人称文坛四小美男子之一,另外三位为何人未曾考证。如今的黄尧风度不减当年,且文心依旧。此前的一次文学聚会上,我曾谈到办刊中所感受的少数民族文学的一些状况,会后黄尧递过一张纸来说,"你介绍的情况很好,我还给你补充了一些云南的作者和作品"。当下便读,只见纸上密密麻麻排列了一些还比较陌生的云南人口较少民族作者的姓名,同时还写了他的一些文学见解,如对少数民族文学不仅要扶持,还要不断提升扶持水平;对作者不光要给予还要设立标杆,等等。在德宏,黄尧对参加笔会的年轻作家们言辞恳切,动情处慷慨激昂,而人们都爱听。

在会上,玛拉沁夫指着身穿景颇族筒裙的德宏女作家玛波说,时光真快啊,就记得当时她还是个小姑娘呢。德宏人爱文学,自20世纪80年代以来,涌现了一批优秀的少数民族作家,玛波便是其中之一。她用母语创作的长篇小说《罗孔札定》描写了一位女首领带领族人推翻奴隶制、走上革命之路的故事,反映了景颇这个雄狮般的山地民族的真实变迁，曾获得全国少数民族文学"骏马奖"。近年来，德宏阿昌族作家孙宝廷、德昂族女诗人艾栗木诺也都有不俗之作，亦获得"骏马奖"。

云南德宏这片瑰丽的土地，山高林密，河流湍急，有晶莹的美玉、争奇斗艳的动植物，孕育了绚烂夺目的多民族文化。笔会组织前往陇川，在古老的山寨与景颇人一起感受气势欢腾的"目瑙纵歌"。这是景颇族最为隆重的活动，意为"大伙来跳舞"。男女老少盛装步入广场，中央高高的目瑙柱上绘着彩图，挂着皮鼓和铓锣，象征吉祥幸福、团结勇敢。两位神色庄重的老人身穿龙袍，头戴插有孔雀、野鸡翎毛和野猪牙齿的目瑙帽，手持锃亮的长刀，踏着舞步在前方带领，成百上千人跟着翩翩起舞，不时变换队形动作，展示着景颇山地千百年来生产生活的场景。"目瑙纵歌"常常要跳几天几夜，人们边跳边发出阵阵呐喊，散发着勇敢的力量。

在德宏期间，又去到畹町口岸，与缅北九谷（捧赛）口岸相连的界碑相隔不远，1937年此处就成立了海关，"二战"期间滇缅公路和史迪威公路修通，正是从畹町口岸将国际上的大量援华物资运入了中国，中国的十万远征军也是从这里出境征战于缅甸。

如今，口岸附近的大道旁有一座白色的小楼，德宏人将它建作了"国门书社"。书社里面陈列着满满的书籍，附近的傣族、景颇族与缅甸人都可以不分国界地来此阅读。那天，我们与会的近百名少数民族作家走进"国门书社"，对其有所了解之后纷纷表示要赠书于此。主人很欢喜，说要设一个专柜来展示全国各地少数民族作家的作品。

回京之后，闻说不少作家已将书寄往畹町，但愿相互美好的承诺可以长久，让这座在凤尾竹的环抱下、敞开大门的"国门书社"竹香伴着书香，连接起中缅两国人民友谊和文化交流的桥梁。

《第五战区》的突破

　　每一个民族都有自己的苦难历史，相应地也都有自己抵抗侵略、不屈不挠的战争壮举。世界文学史上那些关于战争题材的名著，不仅让我们记住了一幕幕悲壮的战争画面，也让我们记住了一个又一个鲜活的可歌可泣的英雄形象，成为鼓舞人类前进的一盏盏明灯。把民族过往的苦难岁月变为激人奋进的文学作品，是所有当代作家的历史使命和义不容辞的责任与担当。在中国人民抗日战争暨世界反法西斯战争胜利 70 周年到来之际，山东女作家常芳深入生活、潜心创作的长篇小说《第五战区》出版，小说突破以往传统抗战题材文学叙事方式，再现全民抗战的壮丽史诗，是献给抗战胜利 70 周年的一部厚重之作。

　　人类文明的进步，是对过往历史的不断重新认识、重新理解、重新评价，而勇敢地正视历史则是一个民族走向成熟的具体表现。临沂有山东的"小延安"之称，无论是在抗日战争时

期还是解放战争时期，都为战争胜利作出了巨大贡献。《第五
战区》以 1938 年春天的临沂阻击战为叙述背景，这场战役是
台儿庄战役前的序幕战，历时两个多月。担任阻击任务的中国
军队共伤亡 25000 多人，毙伤日军 5000 多人，为台儿庄战役
的胜利奠定基础。而台儿庄战役是抗战时期正面战场取得的第
一场胜利，在抗战最困难的时期鼓舞了士气，打破了日军不可
战胜的神话。小说通过沂蒙山区"南沂蒙县"一个村庄参与抗
战的过程，谱写了一曲家国蒙难、民族危亡之时全民抗战的慷
慨悲歌。

　　作家描写了一批本来对革命和战争深恶痛绝的乡绅阶层，
在战争来临时被迫选择了反抗，他们卖掉视为命根子的土地，
买来枪支，成立了一支由佃户、铁匠、羊倌、油坊伙计、地主
少爷等组成的人员复杂的抗敌自卫团，他们配合中国军队，开
始了与日军的殊死之战，各种抗日武装力量从涓涓细流汇成了
抗日的洪流。《第五战区》对乡绅阶层从被动到自觉参与抗战
的描写，还原了历史真实，是一部由小人物构成的真实演绎全
民抗战的壮丽史诗。

　　沂蒙山区的抗战既是中国抗战的一部分，也是世界反法西
斯战争的一部分。《第五战区》虽然着意写的是战争中"沂蒙
山区平静的乡村生活是如何一步步被战争的炮火打破，敦厚纯
朴的乡村文化又是如何一步步解体、走向多元的"，但是作家
映照的是整个中国的平静生活如何被打破、中国文化的解体与
走向多元。小说中的南沂蒙县是放大的一隅，是世界反法西斯
背景下的南沂蒙县。在这里，常芳把整个世界都融合在了南沂
蒙县这个舞台上来演绎，丰富而复杂，同时也把南沂蒙县植入
了世界这个巨大空间之中。

"普天之下莫非王土，率土之滨莫非王臣。"传统文化中的家国情怀深植于中国人的心中，南沂蒙县的人们自然也不例外。在这部作品中，无论是富甲一方的乡绅，还是渴望拥有土地的佃户和走街闯巷的手工艺人，面对无法逃避的战争，他们纷纷从对土地的田园牧歌式的迷恋中逐渐走出来，最后决绝地挺身而出，在战争的纷扰中，一步步走向民族大义，诠释了"虽千万人吾往矣"的勇气和豪情，而这正是中华民族最宝贵的精神。战争是人类生活的一部分，战争中的人性更凸显了历史的真实。《第五战区》中努力呈现的"真实的人性善恶美丑、真实的命运波谲云诡"，无疑突破了传统的抗战文学叙事风格，丰富了抗战题材。

中国文学中不乏经典的"战争文学"。"打起黄莺儿，莫教枝上啼。啼时惊妾梦，不得到辽西"。这是金昌绪的《春怨》，短短四句诗，虽然没有直面战争，但是战争带来的震荡与影响跃然纸上。而《木兰辞》中"将军百战死，壮士十年归"，杜甫《兵车行》中"耶娘妻子走相送，尘埃不见咸阳桥"等著名篇章，都是对战争不著一字，却尽得风流。在《第五战区》中，常芳也没有大篇幅地描写战争场面，而是通过大量的细节，将抗战时期普通民众的生活从标签化写作、程式化写作中还原出来，将战争的残酷和人性的高贵、历史的沧桑和命运的波折演绎得淋漓尽致。在人物描写上，小说从人性的悲欢切入，写他们的狭隘与宽容，愚昧与无私，懦弱与勇敢。超越战争写战争，才能写出战争的残酷，立体化呈现战火映照下人性的复杂。

长期以来，复制欧美文学的叙事经验似乎已经成为中国当代文学的诀窍，一些作家和评论家更是言必称《百年孤独》，这无形中把中国当代文学的发展带入了某种歧途。其实，中国明清话本小说的文本叙事艺术与西方文学相比也丝毫不逊色，并且更具有借鉴价值和传承意义。在《第五战区》中，常芳就充分借鉴了古典小说中"书中暗表"的叙事方式，并打破正常的时空次序，使穿插在小说中的几十处人物与情节的预叙浑然一体，把人物的过去、现在与未来扭结在一起。人物跌宕起伏的命运，构成了小说叙事的有机部分。

"夫山居而谷汲者，腊腊而相遗以水。""天则有列宿，地则有州域。""弦缓不鸣，弦急声绝。"《第五战区》中关于农民与土地、侵略与抵抗等的理解，包含着对传统哲学思想的理念坚守，体现了作者的价值关怀。

《第五战区》对沂蒙山区民俗风情的描摹，以及穿插其间的民间传奇，甚至对天空中云朵的描写，都极大地丰富了这部作品的内在魅力与叙事张力。"天空中的云像新翻开的犁沟，又像奋力朝前游动的鱼群，云层间布满了彩霞。那些茄子色、豌豆色、黄豆色、梨花色、樱桃花色、熟透的花椒色、通红的柿子色、火焰一样透红的高粱色，所有这些颜色，仿佛是被人盛在一个硕大无边的罐子里提了来，然后一下子倾倒在了那里，它们就无拘无束地顺着那些犁沟和鱼群，无拘无束地蔓延流淌了出去……"这些对沂蒙山区天空中飘浮的云朵的描写，色彩纷呈，使小说具有了无限的想象空间。变幻的云朵成了生活的隐喻，小说中有几十处关于云朵的描写，与人物命运和战争战事交织在一起，喻示生活在苦难大地上的人们不再是一味地忍受与忍耐，而是不时地抬起头来，仰望天空，虽然历经苦难，但是永远不绝望，不放弃，直到迎来最后的胜利。

"落日之前，天空一会儿是绿色，一会儿是紫色，仿佛是谁躲在那里，飞快地转动着传教士从英国带来的那只万花筒。

被光线照射着的那些树木的叶子，都在发着红色的亮光，带锯齿的叶子边上，锯齿轮廓像南沂蒙县的山峰那样鲜明。"《第五战区》中的这些语言，带着绵密的诗意，实践了从语言学到哲学、美学的跨越，带我们重拾汉语文学的伟大传统。

唱响爱国主义的主旋律

弘扬中华民族五千年来的爱国主义传统，提升中国文学的精气神，应是我们每一个中国作家值得深思并努力的。我们应当唱响爱国主义的主旋律，树立有益的历史观、民族观、国家观、文化观，为实现中华民族的伟大复兴创作出更多优秀作品，增强中国人的骨气和底气。

唱响爱国主义主旋律，要继承爱国主义文学传统

爱国主义是中华民族的传统美德，是我们民族精神的核心。古往今来，爱国主义的旗帜聚集和引导了一代又一代前赴后继的民族英雄和精英，从而使饱经忧患的中华民族在五千年的历史长河中历尽战乱而不倒，并建立起一个强大的新中国。

中国优秀传统文化，历来蕴含着浓浓的爱国之情、报国之志，从古代屈原的"鸟飞反故乡兮，狐死必首丘"，司马迁的"常思奋不顾身，以殉国家之急"，到李白、顾炎武等人

的"国耻未雪，何由成名""天下兴亡、匹夫有责""捐躯赴国难，视死忽如归""苟利国家生死以，岂因祸福避趋之"的名篇名句，再到抗战时期"把我们的血肉，筑成我们新的长城"，爱国情怀，气贯长虹。在漫漫历史长河中，无数少数民族诗人、作家也曾写下动人心魄的爱国主义诗篇，砥砺着各族人民的家国情怀。新疆维吾尔族就是一个有着爱国主义文学传统的民族，20世纪早期曾出现了一批爱国诗人，如黎·穆塔里甫，深受20世纪30年代革命文艺思潮和抗日时期进步文艺主张的影响，其作品《中国》一诗，抒发了诗人对祖国和人民的真挚情感，号召人民投身于反法西斯的伟大斗争，并为此献出了生命。还有尼米希依提、艾里坎木·艾合坦木等人在抗日爱国运动中写下的《伟大的中国》《你赶走黑夜，撒下曙光》等爱国诗篇。新中国成立后，他们又以《祖国之恋》《北京》《天亮的时候》等大量的作品来讴歌祖国与人民的新生。铁依甫江·艾里耶夫更是一位被称为毕生都在为祖国和人民歌唱的诗人，18岁时即写出了《为了你，亲爱的祖国》等热烈的诗行："爱的烈焰燃烧在我年轻的躯体里／如此焦渴，我愿把一切奉献给你／……除了你的怀抱，我的骸骨不愿躺在任何地方／这儿就是我的天堂，此外又何须别的圣地。"1979年，他在《过去和未来》一诗中写道："与人民一道舒心地欢笑，我感到幸福／心情稍觉宽慰的是，我的热泪为祖国而揾。"

这些诗人的作品不仅为新疆维吾尔自治区的人民所熟悉，也为全国各民族的读者所喜爱，是因为他们与祖国的命运紧紧相连，与人民的喜怒哀乐息息相通，他们的作品同其他少数民族的爱国主义作品一样，都是中华民族宝贵的精神财富。从满族作家老舍的《四世同堂》、舒群的《没有祖国的孩子》，苗族作家沈从文的《边城》、蒙古族作家玛拉沁夫的《茫茫的草原》，到藏族诗人格桑多杰的《阳光下的婴儿》、朝鲜族诗人金哲的《祖国的姿容》、土家族诗人汪承栋的《从五指山到天山》、白族诗人晓雪的《祖国》等，这些不同民族的现当代少数民族作家、诗人所创造的作品，无一不饱含赤子之心，炽热而真挚，融尽了生命最为强烈的感情及纯美的艺术表达。每当我们回顾和重温这些对于国家和民族所怀有深切的依恋之情的文学作品，都会感到一种强大的道德力量的散发。正如玛拉沁夫在电影《祖国啊，母亲》的主题歌中所写道："南海的波涛，北疆的密林，天山的雪峰，康藏的山群，发出我们共同的声音，共同的声音，祖国啊，我们亲爱的母亲。"爱国主义的文学传统及名家名作鼓舞着一代代人的报国情怀，成为今天爱国主义文学主旋律重要的精神源流，我们应予以不断地继承和发扬，使得深受长江、黄河滋养的中华文学源远流长。

唱响爱国主义主旋律，要建设各民族共有精神家园

人心相聚，其根本在于价值相通，互相认同，而文化认同则是最深层次的认同，是民族团结之根、民族和睦之魂。

中华文化是 56 个民族共同缔造的，同宗同源的文化和价值渊源，不断使各民族人心归聚、精神相依，让不同民族手足相亲、守望相助。藏族的《格萨尔王传》、蒙古族的《江格尔》和柯尔克孜族的《玛纳斯》三大英雄史诗，正是不同民族对中华民族精神家园的宝贵贡献，被载入世界非物质文化遗产。不

同民族的语言文字创造的优秀文化，各美其美，和而不同，体现了中华民族文化的异彩纷呈，博大精深。

唱响爱国主义主旋律，长远和根本的是增强文化认同，建设各民族共有精神家园。《民族文学》自改革开放以来的 30 多年里，编辑发表了 55 个少数民族作家、诗人的精神产品，体现了不同民族的文化习俗、宗教信仰、人物性格及发展变迁，发挥了促进文化交流和认同的积极作用。特别是 2009 年以来，中国作协创办了《民族文学》的蒙、藏、维、哈、朝 5 种少数民族文字版，通过翻译介绍包括汉族在内的 56 个民族的当代优秀文学作品，使这些民族的母语阅读者及时了解到中国多民族的故事，使母语写作的作家和翻译家感受到祖国的温暖，取得了促进民族团结进步的良好效果。年过九旬的托乎提·巴克先生是维吾尔族翻译大师，从事鲁迅著作的翻译研究工作达 60 多年，全面完整地向自己的民族介绍了中国新文化运动的杰出旗手，由此表现了对中华民族的文化认同，受到人们的极大敬重。老人得知《民族文学》创办维文版之后欣喜不已，多次表示衷心赞扬，并率先垂范，亲自参与和指导《民族文学》的翻译工作。一些著名的少数民族学者和翻译家如降边嘉措、满全等也纷纷带领和引导一批批年轻翻译家，交流切磋，提高翻译水平。著名作家阿来、扎西达娃、冯艺等多次参与多民族文学的翻译推介工作，《民族文学》少数民族文字版走进了辽阔边疆的牧区、农村、学校、厂矿，藏文版还走进了 3750 座寺院，许多僧人成为忠实的读者和文学爱好者。

事实说明，共建民族精神家园需要真心诚意地付出，需要从实事做起，需要更多高扬爱国主义主旋律、贴近人民与时代的文学作品。中国少数民族作家学会近年来所主办的"朵日纳文学奖"，在连续三届的评选中，不断发现和奖掖了优秀的蒙古族文学作品，阿尔泰、巴图孟克、阿云嘎先后获得大奖。巴图孟克是一位来自锡林郭勒的普通牧民，他用母语写作的长篇小说《有声的雨》，与著名诗人阿尔泰的蒙古文诗集《阿尔泰蒙古风》、接地气的作家阿云嘎的小说《满巴扎仓》受到草原人民的赞誉，评论家认为他们的作品"将蒙古语的张力发挥到极致"，他们用文学的方式保护和传承着自己民族的文字，又通过翻译将草原的雨和风传播到大江南北。正是这样的相互尊重、相互借鉴、相互依存的文学创作及翻译评介，成就了多民族的美美与共，沟通了不同民族的思想情感，搭建起我们共同的精神家园，于有形与无形之中增强着中华民族大家庭的生命力、创造力和凝聚力。

唱响爱国主义主旋律，要不断注入新的思想内涵

时代的发展推动着爱国主义精神的培育，中国改革开放的浪潮是拓展民族精神的动力。当下文学界经常发出感慨：生活远远比文学精彩。我们面临的世界格局呈现多极化趋势，知识经济和信息革命扑面而来，中国城镇化工业化所带来的族群迁徙、生态变化都成为新的时代特点。为此，文学作品也应不断丰富和拓展新的思想内涵，结合新的时代特征传承和弘扬中华优秀传统文化，传承和弘扬中华美学精神，同时开掘彰显新的开放精神、竞争精神、兼容精神、科学精神等，使民族精神富有时代气息，顺应时代潮流的滚滚向前。

唱响爱国主义主旋律，还要正视当前有数量缺质量、有"高原"缺"高峰"的文学现象。不可否认，在以往的文学作品中，

爱国主义有时候只是一个标签，主旋律有时只是单调刻板的代名词。事实上，从古至今，世界上那些优秀的作家无一不是热爱家乡、热爱民族、热爱祖国的人，他们无论走到哪里，无论采用什么样的文学样式，总免不了创作出抒发爱国之情的动人之作。伟大的俄国作家屠格涅夫曾说："没有祖国，就没有幸福，每个人必须植根于祖国的土壤里。"法国作家卢梭也曾说："我们希望人们有道德吗？让他们从爱国做起吧。"

把爱国主义作为文艺创作的主旋律，增强做中国人的骨气和底气，作为一个作家，首先要有骨气有底气。有骨气就要志存高远，以弘扬民族精神、振兴中华为己任，不媚俗不低俗，不做市场的奴隶；有底气就要踏踏实实地向人民学习，向生活学习，向优秀的多民族传统文化学习，充分发挥自己的艺术个性，在创作中注入更多鲜活的生命力，在思想精深、艺术精湛、制作精良上下功夫，创作出能为中华立言，为人民喜爱的具有时代特色的好作品。

青衣江畔

——人世心形两自降

　　身为妇科医生的林雪儿近年创作了两部长篇小说——《妇科医生》《亲爱的宝贝》，均由上海文艺出版社出版。当医生又当作家的历来不乏其人，古今中外不胜枚举而且不少都是非常优秀的作家。医生与作家这两者之间似有相通之处，医生治的是人身体的病，作家治的是人心灵的病。不过，医生能做到的，作家一般都做不到，但作家能做到的，医生有时也能做到。林雪儿两者兼具，拥有让人羡慕不已的生活体验，致使她的写作充实饱满，讲述了一个个精彩的故事。

　　林雪儿生活在四川乐山，这里古称嘉州，于著名的乐山大佛所在的岷江、青衣江和大渡河三江汇流之处，数不清的历代诗文，造就了乐山的文脉蔚然。唐代女诗人薛涛曾寓居嘉州数年，作诗多首，其中有一首为《江边》，"西风忽报雁双双，人世心形两自降。不为鱼肠有真诀，谁能夜夜立清江"。女诗人站立过的江边，又有无数文人墨客留下足迹，林雪儿生长于此，当是深受其熏染。

她的第一部长篇小说《妇科医生》，描写了社会上特别关注而又不明究竟的医疗战线的变革。新近出版的《亲爱的宝贝》可称其为姊妹篇，也可说是《妇科医生》的延续与深化，林雪儿将笔触从医院进一步伸展到社会的各个方面，透显出纷繁复杂的社会世相。医院这一独特的人生舞台，汇集了社会上的各路角色，演出了一幕幕人生的悲喜剧，正如薛涛所言：人世心形两自降。

《妇科医生》中的主人公江小鸥在《亲爱的宝贝》里再次出现，但她只是一个配角，主人公变成另一位产科医生梅青。这位性格温柔、感情纯真、爱好文艺的女大夫寄托了作者林雪儿的理想追求。梅青不像江小鸥那样对个人升迁有着勃勃兴趣，也不像江小鸥那样时刻博弈在各种人际关系圈里，她不管身边如何光怪陆离、潜藏着多少危机，始终清者自清，一如清香美丽的茉莉花。她以给未出生的宝贝写信这一方式，表述了对世界、对爱情、对生命与死亡的看法。林雪儿凭借厚实的生活积累，书写了大量鲜活的故事和不可模拟的细节，让读者了解到医院这个所在。虽然生活真实与艺术真实之间，还有待于进一步思考和提炼，但林雪儿的写作，首先证明了生活始终是文学的第一要素，没有真实的生活来源，一切想象和思考都只可能是空中楼阁，苍白无力。

同时，她引导读者的目光由医院到社会，每一个孕妇及亲属，都牵动着社会的某一根神经。医院是舞台、窗口和温度计，折射出人间百态，测量出人心世相。林雪儿通过对不同人物的定位和塑造，让读者从医院这一中枢出发，触摸到社会的脉络，感受每一个细微处的律动。

曾经做过医生的契诃夫在他的小说《第六病室》里，以他那种特有的冷峻的口吻不止一次地谈生与死。同样是医生的林雪儿，在《亲爱的宝贝》一书里也多次涉及生与死，可以说，这是一部关于生命的小说。她一次次写到"诞生花"，迎接每一个新生命的到来，寄托了对生命的热望，以及作为医生对花儿一般生命的珍爱和尊重。"有花开，也有花谢。玉兰谢了，茉莉会来。人也一样，死亡的同时总有出生。一个个轰轰烈烈地出场，又轰轰烈烈地谢幕。死亡有时候含有一种诗意。活着是一种等待，最远的地方在天堂。"

林雪儿的理想人物梅青，坚信爱是一种信仰。梅青的爱情虽然读来有些"文艺腔"，与丈夫长期离别，信守在无穷的思念和想象之中，来往的电话、短信以及她个人的日记，成为她爱情的主要载体，并无太多的曲折波澜，但她所要表达的纯真和热烈，始终不减。她笔下的爱情也正是当下人们所向往的。因为现实生活中的爱情婚姻大多带有极大的功利性，短暂多变，难相厮守，人们不再相信爱情，但内心依然充满期待，期待那种不为世俗的功利左右，只是干净地爱着，能给以精神慰藉的甜蜜爱情。

《亲爱的宝贝》还以一个女性的角度，张扬了女性的自我保护、互相怜惜、救赎与宽容、宽广的母爱等意识，涉及女性的尊严，价值等，别有意味。在读到她关于生命的描述时，不禁联想到另一位远在宁夏的青年女作家马金莲的中篇小说《长河》，这部小说叙述了生命长河的浪花翻卷，充满了母性的爱。世界是男人和女人共同缔造的，女人作为母亲，在孕育生产和抚养生命的过程中，要担负更多的责任与操劳，因此更具有爱的涌流。文学写作如何更多地体现女性意识，推促爱的升华，让人间具有更多的母性，林雪儿在有意无意间作出了尝试。

　　经过两部长篇的写作，林雪儿向读者展示了她在文学之路上的成长。丰富的生活体验、结构的巧妙设置、人物个性化的独特塑造、思想的深度开掘、语言的知性等，都是她在成长中展现出的精彩，显示了她的文学之路将会更加宽广。但如果用"高峰"的期待来审视，林雪儿写作的攀升显然还远无止境，正如大文豪林语堂在《生活的艺术》一书中所说："作家的笔正如鞋匠的锥，越用越锐利，到后来竟可以尖如缝衣之针。但他的观念的范围则必日渐广博，犹如一个人的登山观景，爬得越高，所望见者越远。"期待林雪儿的笔越用越锐利，而登山越来越高。

由一位诗人致敬一个民族

汶川地震后，有一位叫羊子的诗人，写出了一部受到人们关注的长诗《汶川羌》，接下来，诗人没有停歇，几年间继续着艰苦思考和写作，眼下又为读者奉献出新的诗集《静静巍峨》。

读过其中的诗篇之后，我暗暗惊讶于羊子对诗歌的坚守和开拓，惊讶于他专注开掘脚下那片古老而又崭新的土地，不停地叩问民族的历史、现在及未来。他跟所有的优秀诗人一样，对诗歌具有忘我的虔诚与痴情，同时又对民族怀着独有的爱恋和守护。

很多评论家注意到《汶川羌》及羊子后来的诗对于羌族代表性符号的开掘提升，但实际上，那些符号早已经是他生活的真实，而不仅是外在的符号，也可以说，羊子的民族融进了他的诗，而他的诗融入了他的生命。

羊子以其独特的民族品质和诗歌精神，扎实地行进于花开花落、云卷云舒的文学之路上，他颇有些宠辱不惊，只是经营着诗歌，从不因外界的干扰而改变；同时，他并不停留于已有的发现，而是在承接之前表达的基础上，不断开垦和拓展，一如既往地寻找新的境界，攀升新的精神高度。值得重视的是，羊子通过这些年的努力，有意建设起一个属于自己的诗歌体系，建立起一个属于羌民族的独特的诗歌形象。

《静静巍峨》是他第一本诗集《一只凤凰飞起来》的延续，"看岷江"和"岷山居"为其中两个小辑的名称，所选入的诗歌都来自羌族的历史和现实，以及羊子真实的生活感受，那片曾多次经历苦难的土地养育了他的身体，托起了他的心灵。他的生活与写作始终来自岷江，让人想起美国作家福克纳身处的那一块邮票大小的土地，根扎得越深，所受到的滋养就越丰富。世代相传的民族文化在每个人的生活中，具体生动地散发着影响，作家与诗人，需要自觉地甄别和传承，才不至于在时代滔滔潮流中丢失自我，迷失方向。《入海岷江》是诗人自我追求的写照："入海的岷江经过长江，经过时间的延续，／经过星光一般的行走与无穷的坚持和开拓。／／岷江入海是地质的本能，也是水的本能。／岷江是海的一种源头，海的一种分布。／海从属于千姿百态，包罗万象的流。"

羊子对岷江、岷山的热爱，内心积累起一种强大的力量，使他能无怨无悔地深入生活，超越生活，以一种先行者、先觉者的姿态体察和反映社会生活的本质，让诗歌的精神穿透语言，给读者带去升华的空间。正如他在《静静巍峨》所写的："闭上眼睛，我的生命愤然提速。／周身时间纷纷脱落，／在破碎，在让开，在消尽。／无一丝波澜，无一尾声响。／所有时态相互否决，而转化，而迎接，／扶持我这片崭新的大陆向天的高度。"

忠诚和反思，正是羊子诗歌所反映的品质。作为一个古老民族的当代诗人，他自觉肩负起众多的使命，他的书写从某种意义上说，是这个民族在新时代新的史诗。他的反思则是忠诚的一种体现："我的歌声与层层梯田上金色麦浪相融了，／与我的千山万水千村万户相依偎了。／澄明幽蓝，宝石般的母语在季风的涨落下，／未有谁的眼神不因此激动而发出振奋的光芒，／未有谁的翅膀不因为照亮而拍击高远的天空。／每一棵高树低草的心，每一条远近蜿蜒的路，／都在迎接和歌唱时间的到来与炊烟的升腾。／那些爱意如山间的河流缠绵无尽，千回百转，水落石出：我的心蔚然苍茫，紧紧搂住这方山河的美！"

他从未放弃对于自我的超越，读他的诗，能不时让人感觉到语言的变化，表现手法及技巧的日臻成熟，体现出诗的自由气象。即使在同一本诗集中，也能明显表现出诗篇之间的差异性和丰富性。他的诗也有某种对于当前诗坛写作的超越，人们在读到羊子的诗歌之初，常有一种陌生感，甚至还会有些不太接受，但静心体味，不难发现其意味深刻，语言有力，情感饱含温度。诗集的开篇《旭日升起》中写道："尊严和智慧，深锁在生命的内核，／开天辟地的手退化成柔弱的触须，／装点在黑暗层层无边的时间里。／视觉消失。听觉消失。触觉消失。""一匹马，凌空而驰，从心而至，／踏落曾经的黑暗成一声声春雷，／引爆埋葬的火光在地质中焚烧。／千年成寸。奴役成寸。黑暗成寸。"这些诗句节奏铿锵，随着诗人如火的情感而迸发出火花，将读者的心灵点燃。

磅礴和细腻在羊子诗歌里同时可见。几年前，他于鲁迅文学院第十二届高级研讨班学习时，我曾与他聊起，觉得他那时的诗已有了磅礴之气，但需要更好的细节来支撑。此次出版的

《静静巍峨》有了很多改观，比如《请让开一下》中写道的"你们一个一个挡住我三千年后回家的眼光了，／高楼厂房和别墅请你们让开一下，／哪怕就那么小小一毫秒，／街道柏油路高架桥和公园请让一下，／哪怕是亿万念想中的一闪念，／我的目光和做后裔的感恩就要回家了"，既有情感的细腻也有想象的周密。

　　《静静巍峨》还选入了羊子关于爱情和灾难的一些诗作。人生长短莫测，酸甜苦辣皆有，汶川之震虽然已经成为过去，但"大裂变"的伤痛却永远无法抹去；而爱情之树常青，多情的诗人都会对此吟唱。这些，都是羊子的诗，也代表着羌族这个古老民族在今天时代的诗意表达。我们由羊子的诗领略和理解了一个民族。

颍河边的阿慧

　　认识阿慧，是在《民族文学》"重点作家改稿班"上，一个满脸阳光、说话甜和的回族女子，送给我一本散文集《羊来羊去》，随后读来，竟有些不忍释卷。同时得知，阿慧原是河南周口人氏，做过多年的教师，长期坚持写作，颇有成果，两年前借调到周口文联，算是做了半个专业作家。

　　周口属中原腹地，历史悠久文化厚重，新时期出现了一个令人瞩目的"周口作家群"，领军人物如刘庆邦、朱秀海、邵丽等，可称硕果累累，还有一些留在本土的如梁庭华、张华中等，也皆有佳作，阿慧就是其中的一员。这批作家对乡土一往情深，前些日子在北京一次会上，听刘庆邦说起故乡与母亲，情深处，让在座的人无不动容。而阿慧，自小在颍河边的小城沈丘出生，在奶奶身边长大，家境虽不尽如人意，但乡村生活的艰辛与平淡、温暖与包容影响着她的人生，并成为她日后创作的汩汩源泉。散文《西洼里的童年》《俺家老奶》《树上的童年》《小路那头》《泥娃》等展现的正是她儿时的体验。她将乡村视为维系生命的根脉，即便那里面浸透着苦涩。

散文《羊来羊去》可以说是阿慧的代表作，她以一个回族女作家的独特视角，描写了羊的一生，从出生、放养，到被宰杀，写得从容通达，凸显了土地的厚重和清明，生命的珍重和敬畏。她善于从平凡的人事中挖掘对生命与民族之根的思考，这使得她的散文在具有浓郁的地域色彩的同时，也带有明显的民族个性。

民族女性的人生也是她一直最为倾心的题材，底层回族女性的生活环境、悲苦欢愉、爱情婚姻，在她的《天边那一片白》《十一个孩娃一个妈》《皂角树下的女人》《俺和平》等作品中娓娓道来，让人领略到回族女性的大爱、坚韧、无私。《天边那一片白》写奶奶平凡的一生，养育子女、年轻守寡、田间劳作、接生助人，显示出一位普通妇女的坚强厚道和仁爱豁达，可以说奶奶不仅是一个平常人家的支柱，也是中原大地上回族母亲的化身，奶奶在即将走完人生历程之际，也仍是那么安详、自然，富有美感，散发出感人至深的人性光彩。《俺和平》用对比的手法，写了英俊小叔与丑陋婶婶生死相依的爱情故事，小叔因事故变成伤残男人，婶婶用炙热的爱去温暖他，而婶婶于垂危之际，小叔怀抱她整整十二个日夜，让女人幸福地离去。阿慧对苦难和死亡的描写，虽然不无人生的悲凉，但更多的是富含浸润人心的温暖，有着饱满的生命张力，丰盈的质感，透视出执着的生命观。

对民族大义的讴歌，在阿慧的作品里有着深刻的表现。《大沙河》一文讲述姥爷的身世，年轻时闯荡上海滩经商创业、面对日寇屠刀面不改色，回乡后仗义疏财，在遭遇村民无意的撞伤之后，去世前也是宽容豁达，其精神内涵让人回味不已。《月光淋湿回家的路》写一位少年夜行数十里赶回家探望父亲，不料想父亲为救村人因伤重去世，文章结尾寥寥数笔，戛然而止，没有悲怆，却在一种对命运的高远把控之中，节制淡定。

阿慧的作品来自生活与心灵的撞击，她的《一树花的晚霞》《槐乡手记》等篇章中真切地体现出作家与土地的亲近，与劳动者的亲近。几年前，阿慧偶尔接触到新疆的拾棉女工，在不可遏制的冲动驱使下，2014 年秋，她独自远行到几千公里外的新疆棉区，同棉工们厮守在一起，睡的是女工的板床、啃的是冰凉的馒头，走访了数十位河南籍拾花工及当地种棉人，笔记六万多字，完成了一次艰辛的生活体验。后来，她写出近万字的散文《棉花朵朵开》，发表后被多方转载，获得读者好评。她在作品后记中写道："在新疆的二十五天里，我只身行走近两千公里，偶遇很多帮助我的人，我始终在行走中感恩，又在感恩中行走，新疆的人和土地，让我感受了大美和大爱。在深入采访调查拾花工的过程中，我了解到，2014 年，新疆有来自河南、甘肃、四川、陕西、重庆等地上百万的拾花工，每人每天工作十四个小时左右，弯腰两千多次，平均摘两万多个棉朵，拾棉一百多公斤。二十五天里，我与姐妹们同吃同住同劳动。共同感受生命的力量，收获心灵的美好。"

不少人在读到阿慧这些亲身经历的散文之后，称道"暖人心、接地气，有灵性"，同时还对她不辞辛苦、深扎生活的行为而感佩。她的文字富有真挚的情感，就像她笔下的那只小羊羔，目光清澈，神态灵动，活灵活现。又常是带着诗意的，纯朴又飘逸，在动与静之中变化交织，具有她所喜爱并追求的韵律与形式美。

她对散文的结构巧用匠心，不囿于常规，以精致的构思体现结构的奇和美，或以情感为主线，或以叙事为主线，不拘一格。如《遥望四角天空》中记述儿时在乡村看露天电影的情形，将电影剧情与现实场景交替再现，妙趣横生，增强了作品的感染力。

近年来，阿慧的散文渐渐引起读者关注，她与生活在宁夏的回族作家石舒清、李进祥、马金莲等人一样，作品以鲜明的民族个性丰富着当今的文学园地，而阿慧的书写又别有一番河南风味，值得关注。日前，阿慧在完成鲁迅文学院少数民族研究班学习的同时，还着力于非虚构散文《棉花朵朵白》一书的创作，年内还将出版长篇小说新作《知感》，这无疑是她勤勉摘下的一朵朵白棉。

郭雪波的《蒙古里亚》

　　蒙古族作家郭雪波写了几十年，从早些时候的长篇小说《狼孩》《银狐》《大萨满之金羊车》，到近年的《嘎达梅林》《蒙古里亚》等，在读者的印象中是越写越好。以他的勤奋和丰产来看，可以称作是文学界的快手，几乎以平均每年一部的速度掘进。

　　但实际上，他的每一部作品都用了相当长的时间深入生活，进行艰苦的思考，有的多达数年甚至几十年，绝非是一朝一夕的功夫。他新近创作出版的长篇小说《蒙古里亚》，用了七年的时间搜集资料，体验生活，实地调研；之前出版的《嘎达梅林》则几乎用了四十年的时间不断考证、反复琢磨。他的长期积累经历了岁月的淘洗和沉淀，到了最近这些年才慢慢薄发，给文坛带来令人称道的雄浑高远的蒙古高原之风。

　　郭雪波自小生活在辽阔的科尔沁草原，这一带曾盛行悠久的萨满文化，崇尚大自然，认为万物有灵，人与大自然亲密无间、相互依存。但前些年受到工业化的影响，草原不断沙化，野生动物日减，人与自然的关系日趋紧张，不仅出现诸多环境危机，还出现了多种精神危机。小说《蒙古里亚》通过科尔沁草原上几代人的故事，叙述了一个族群文化的来龙去脉，历史与现实紧密相连，传递了他内心，也包括当代人内心的普遍焦虑、困惑、迷茫以及艰辛的寻觅。

在读者和朋友眼里，作家郭雪波是一个性情中人，他豪放热烈，激情四射，文学书写是他性情的真实流露，也是他热爱草原和自然的深情倾诉，是对一些丑恶社会现象的无情鞭挞。他利用一切机会，不止一次为草原的忧患、为保护生态而鼓与呼，在写作生涯中，更是奋笔疾书。他的血液里秉承了祖先的勇气和胆识，自觉将个人命运融于民族的命运之中。

《蒙古里亚》一书中呈现了许多优美的蒙古族民间文化，科尔沁草原上千年流传的蒙古长调，穿行于人物的故事里，表露出蒙古民族的历史文化、道德习俗，哲学和美学的智慧。可以看出，郭雪波豪放激情的写作除了来自本人性格，更多来自蒙古民族文化深厚底蕴的熏陶。他的长辈曾做过游走于草原的说书人，走进一家家牧民的帐篷或是农户的小屋，盘腿而坐，细说蒙古人的历史和草原故事。《蒙古里亚》不仅塑造了一群各具性格的蒙古人，更富有价值的是挖掘了一个部族的历史及文化，记载了新时代里人们心灵再度构建中的修复、开掘、推陈出新及创造。

《蒙古里亚》写得灵性十足，人物出入于梦境与现实之间，将历史与当下的社会生活进行了映照。书中的细节奇特灵动，如一条小蛇从人的小腿肚子上爬过，惊醒了敖包前的梦中人，一身冷汗过后，梦中的提示成为铭心刻骨的警世之言。小说讲述的故事以及想要表达的道德良知，不是空话大话，更不是毫无来由的想象编造，而是郭雪波在七年多的时光里，从新疆到科尔沁、呼伦贝尔一路艰苦的采访，跟无数底层百姓交朋结友，接地气的收获。郭雪波潜心成为传统文化的继承者和传播者，使自己的创作成为有根之作，无论人们给过他的小说何种定义，如生态小说或者环保小说等，他说都是蒙古人的故事，是具有灵性的民族文化在当代绽开的花朵。

《蒙古里亚》是一部寻根的书，寻找灵魂的书，而灵魂并不是虚无缥缈的，在那些民歌里，在广袤的草原上，流淌的江河里，在人与小草、牛羊、山川、白云的相守之间，是优美、高贵、充满英雄气概的民族精神，是重民本、守诚信、崇正义、尚和合、求大同的价值观。宁要绿水青山，不要金山银山，守望相助、手足相亲，郭雪波与他的《蒙古里亚》呼唤对大自然持以更多的敬畏和保护；呼唤对多元文化的独立性及相互间的融合给予足够的尊重；呼唤对于灵魂故乡的虔诚守望和加倍珍惜，就如蒙古人在一代天骄成吉思汗灵前点燃的长明灯，世代守护而永久不息。

巴山歌者

  鄂西南的大山为秦岭与大巴山的汇合之处，生活在当地的人都愿意称自己为巴人的后代，相传土家族的先民也是由此而来。"下里巴人"一词缘于此地，语出战国宋玉《对楚王问》，"客有歌于郢中者，其始曰《下里》《巴人》，国中属而和者数千人"。这一带一直被称为"歌舞之乡"，世居者能歌善舞，有许多乡间奇人如刘三姐一样会唱无数的歌，《山歌好比春江水》《巴山云》，怎么也唱不完；还有的会讲故事、猜谜语，一乡一村皆如此。20世纪"三民集成"之时，即搜集民间故事、民间歌谣、民间谚语，让北京及武汉来的专家们喜不自胜，将这些地方称作故事村、谜语村，而那些民间的歌者则成了专家心目中的民间大师。

  我在鄂西曾生活多年，每每眼前或耳边掠过"巴山""三峡""清江"等地名时，就会有一种特别的亲切从心底升起。不时会有一些朋友从那些地方来，我们一同回望故乡，在这北方的城市里，喝一杯清茶，却是从巴山的云雾之中采摘而来的，于是觉得，相隔并不遥远。就是在这种情形下，读到了诺源的《巴国神曲》。

这是一部长诗，诺源试图为土家族书写一部史诗，进而言之，是一部浪漫主义的抒情叙事史诗。在他的《巴国神曲》里，包含"远古之来兮、开疆之国兮、舞动之灵兮"三部曲，共计三百六十诗章、五千多行。用他自己的创作思考而言，其诗体全部采用西方商籁体，也就是十四行诗的形式。他非常喜欢莎士比亚诗歌的风格，除了优美的抒情、高雅的诗性和思想的凝练之外，还特别推崇其诗歌的节奏美。他认为，节奏是诗的生命，节奏建立在诗歌本身依附的内容之上，一部诗歌的写作体裁，不仅决定了情感、情绪、生命的节奏，也决定了诗的语调。那些宁静的词，精到的韵脚，铺建起来的韵律，会与作者的精神状态紧密结合在一起，继而调动起读者的情感。

诗歌是心灵的艺术，诺源想用这样一种他心仪的方式，表达对土家族历史文化的诗意建构，让那些沉淀的历史素材，生发出独特的美感，并着力开掘出深厚的精神内涵。事实上，每一个民族都有自己的根源及坚实而又丰富的精神文化，就如《巴国神曲》中所描述的土家族，从巴人到今天，其间有多少扑朔迷离，蜿蜒曲折，又有多少生命的奇迹、传世的精神瑰宝，都是读者迷惑不解而想知道的。

诺源是这位皮肤黝黑的年轻诗人的笔名，他正是巴山利川人，在他的人生经历中，十七岁时便已经写了一沓厚厚的、青涩的诗歌。后来，他对生活有了真正的灵感，就如他常想说的一句话："没有谁比文字更懂我，如同没有谁比孤独更疼我。"因为生活的艰辛与家庭的挫折，他一直小心翼翼，拒绝别人走进内心，而对文学的真诚和不放弃、不妥协成为支撑他人生的强大动力。多年来，他务农经商，南下深圳，打工闯荡，一直在追梦的路上跌跌撞撞，一直期待又一直坚信，在远方，一定会有春暖花开。

《巴国神曲》让他熬过一个个漫漫长夜，守着一盏灯火一支香烟，呕心沥血，煞费苦心，在这个人们痛感历史传统、人文精神被弱化的时代，他将生活的感悟、所追求的梦想，与对历史文化的认知理解结合起来，让它们化作了诗行，化作了一个民族的生命形象。据说，他的另一部长诗《楚魂》已经截稿，还将写作又一部长诗《巫歌》，从而形成一个关乎巴山民族的史诗体系。如此宏大的创作规划，浸透了他的心血与梦想，如他的诗句："对故土的爱 / 是那样的深 / 就像流星在宇宙颠沛的步履 / 把自己 / 碾成一道时间的印痕 / 刻下一首 / 淋漓尽致的进行曲……"他又说，接下来的路还很长，而我将义无反顾，就像海子在《以梦为马》里写道："万人都要将火熄灭，我一人独将此火高高举起，此火为大，开花落英于神圣的祖国，和所有以梦为马的诗人一样，我借此火得度一生的茫茫黑夜。"

说实话，我不是诗人，起初诺源让我为他的《巴国神曲》作序，我觉得似为不妥。但诺源对于文学的虔诚、勤奋与坚忍，还有，他对女儿的爱，让我十分感动。他曾用写诗的手，也是谋生的手，笨拙地学会了为女儿梳头，为她扎一个快乐的小发辫。年幼的女儿曾问他："爸爸，我们是不是叫相依为命？"那一刻，诗人内心的波动不亚于一片海洋。我想，这样的真情不能没有诗，而巍巍大巴山，因为有了一代代诺源这样的歌者，才使得古时的《下里》《巴人》唱到了今天。

舟车载不动的乡愁

    凡好的散文，一定流动着某种气韵，如长风直入，河流奔腾，虽是千回百转，但自有风骨在其中，观古往今来之经典，无不如此。所谓山川风云，草木华实，千汇万状，或喜或悲，全因有感于中，寓之以文。相对而言，有的虽长篇大论，辞藻华丽，但空洞虚泛，无气节之支撑，好比金玉其表，烂絮其内，难成文章。

    浙江张国云的散文集《几多城色乡风》，让我在阅读的过程中，产生许多联想，是因为他的书写赋予了贯穿全书的气韵，那是一种舟车载不动的乡愁。他尤其擅长怀旧思今，达叙民生疾苦，且文笔忠厚，或褒扬或忧患，都见诚恳。

    《几多城色乡风》分为五章，大抵都是他近年来舟车八方的随笔，有的写儿时故乡，有的写游历海外异国，更多的写他最为了解的一些乡村和城市，他分辨城市多彩的颜色，搜寻乡村远去的背影及悄然兴起的新风，由近至远，又由远而近。

    乡愁可以说是人生的底色，藏于每个人心里最柔软之处，在张国云的散文里，它永远是一袭逸出的梦，充满韵致。在当代城市化的膨胀之下，月桥花院、琐窗朱户，绿杨楼外出秋千，碧水浮云，亭榭微漾，轻波细雨随风柳，夜船吹笛雨潇潇，人语驿边桥……成为无数人渴望回归的田园梦想。它们又如飞来燕子，落入张国云的笔下：桥如虹，水如空，一叶飘然烟雨中；个中意味，纵流波，惬意兰桡，酹金樽，倜傥痴客，人在江南的他，希冀恬淡放达，青箬笠，绿蓑衣，斜风细雨不须归……为江南奏成一个梦，一首歌，一阕诗，一缕情。张国云的乡愁如江南水色，浓处烟雨如泪，淡处轻盈放飞，都成了图画。

20 世纪的七八十年代，在江苏兴起过"里下河文学流派"，这一带包括泰州地区的兴化，扬州地区的宝应，盐城地区的盐都、东台、阜宁、建湖和南通地区的海安等地，一批生长于此的作家相继登上文坛，也造就了张国云的文学梦。他对里下河有着难忘的儿时记忆，这块处于长江与淮河之间的洼地平原，地形如锅，河湖相连、土地肥沃，是著名的鱼米之乡。小时候他常随爷爷的船四处游走，那些如诗如画的情景深深刻在了脑海里。1973 年，海安县文化馆先后在一些乡镇办创作学习班，年龄只有十几岁的张国云便成了学员，在那个年代，成为一件惊动乡邻的大事。他本人也感到奇怪，问人家怎么知道他会写小说，文化馆说是邮局的人告诉的。原来他很早就往邮局去投稿，寄往各地一些报刊，已经有一些散文、小说、诗歌，如他自己所称的豆腐块文章发表。但学校和老师不知情，对他的作文，语文老师从来都不给分，以为他是从别处抄来的，直到后来确认全都出自小小年纪的张国云之手时，都不由得惊叹不已。那些回想就像酿酒，时间越长，滋味越浓。回想会将所有的尘埃化成蝴蝶，当年的苦涩也会化为甘甜，因为那通常是与人生最美好的青春融在一起，有什么能比青春更让人怀念呢？

乡愁在于回想，但张国云的乡愁不仅在于此，还在更高处。城市化使乡村传统文化在不断消减中变异，这是一个令人惊喜又令人叹息的时代节点，高度发达的科技目不暇接，转瞬间人们所熟悉的事物突然失去踪影，无数的惆怅和失落尽在乡愁之中。它不属于简单的美与丑的评价，作为文学，更多的功能是一种记录、打捞和挖掘，只有失落后的倍感珍惜，才会重新审视如何创造。

因此，他的乡愁中有更多对乡村的呵护和展望。浙江农村人均收入已经连续三十年居全国省区首位，作为美丽乡村建设的参与者和见证者，张国云在书中写到时任省委书记习近平在浙江期间，提出要坚持生态省建设方略、走生态立省之路，打造"富饶秀美、和谐安康"的生态浙江，努力成为全国生态文明示范区，为从更高水平统筹经济社会发展与环境保护指明了方向。近年来，浙江"干在实处，走在前列"，建设"美丽乡村"的经验得以推广，张国云在《几多城色乡风》中真切描述了浙江乡村的昨日与今天，记录了一批耕耘在大地上，用生命创造希望的人物。

过去，在一望无边的盐碱农田上，连地上草、路边树都稀疏不见几棵，但有一位老实巴交的庄稼汉做起了现代化的美梦，虽然现实离梦想极为遥远，但这位庄稼汉捏紧布满老茧的手，吼道："给我一个做梦的机会吧！"经过几十年的奋斗，终于建起了现代化的农业园区。还有一位领着农民跳舞、办文化传播公司的女支书，硬是让一群乡村大妈出现在了中央电视台的舞台上……美丽乡村不仅是规划漂亮，田间风景开发，还有道德民风，春到江南，草长莺飞，人们从张国云的记述中能听到花开的声音、鸟儿的啼鸣，老人和孩子的欢笑，青年人的奔跑。那里的乡村有水库大河，柳树山林，乡野乡音，还有拾起的梦。

乡愁还在于坚守，在于睁大眼睛看世界，游子的磨砺和回报，这是张国云的人生经历给予他的启示。他曾在浙江对口支援的西藏那曲地区工作了三年，那里地处藏北，平均海拔为四千五百六十米，不少地方被划为生命禁区，空气含氧量仅为内地的百分之五十，一年之中有九个月需烤火度日，正是"风刮石头跑，满山不长草。一步三喘气，四季穿棉袄"。张国云那年一到那曲，就投入植树造林活动中，但好不容易移栽的耐寒树木如松、柏、柳，几度春秋各种努力还是难以成活，正是在这样的环境里，磨砺了他的意志和自信，还有深厚的爱。他越发懂得，孤独时要能够坚守，"在当今这样一个时代，文学创造者注定要与土地有着一样的命运。毕竟这个世界有些声音是不该消失，也不能消失的。所以我无论在何时何地，都坚持独立思考，哪怕仅是一声鸟鸣，仅是一声青涩回忆"。而幸运来临之时，他越发清醒："我喜欢一个叫自信，诞生在自己心中；一个叫幸福，降临在别人心坎。"

张国云的散文不拘一格，常出现长短不齐的诗行，纵横奔放，温纯雅正，又常是在明白平易的语言之中有着煞费苦心的思虑，这一一凝成了他笔下的墨香，成为他的乡愁归依之地。

民族视角，北京味道

  在这个空间距离日渐拉近、信息碎片铺天盖地的时代，珍贵的民族文化或许可以说是雾霾之中跳跃的鲜艳色彩，给人带来清新的审美惊喜。虽然如同不断消失的乡村文化与传统文化一样，不同民族的文化也在不断弱化，但与此同时，新的创造也在不断出现。一个时代有一个时代的文化，呵护传承、挖掘利用以至创造，使得有着民族特征的文化记忆不断延续，应是当代人不可忽视的责任担当。

  出生于北京的满族作家赵晏彪，正是在这样的道路上一直跋涉前行。2008年，他从京城一家报社调入《民族文学》杂志，除了担任编辑，还承担了其他工作。赵晏彪满怀热情地走进天山、登上高原、涉过大河峡谷，穿行茫茫草原，深入一个个少数民族的城市乡村，寻找作家作品，发行刊物，同时也如饥似渴地学习感受不同民族的宝贵文化。近些年里，在多方面的重视与关爱之下，《民族文学》杂志先后创办了蒙、藏、维吾尔、哈萨克、朝鲜文版，所有编辑职工都在常年忙碌之中。让人感动的是，他们之中不少人不但认真辛苦地完成了本职工作，还以对文学的虔诚与热爱，利用业余时间从事创作、评论，获得了双重收获。赵晏彪因工作出色而得到广泛认可，2014 年成为《民族文学》杂志副主编，每当他出现在人们面前时，总是脚步匆匆、忙个不停的模样。但即使在这样的状态下，他的个人创作也从未停歇，可谓起五更睡半夜，几乎将时间榨得一分不剩，不但写出了一批颇得好评的散文，如《父亲的毒酒》等，被一些省市选入初高中语文课本，还写出了一批中短篇小说，眼下汇集成册的中篇小说集《北京往事》便是他最近三年的新作。

赵晏彪早在 20 世纪 80 年代就开始了创作生涯，就读于解放军艺术学院中文系之后，曾撰写过不少小说、报告文学，迄今已出版《真水无香》《雁过皇城根》《译道与文化》《中国创造》等九部作品，在北京文学界早有影响，担任北京作协少数民族文学委员会副主任。调入民族文学杂志社工作之后，赵晏彪的民族视角得以更大拓展，他的这部小说集选择了黎族、哈尼族、仡佬族、水族、满族等多个少数民族题材，书写了这些不同民族的人物命运，以不同侧面反映出他们的历史文化，民族性格以及时代变迁。

《北京往事》共选了六部中篇小说，故事不一，各有特点，但民族性是其共同的，也是最为引人注目之处。《金锚》取材于海边黎族人的生活，一个心怀梦想的年轻人，追求爱情和个人奋斗，进入城市之后坎坷多折，最终找到了奋斗的方向。《哈尼飞燕》描写了哈尼族警察的特殊生涯，理智与情感的多种交织，在与毒贩和艾滋病斗争的过程中，穿插了哈尼族人的风俗习惯、民族心理和智慧道德。《西迁轶事》书写了抗日战争期间，浙江大学从遥远的东部，西迁到贵州湄潭仡佬之乡的历史故事，描述了当地的仡佬族、苗族同胞与西迁而来的知识分子相融合，共同抵抗外敌的爱国情怀。《鱼图腾》取材于一位水族游泳健将的故事，年轻姑娘战胜自我，摆脱包办婚姻，争取美好爱情，并获得世界冠军。《关东雪》采用的东北抗日救国军英勇抵抗日本侵略者的题材虽已在文学中多次表现，但晏彪的叙述视角则更多地投向汉族、满族、朝鲜族等各民族同胞如何在艰难的斗争中相携相依，浑如一家，共同对敌，表达了中华民族的凝聚和家园意识。《北京往事》则是更为直接地采写了他最为熟悉的当下老北京人的生活，而这些老北京人世代都是满族人，时代变化给这些老住户带来种种窘迫尴尬，民族恪守的传统已成昨日，伴随着许多无奈，又萌生新的希冀。

之所以将小说集命名为《北京往事》，或许透视出作者在拥抱多民族文化的同时，始终立足于本民族的根脉，对自己生长的这座伟大城市的款款深情。古老的北京从来就是多民族文化融汇之地，就像一块磁铁，吸纳着大江南北雪山草原的文化精髓，从这里出发，将目光投向不同地域的不同民族，自然包含了文化的比较，因此作者选择了那些令他感动的天南地北的故事，描绘出一幅幅色彩多样的少数民族风情图。

他的小说具有较为强烈的传奇色彩，时间跨度颇长，少则几年，多则几十年，人物命运跌宕起伏，常出人意料之外。他在小说中所体现的善恶分明、邪不压正、勇敢牺牲、包容体谅等，正是少数民族文学继承和弘扬的传统美德。这其中，又含有不同民族的理解和生存方式及处理方式，含有作者自身的人生领悟。在小说《金锚》中，金锚曾经是主人公初恋的信物，曾经给过他无尽的欢乐，可是他却见异思迁把金锚扔了；而令他万万想不到的是，最后他的儿子再一次又得到了金锚。天意循环，道是无情却有情，让作者也不由得感慨："幸福在你身边的时候你不觉得，当幸福离你远去的时候，才知道幸福的可贵。"

民风民俗是一个民族的表征，也是人们世代生产劳动和生活的积累，赵晏彪的小说里可见对于民俗的有趣描写，如哈尼族的"长街宴"，"打扫干净的街心，桌子一张接一张地摆好。大姑娘、小媳妇都穿着过年时鲜的衣服，把平时舍不得吃的美味佳肴摆了上来，一眼望去，鱼雀、江鱼、竹笋、木耳、蘑菇、大肥鸡……每桌都有二十来碗，桌桌飘着香味儿。在锣鼓喧天的热闹气氛中，宾主纷纷入座。一对姑娘代表寨子里的人，向百岁的老奶奶开始敬酒，敬完了酒，长街宴就开始了"。从这些描写里可触摸到哈尼族人相互依赖、尊老爱幼、热爱生活的心灵。《鱼图腾》写了水族以鱼为图腾的信仰。《西迁轶事》中写到仡佬之乡"湄人善酒，好酒酬宾"，酒香情浓，率真豪爽。这些风情描写表现了浓郁的民族色彩和地域特征，一方水土养一方人，多样的地理环境以及多样的民族性格。

当然，对于满族人及北方生活的描写，更见赵晏彪的长处，人物刻画也较之对其他民族的书写更为鲜活生动，小说语言也格外顺溜，"朴金花在前面是甩开大步走着，关铁麟在后面就是一溜儿小跑了。来到了一家驴肉馆子的门口，只见杆子上挂着一个幌儿，是个不咋地的小馆子"。流畅的叙述使读者的目光也会顺着一溜儿小跑，感觉出一种痛快。

人物的对话尤其如此："大哥，不要想溜道儿。我饿了，你得供我一顿饭。""好呀。小子，嘴馋了，你说你想垫吧点

什么？""大哥，是馋了，吃一顿驴肉馅的饺子咋样？""吃
一顿酸菜卤子的面条可以，我身上可是没有带那么多的钱。"
闻其声如见其人、见其景，迥然不同于南方民族的语言表达，
有着道地的北方味道、满族记忆，老少三代北京人的心理。

　　可以说，赵晏彪通过这部小说集，充当了一个勤勉的说
书人，讲述了不同民族的六个故事，而让人引发出对更多民族
活在历史和当下的若干联想。清代著名词人纳兰性德是满族人
的骄傲。赵晏彪在小说中以人物之念想引用了纳兰性德的一首
《饮水词》，其中言道："中坐波涛，眼前冷暖，多少人难语。"
是啊，文学正是将那些难语之事道给世人，《北京往事》亦是
如此。

天真与灵慧

几年前，藏族作家次仁罗布以他的短篇小说《放生羊》获得鲁迅文学奖，这部作品不失西藏文学先锋印迹，同时深切反映现实生活，表达苍茫的青藏高原上，人的自我救赎、宽容与神性，显得沉郁和高贵。

在此之前，次仁罗布已经写出了一系列表现藏区人民生活的力作。如短篇小说《杀手》，描写一个为死去父亲复仇的康巴汉子，在高原流浪多年，一心要杀死仇人，然而就在他接近目标之时，却发现仇人在这些年里日夜朝佛，洗心革面，俨然已经脱胎换骨，他犹豫再三终于放下刀潸然而去。表现了人的自我救赎。另一部小说《阿米日嘎》，写到因为一头种牛的引进，使得一个原本十分平静的村庄产生意想不到的风波，千百年来雪原人隐秘的心灵，纯朴的民族在时代的动荡中因所受到的冲击而产生异变，作品因此呼唤保留更多的善意与包容。

次仁罗布一直是勤奋的，他的创作一直呈现上升趋势，不断有新的突破。以《放生羊》为书名的中短篇小说集被翻译成英文，另一部新创作的长篇小说《祭语风中》更是以独特的叙述被专家们看好，进入了 2015 年度全国长篇小说排行榜。次仁罗布以他沉静的文笔，精通藏语并深刻理解汉藏文化差异的独特视角，为读者打通了一个阅读西藏及藏族文化的通道，让远在藏区之外的人通过这些真实、典型的故事，真正了解到青藏高原的精神实质与流动的向度。

前些日子，我在北京召开的中国作协全委会上与次仁罗布相见，他仍然一如往日的谦逊，且稍带腼腆地说道，安徽少年儿童出版社将出版他的一套作品《雪域儿童读物》，这让人多少有些惊异。后来翻读到他发来的部分样张之后，又感觉虽在意料之外，但在情理之中。

近年来，成人作家关注儿童文学并写出若干令人耳目一新的作品，已大有人在，细想起来，次仁罗布的加盟并不奇怪。他以往的作品流露出高原天空、雪山般的纯净与天真，恰是儿童文学内在的重要特征。在他选入这套读本的作品中，《神奇的十三岁》《奶奶离去的日子》《桑塔小活佛的故事》《乡村假期》等，看得出他一贯写作的延续，也看得出他以儿童的视角进一步反映藏区生活的别样心情。

《神奇的十三岁》来自于他曾发表在《民族文学》的中篇小说《神授》，一个失去父母的牧羊娃亚尔杰，孤独地在草原上躺了两天两夜，感受猛烈的冰雪风雨，内心逐渐强大，因为自然的眷顾，而成了伟大史诗《格萨尔王》的传唱人。《桑塔小活佛的故事》描写了一个藏族儿童如何由人成为佛的经历，这在一般人读来或许是神话，在西藏却是家喻户晓的真实故事。《乡村假期》与《奶奶离去的日子》讲述了城市中的藏族孩子成长的片段，跟汉族和其他民族的孩子相同的是，眼下的城市孩子离乡村生活和大自然越来越远，对于亲情也日渐陌生淡薄，次仁罗布有意将这些孩子置身于一个个特殊环境里，让他们体验到多种有益的经历，开启善良友爱的美好心灵。

次仁罗布的儿童文学作品一如他得以成功的成人小说，有着鲜明的藏族文化底色，同时又具备更为细腻的爱惜和体恤，照应着孩子们幼小的心灵。他以他的虔诚发现生活中以及人的心灵深处那些可爱的童真，从这些可读性很强的藏族儿童故事里，传递出雪域高原信仰中与生俱来的灵慧，令人怦然心动。

这套书且配以精美的插图，其文其图，让人仿佛身在其中，尽得青藏高原之天真与灵慧。

话说水族千年沧桑

　　水族是生活在云贵高原东南部的少数民族，他们总共有40多万人，大部分都居住在地处月亮山、雷公山腹地的贵州三都水族自治县境内，这一带绵绵山岭，溪流交错，间夹着起伏的丘陵和平坝，俗称"九山半水半分田"，过去显然是一个山大人稀的蛮荒之地，但水族人自宋代以来从广西迁徙至此，继而与当地的汉、布依、苗、瑶等民族患难与共，相濡以沫，得以生生不息。

　　水族自称"睢"，因发祥于睢水流域而得名，故民间有"饮睢水，成睢人"之说。水族跟许多少数民族一样，历史上都曾有过多次迁徙，据专家考证，水族先民秦代时从中原往南，融入百越族群之中，但同时保留延续着殷商文化，创造出水书、水历、水语和钱币等。唐代时期有较大发展，朝廷曾在今广西环江地区设置抚水州，族称由民间的"睢"变更为正史的"水"。宋代早年，龙汉饶遣使龙光进率"西南诸蛮"进京"贡方物"，宋太宗亲自召见，水族艺人当场演奏芦笙舞"水曲"，宋太宗甚为欢喜，"遂以曲以名其族"，后有人将此段故事镌刻于墓壁，成为永久历史。

历史总是悲喜交集的，对于水族人来说也是如此。到了宋仁宗时期，南方的少数民族命运多变，朝廷对外软弱，对内欺压，官员贪贿横行，当时居住在广西宜州西北面环州等地的睢民祖先和其他百越族群，被视为"蛮夷""獠蛮"，无端遭受欺辱和蹂躏，民不聊生。当年的水族语难民歌流传至今："思恩的人们日夜藏深山，田地不能耕，生意不能做，常年遭受官兵迫害，生不如死……想要命我们就走，逃离此地我们的生活会好得多啊！"在无法积压的哀伤与愤怒之下，水族先民一举起义，杀县官夺县印，轰轰烈烈，但终因大军镇压和诱骗而失败。在遭到惨烈的捕杀之后，水族先民一夜之间举族大逃亡。

那是千年的伤痛。

如今，美丽的都柳江从三都县境内流向广西，是西南省区南下出海的重要通道之一，也被视为桂林、贵阳、昆明达樟江国家级喀斯特森林保护区旅游线路上最便捷的通道，回望千年，水族的先民们正是从那条古道溯江而上，才来到了云贵高原的山林里。他们带着伤痕隐姓埋名，常年匿迹于深山老林里，后来渐渐散居樟江、都柳江上游，贵州三都一带成为水族先民逃亡的最后归宿地。

时光将这一切埋藏，直到他们的后人，一位水族的书写者潘国会，倾注他多年的心血，写就31万字的长篇小说《千年沧桑》，使千年之前的悲壮得以再现。

潘国会，笔名潘会，是出生于三都的水族人，少则爱好文学，多年笔耕不辍，2009年春，他受《民族文学》之邀来到京城参加"全国55个少数民族作家改稿班"，下半年又进入鲁迅文学院第12届高研班学习，这届学员因来自55个少数民族，每个民族仅一人，受到社会广泛关注，成为有名的"鲁12"。他们在京城学习期间，曾多次参加一些重要文学活动，受益匪浅。潘国会决心下功夫深入开掘，写出一本真正意义上的水族历史小说。

但久经战乱和颠沛流离的水族，没有能够用文字记载下所经历的大事件，只以有限的口口相传，甚至一些隐晦的民族习俗，来纪念逝去的岁月。要真实再现民族历史，对于潘国会是一次严峻的挑战，他启动了多年的积累及资料搜集，并从2012年以来，开始了艰苦的实地探查寻访，先后去广西的宜州、环江毛南族自治县、大化瑶族自治县、河池、南丹、天娥、融水、桂林，又在贵州的荔波、都匀、独山、丹寨、榕江、从江等多次调查。冬去春来，潘国会行走在祖先的足迹里，时而兴奋时而悲伤，劳心劳力，因此病倒在床，但锲而不舍，正所谓"衣带渐宽终不悔"，终于在羊年岁末之时完成了书稿。

《千年沧桑》反映了公元11世纪初宋朝时期的社会形态以及水族等少数族群不堪压迫、愤而抗争的一段悲壮历史，也可称作水族的一部史诗，发掘了南方少数民族历史、地理、考古学和民俗学方面大量新的材料，填补了水族史料记载的某些空白。潘国会通过深入实地调查，走访、翻阅大量史料，将宋朝时期仁宗年代，朝廷腐败，地方暴政，官逼民反，引起广西宜州以北地区暴发以蒙赶、区希范为首的农民大起义，最后惨遭迫害，导致水族等少数民族大逃亡的历史悲剧跃然纸上。再现了在艰苦跋涉的历史风尘中，具有坚忍顽强的生命力、凝聚力的民族精神，体现了民族大义，以大局为重，所到之处皆以睦邻亲和为根本的善美品德；刻画了一系列明理、果断、勇敢、厚道、智慧、强悍、勤劳、自爱与重信义的水族人物。小说中还穿插了若干民间神话故事，表达了水族人对天地神灵的敬畏及精神成长。

我曾在几年前去贵州三都水族自治县，在那里对水族人民的历史与文化稍有了解，也与潘国会及其他水族作家有过进一步交往，感受到他们对文学的热望。完成对水族历史上一次重大迁徙的书写，是潘国会多年的梦想，《千年沧桑》一书的出版，正是他的圆梦之时。水族有一位历史文化专家潘朝霖先生，在读完《千年沧桑》的初稿之后，动情地写出文章，认为此书"把水族迁徙史三部曲最后一站豪放、奋斗、悲壮、凄美的历程，淋漓尽致地演绎出来，使人在哽塞中领略到一丝欣慰"。我想，这也是其他读者会有的欣慰。

为一个呕心沥血的著书人，也为一个经受了千年磨难的民族，在月亮山下，弯曲的都柳河边，终于有了自己幸福的家园。那里青山绿水，和平安宁，男人可以喝酒，女人可以洗头，老人和孩子在阳光下携手行走，影子拉得很长，长到遥远的未来。

秋色无边

春天的一个日子碰到唐朝晖，他依然是语速很快地说话，只是湖南口音越发重了，他说请你帮我一位朋友写一个序啰。我说手头杂事实在有点多，不如请别人为好。心下是有些"怯序"，首先得读好厚一沓文稿，还得细细琢磨，轻重如把秤，多了少了都不合适。可朝晖是让我心存敬意的，因为他对文学的执着。前些年他原本担任了《青年文学》执行副主编，已成为业内受到关注的青年出版人，但正当顺风顺水之时他突然辞职，一头扎进了乡间，到那个非遗"女书"的偏僻地方一住就是两年多，写出了一系列精彩的散文，还打算写一部长篇，叫《折扇》。就冲这些，朝晖所做的事一定都是透着某种道理的，要相信他这人性格里的那股子倔劲儿。

所以，隔了一段时间他又说，你还是写一写啰，我便无话可说了。便找个时间静下心读他发来的书稿，即魏振华所写的散文集《又见花开》。此时方得知作者魏振华是广西柳州人，毕业于中南财经大学，曾担任建设银行广西分行、湖南分行副行长。这位撰写出版过多部金融专著的资深专家，不仅在金融工作中很有建树，同时还怀着对文学的无限热情，勤恳地记录着工作与生活。一草一木，此情彼景，都能引发他的联想。他的散文、诗歌在国内的一些报刊上陆续发表，并于2012年出版了一部诗文集《又见春天》。

前些时，在中国作协的一次会议上，曾听到中国金融作协的一位人士介绍其行业内的文学创作，他说我们金融界有太多的文学素材，但写的人却不多，是令人遗憾的。后来才知道魏振华已是中国金融作家协会的理事，他正是在人们的期待之中，难能可贵地以他的诗文传播和影响着更多的金融人，也向更大的范围揭示了金融人的内心世界。或许，在金融界还有许多正默默跋涉于文学道路上的有心人，他们在当下经济环境复杂化、竞争白热化的压力下，更为迫切地希望精神的追求与支撑。用魏振华自己的话来说：心系梦想才能战胜眼前的沮丧和阴霾，只有认知自己战胜自己，才能在前进的路上勇于摸爬滚打，最终抵达成功的彼岸。

魏振华的写作已然不仅只是个人的意义。

他的成长经历证明他的感慨是真诚的。20世纪60年代，桂中的一个贫困山村，父亲当过老师，却因被错划为右派，下放劳动改造，兄弟姐妹仅靠母亲一人辛劳拉扯，温饱难求，小小年纪的魏振华常在山中摘金银花采野葡萄，变卖后帮母亲补贴家用，自小便懂得了生活的艰辛不易与发奋努力。父亲的学识和母亲的坚韧引领着他好学勤劳，最终在1977年恢复高考时走出了山村，成为当地最早考上大学的年轻人之一。他如饥似渴地吸收知识的能量，从财会专业到文学写作，兴趣广泛激情饱满，不断充实自我，是把"钉子精神"自觉自愿地运用于学习和工作中的实践者。多年攀登，渐入佳境。

越是跨界的人士或许越能具备独特的人格魅力，显出更为广博的文化修养。魏振华的这部散文集《又见花开》便是他丰富心得的集结。他将文章大致分为三类：第一类是旅行随笔，眼底尽收天下景，行走之中多见闻。他从山里来，不忘山水美，无论行走何处，面对大自然都不免流露出一种由衷的喜爱。在他笔下，既有广西故土的山川物美，也有曾工作过的湘江河畔的风土人情，还有北京冬日的景山雪景，西岳华山的险峻奇雄等。第二类是工作之中的记事与感悟，如记见义勇为的建行卫士廖民军，在客户面临威胁时，自己抢上前去护住了客户，而被歹徒刺杀壮烈牺牲。文章篇幅虽不长但写出了情意，写出了人物的个性，真实感人。第三类是关于亲情和往事的回忆，它们从心底流淌而出，更具深情，更为打动人心。他写母亲的勤劳勤俭，对子女管教严格，内心慈祥，是一位典型的中国式母亲；父亲虽然曾饱经坎坷，但知识分子的品格和自尊从未泯灭。时光流逝，她对父母的思念愈发浓烈，父母在他心里留下的宝贵精神财富永存。

经历过贫苦岁月的魏振华以自己的经历撰文，催人励志，引人向上，以对生活和世界的善意告诉人们，积极的人在每一次忧患中都能看到机会，并且成就自我。

魏振华的家乡柳州史称"龙城"，地形为"三江四合，抱城如壶"，因此亦称"壶城"。据史料记载，自汉武帝时期西汉灭南越建潭中县城以来，柳州已有超过两千一百年的建城史，是国务院批准的历史文化名城和国家甲级旅游城市，工业总量约占广西的三分之一，应该是一个出故事的地方。还有壮族的歌、瑶族的舞、苗族的节和侗族的楼，堪称柳州"民族风情四绝"。唐宋八大家之一的柳宗元曾为柳州刺史，韩愈为他写下了《柳州罗池庙碑》一文。碑文的前半部分记载了柳宗元在柳州的政绩，后半部分附了一首《迎享送神诗》。到了宋代，苏轼又将《迎享送神诗》书写下来，由柳州人士于宋嘉定十年即公元 1217 年，刻石立碑于罗庙内。这块碑集韩愈文、柳宗元事、苏轼书于一体，被后人称为"三绝碑"。

在这样一个有着"四绝""三绝"的地方，怎么能没有后人的美文呢？

对于魏振华来说，虽说秋色无边，眼前风景已是多姿多彩，但对于文学之路的求索，仍然还很漫长。唐朝晖与之为友，当然也可以在自己的文学之行中与之相约为伴，相互提示，找出不足，向着有益而相宜的方向而去。苏轼在评价柳宗元的诗文时说道："所贵乎枯谈者，谓其外枯而中膏，似淡而实美，渊明、子厚之流是也。"

似淡而实美，是否也可为柳州人魏振华今后追求的文学境界？

秉烛照亮行人

　　认识江建军先生是在一个秋雨飘飞的日子。在长江之畔的宜昌城里，我第一次惊讶地见到几十位来自全国各地的盲人作家和诗人。他们中间有全国著名的战斗英雄史光柱，他写下了很多脍炙人口的散文诗歌；有曾经的学校老师、打过工的小老板；还有好些年纪尚轻的姑娘小伙。他们集聚一堂，为自己的聚会取名"文学嘉年华"。我见他们相携而行，谈笑风生，会场上则一个个正襟危坐，神色凝重。活动的主办方全国盲人协会，让我和与会的盲人作家进行一次文学交流。

　　那个难忘的下午，让我感觉到那是最为安静的会场，连针掉在地上的声音都会听得见。盲人朋友则是最为专心的听众，他们凝神聚气，一动也不动。

　　那天，主持会议的正是江建军。从他沉稳从容的声音里感觉出，他经历丰富胸有成竹，对会议的把握有条不紊，介绍有关情况时娓娓道来，流畅自信，让人不敢相信他会是一位盲者。他双目失明，只有一点极其微弱的光感，任何字迹都看不见。

30 年前，身为安徽贵池区武警战士的江建军，奉命与战友抓捕一名潜逃的罪犯，为了保护战友，被穷凶极恶的罪犯击中了双眼，从那时起他便陷入了永久的黑暗。但他在经历了难熬的痛苦、绝望与迷惘之后，毅然选择了坚强，很快寻找到了新的生活目标，他学会了下盲棋，读盲文，写文章。

江建军自小爱读书，父亲曾是县城新华书店的经理，他从小就在书的海洋里穿行，在受伤之后没着没落的日子里，他最为渴望的是听到那些书中的故事。贤良的妻子找来书报，轻轻地读给他听，又专门为他买来一台收音机，中央人民广播电台的《阅读与欣赏》、江苏台的《文艺天地》成为他每天必听的节目。久而久之，亲友们都知道，如果去探望建军，需要的不是带什么礼物，而是去为他读书。就在这样倾听的日子里，江建军心中升起要用文字倾诉的强烈冲动，他摸索着拿起笔，歪歪扭扭地写下一行行文字，那是他对妻子的爱和无尽的感激，是他对人生的痛彻感受。他一口气写下了两千多字的散文《我的太阳》，不久被当地的报纸发表，许多读者深受感动。

他凭借语音读屏软件，打字或直接语音，与网友切磋棋艺，还参加了全国盲人网络象棋首届甲级联赛。通过下棋，他领悟到人生的更多哲理，体会到人生如棋，车、马、炮等杀伤力强，但兵卒之类的"弱子"也绝不可以轻视。作为盲人，不能认为自己是不起眼的小卒而自轻自贱，怨天尤人，有时候最终直捣黄龙、克敌制胜的，可能就是一个毫不起眼的小卒。盲人不能向命运屈服，要学会从挫折中及时调整自己，所谓强者就是能把失败和挫折转换为前进的动力，然后在奋斗的过程中展示出惊人的毅力和坚韧不拔的意志，排除障碍最后取得成功。做一个这样的盲人，就是人生的强者！

　　江建军就是以这样一心与黑暗抗争，在知识的海洋和文学创作的道路上，找到了与世界对话的方式。多年来，他已有数百篇文章发表于报纸杂志，他以真挚坚强、行云流水般的文字打动了四面八方的读者。

　　　　我的眼睛
　　　　长在我的心上
　　　　长在心上的眼睛
　　　　总是能看见光明和梦想
　　　　我用这些梦想装扮着我的王国
　　　　我的王国里阳光普照
　　　　春暖花开
　　　　　　　　——《点亮人生》

　　是啊，江建军的世界里充满了光明，他寻找到的烛火和阳光，不仅照亮了自己，也照亮了宽广的世界，以及那些辛苦前行的人们。他用一颗敏感的心，撰写了一篇篇报告文学，呼唤对爱、对生命的尊重，展现了一个个鼓舞人心的人物形象，如自强不息的歌唱家晏慧、李任红，打开幸福密码的李珍，传奇警察张秀昊，悬壶济世的医师杨春豹，盲人女教授姚敏，固体力学教授富明慧，开拓中国盲人钢琴事业的李任炜，盲人心理咨询工作者万兴华等。他们之中的每一位都经历过常人难以想象的困难，有过人生的凤凰涅槃，突破了自己的生命极限，就像一束束光芒照亮了身边人，也同时照亮了芸芸众生某些钝感的灵魂。

　　江建军笔下的人物大多为平凡世界中的平凡人，但内心强大，超越自我，挺拔于社会的浮生百态之中，成为这个时代的标杆和楷模。报告文学集《点亮人生》，无疑是对世人的一种召唤，也是他秉持光明、照亮世界的烛火。

　　作为一位盲人写作者，江建军对大千世界中的人情冷暖、世态炎凉、风雨雷电、日月交替及一草一木，都有着非比寻常的敏感，能于细微处洞察自然与人性。他的作品既有人性善恶的碰撞，也有如泣的疼痛以及重生般的快感，这是一种在现实生活中失去光明但内心触觉敏锐，想象力也十分广阔和丰富的书写，是不可替代的生命感受及文学再现。

　　因此我们完全可以说，江建军的写作有着十分珍贵的价值。

　　司马迁在《史记·报任安书》中写道"左丘失明，厥有《国语》"，古人先贤的风骨相信会给江建军的文学之魂注入更多的神韵，他秉烛前行，一路探求，他的生命因为文学而精彩，而文学因为他，还有那些盲人作家诗人的书写而增添了别样的光芒。

平原三峡村的真实记录

二十多年前，三峡百万大移民在水面逐渐上升的长江边陆续进行，这道世界级难题牵动了无数人的心。大部分移民就地搬迁，即从低处搬到高处，已是艰难，而另有十几万移民被安置到异地，更是极尽曲折。我出生于三峡的巴东，那里的乡亲有很多人因此从山地去到了江汉平原，荆门沙洋县一带便接纳了一批又一批三峡移民。拆掉了峡江的房屋，砍断自己栽种的柑橘树，抱着世代留下的族谱，携家带口含泪离开故土的山里人，一路风尘地来到那片陌生的土地，他们之中有我的亲友，还有一个叫王雄的十八岁的年轻人。

时隔多年之后，王雄以自己的亲身经历，以及移民乡亲们的感受写下了一篇篇文章，前年汇集成一部散文集《从峡江到平原》，眼下又有新作《在沙洋》即将出版。读到他的这些作品之后，感触尤深的是，这位亲历者以他质朴的写作，真实地记录了平原三峡村这一特殊村落的前世今生，再现了峡江人在命运更迭中的坚忍和追寻，同时也体现了以沙洋人为象征的开阔包容的平原精神，以及他们共同对家园的传承和再造。

王雄以眷念的目光回望走过的路程。搬迁那年，他刚从巴东乡镇的一所初中毕业不久，跟着堂兄学了两年不锈钢的手艺，装门窗，做扶梯，小小年纪四处奔波，他喜爱上网，给自己取了个网名，叫"百里飘摇"。但手艺还没完全学到家，便遇到故乡的整体搬迁，王雄随父母由此经历了人生最大的一次变动。从得知消息，到难以取舍，犹豫再三，五味杂陈，最终不得不舍小家，顾大家，离开世代居住的三峡。他在这样的经历中长大，成为一个真正的男人。

2000年的春天，雨水下个不断，就像移民们难舍故土的眼泪，深深铭刻在他的心里。最初来到古老的荆门沙洋，面对一望无际的平原，长流不息的汉江，星星点点的湖泊，王雄与父老乡亲无不感到陌生和迷茫。他们的安置房后就是一大片芦苇地，在他们到来之前，真心欢迎他们的沙洋人用挖土机将那些芦苇连根拔起，而后平地建起了简易的红砖房，但住惯了三峡吊脚楼的土家族人一开始难以适应。平原上风声不断，一旦起风，安置房设在露天的灶台就遭了殃，落在锅里的沙比盐还多；平原上的雨水也大，带有淤泥的沙地一到下雨就变成一汪汪湖泊，山里人放在门前的拖鞋成了漂泊的小船，不知所往。移民们叫苦不迭：起风是沙，下雨是洋，难怪这地方叫沙洋呢！但面对种种不适应，峡江人没有退缩，他们以山里人的勤劳，坚持把日子一天天过了下去。在沙洋人的帮助下，经过几年的辛劳，他们得以搬进新建的一幢幢小楼，广阔的江汉平原上，一排排白墙红瓦，不时闪现出"土家族人"的字样，按照最初的心愿，他们给自己新的家园取名为"三峡村"。

　　从王雄的作品里，读者可以得知一个个峡江人是如何渐渐融入沙洋，成为平原人的故事。峡江人在山地种的是玉米红薯，平原种的却是水稻和棉花，跟坡地打了几十年交道的山里人一筹莫展，是当地的农业技术员手把手给他们讲授如何种水稻、如何培棉花。村民们从抵触到渐渐着迷，以致后来种的水稻、棉花亩产超过了当地人。这期间有过多少烦恼，又收获了多少喜悦啊！原来在三峡的交通主要靠步行，背着背笼翻山越岭，而到了平原，当地乡村的村民出行则大都骑自行车，运输用三轮车。是周围热情的沙洋人教会了峡江人骑自行车、驾驶三轮车，从歪歪扭扭到掌握平衡，一来二去，峡江人与沙洋人成了好朋友。不知从什么时候起，三峡村的青年男女开始悄悄和平原人谈恋爱，他们用不同的方言使劲地走向对方的心灵。他们结婚，生子，孩子成为新一代平原三峡村民，会说峡江话、沙洋话和普通话，自如地生活在这个仍带着浓郁土家族特色的村庄里。

　　当年移民中那个年龄最小的女孩未曾满月，如今已就读于沙洋高中，如花蕾绽放，已懂得逢到下雨变天时，给腰酸背痛的妈妈冲一杯糖茶，漂亮开朗的姑娘和当地学生的口音、生活习惯已无二致。曾任三峡村支部书记的周辉刚，未搬迁前是一位建筑工，来到沙洋之后，他每天骑着单车穿行于一些大小建筑工地找活干，开始只能接上一些小活，渐渐以三峡人的吃苦耐劳、做事认真得到了建筑行业的认可。他所带领的移民建筑队注册了建筑装修公司，添置了机械设备，经营项目不断扩大，他连续几年被评为荆门市优秀企业经理，被推选为沙洋县第四届政协委员。

　　平原三峡村就是在这样的变迁中走到今天，就像一幅图画，人们可以看到沿着长长的公路,三峡村的几百户人家相对而立,门前的花坛与果树连接了一条绿化长廊;村庄中心是土家族风格的吊脚楼,铺设着将人们的念想引往鄂西的琉璃吊檐和脊饰,指示牌上写着"三峡村"。2012年,三峡村实现了土地部分流转,架起146个蔬菜大棚,发展了土家族农家乐餐饮;卫生室、超市、农家书屋一应俱全。村里还组建了一个具有民族特色的"土家族艺术团",自编自导的节目《巴山汉水儿女情》《父亲》《六口茶》等上了中央电视台。每当夜幕降临,村民们就会来到村头围跳广场舞,他们跳的跟沙洋人不一样的是土家族摆手舞,那些古老的峡江歌谣被他们带到了平原,也成了当地人哼唱的歌。

这是平原上的新三峡。从王雄的笔下,我们得以触摸到移民故事所散发出的人世间最为朴素又最为贴心的温暖,感受到平凡生活中的善良、真诚与美好,感受到峡江人与平原人的不同性格以及最终不断走向融合的时代历程。

王雄靠自己的双手谋生,养活妻儿,与乡亲们一起共建家园,并以写作打造一个寄予理想的精神家园。他将峡江人善于感恩的品德带入他所经历的情景之中,从最初结识荆门作家李诗德,读到他邮寄来的诗集《水埠头》,受其影响而开始写作,到后来得到《沙洋文艺》主编金成海、《荆门晚报》编辑黄旭升等人的不断推荐,他将生活的磨砺与人们的激励一一铭记在心,化为写作的动力。作为举世瞩目的三峡移民工程的一位亲历者,王雄的非虚构写作,可视为填补了对移民生活书写的某些空白。他的新作《在沙洋》更为开阔地表现了他与乡亲们在平原上的人生经历,也表达了他对超越自我为平原三峡村代言的精神追求。近年来，这位三峡的年轻人果然在江汉平原安居乐业，写作也不断得到认可。他的作品将会伴随"三峡村"的变化，与他的乡亲们所经历的故事一道，载入这个屹立于平原之上的特殊村庄的历史。

信息化时代的个人写作

——在韩国文学节的发言

我们都已经意识到，20世纪下半叶以来，由于现代科技的高速发展，伴随着全球经济一体化的加剧，电影电视和互联网等传播手段的兴起，人们的社会生活已在众多领域里发生了深刻的变化，关于文学的传统概念也在受到多方面的挑战，不断有人指出：理论已死。批评已死，最根本的因素是文学已死。在当代，文学实际已走上了角色众多、极为复杂而又绚烂无比的舞台，它所扮演的角色却又常常被边缘化。

作为一个自20世纪70年代中期就开始写作的中国作家而言，在这样一个纷繁复杂的信息化时代里，我不能不思考，写作究竟要表达什么，如何表达，对世界有何意义？

当下，无论一个写作者生活在何处，在中国还是其他任何一个国家，都不可能忽略全球化、信息化的弥漫以及对人类的影响。但无论你面对的世界多么大或者多么小，文学写作都是你个人具有创造性的劳动，正是文学所具备的原创性（包含独创性）、民族性以及对人性的包容与超越，才使其在人类精神生活中发挥着不可替代的作用。

我一直认为，一个人的写作如果真正从心灵出发，这世上一定会有一个属于他的位置。无论文学的走向有多么遥远多么繁杂，我想首先应该强调的还是它独特的原创性。在北京街区，任何人都可以分发花花绿绿的广告，上面经常写着排列整齐的诗句，赞美一处即将开发的社区楼盘，或一种让女人吃了能葆青春的胶囊，我们只能说文学的作用在此延伸，但不能说这就是文学。在这个充满了工业化气息的时代里，人们更加重视原生态的艺术创造，而不是"做"出来的艺术。与此同时，文学的原生态只能来源于作家对生活的独特感知。

今天，人们感到不可阻挡的文化趋同及民族文化的缺失，而文学是把民族的根留住的不可或缺的工具。中国有 56 个民族，多民族的文化自古以来都是在一种互相碰撞互相融合的状态中，我个人深有体会。我父亲的家乡正是中国儒家学说的发源地孔孟之乡山东，而母亲则是有着土家族血统的长江三峡人，父母各自的文化背景有着鲜明的差异，他们各自不同的民族密码，流淌在我的血液里，争斗融合，相互冲突又相依为命。我将我的小说植根于长江三峡流域的生活之中，书写那里最后一代土司的恩怨情仇，也书写那里当代人的喜怒哀乐，我想要表现不同人群的生存状态及命运，并试图诠释民族文化的秘密。作为女性，我特别着力于关于长江三峡女性的描写，巴山楚水之间，那些美丽健壮或粗糙苍老的女人，那些与浑身汗腥或刚强或狡黠的男人相守相角逐的辛苦的女人，那些心怀梦想却如风而去或顽强如草代代延续的女人……她们吸引着我去刻画和再现。其实我在别处也感受着她们，在神秘的香格里拉，在苍茫的青藏高原，在黄沙漫天的大漠，在江南的水乡，甚至还在身背行囊远渡大洋的人群里，感受着她们的命运与个性。她们成为我的作品《最后的土司》中的伍娘，《花树花树》中的昭女、瑛女，《撒忧的龙船河》中的莲玉、巴茶，《五月飞蛾》中的二妹……她们从远处走到今天，女人骨子里的坚韧与无奈，浪漫与现实，温情与倔强，使她们在不同岁月里却有着相似的梦想。

在我们所经历的中国都市化进程中，城市在不断扩大，随着一个个新的族群的产生，某些民族经验随之消失或延伸或扭曲。我们不得不承认"城市中边缘化群体"的存在，我在小说《玫瑰庄园的七个夜晚》《歌棒》中描写了一批从乡村进入城市，心灵却永远只是在城市的边缘徘徊的人物。城市文化毫无疑问地影响着这些边缘人，但他们实际上也在城市里传承着古老的民族传统文化，影响和构建着新的城市文明。

我曾在中篇小说《山中有洞》里通过一个寻宝的故事，试图表现沧海桑田变化中人的寻觅。人类发展至今，在不断地寻觅过程中会发现最根本的东西原来就藏在自己心里。生命不断延续，人类不断沉思，历史经验不断积累，然而最复杂的或许是最简单的。回顾历史时常常会发现，不同时期的事件之间会有许多惊人的相似，各种不同文化的碰撞和融合，是在非常激烈、近似悲剧性的碰撞中完成的融合。我们需要更加多元宽容的人性关怀，人与人之间最不可缺少的就是理解与沟通，而文学则是联结彼此的彩虹。近年来，我尝试写出了散文集《穿过拉梦的河流》，"拉梦"在藏语中是多样化的意思，以此来表达我对各个不同民族的敬意，还有多样化的融合。

　　文学不是救治世界的灵丹妙药，我们目前所面临的困惑如生态环境的严重退化、战争与瘟疫的肆虐、传统道德价值体系的坍塌等，文学都无法直接解决，但文学可以给人类精神以引领，给灵魂以慰藉。我们无须夸大文学的作用，也不必妄自菲薄，缩在象牙塔里做一个时代的局外人。中国古人说："有容乃大。"作家面对今天的时代应该具有一种包容和超越的意识，将自己的视野扩展到极致。一切认识都只是作为再认识的认识，对于生活的认识或许要通过 99 步台阶，这在我们土家族人来说，就是要向着不断延伸的路，不断跋涉和超越。

第三辑

（2018—2021）

云岭大地的脱贫之路

多年来，当人们欣赏和陶醉于七彩云南的美丽风光之时，可曾想到就在这同一片土地上，94% 的山区因为历史上遗留的交通阻隔、社会发展缓慢等原因，人们的生存状态仍然格外艰辛，疾病、灾害、观念滞后，全省 129 个县中有 88 个国家级的贫困县，西部边境、乌蒙山区、迪庆藏区、石漠化片区，以及人口较少民族，更是云南脱贫攻坚的"硬骨头"。

脱贫攻坚本来就是一场硬仗，而深度贫困地区脱贫攻坚是这场硬仗中的硬仗。云岭大地上的 4700 万各族儿女摆脱贫困的愿望十分强烈，近年来举全省之力投入脱贫攻坚战，力争少数民族脱贫、边境脱贫、生态脱贫。云南女作家叶多多自 2016 年初便开始倾情关注这一场硬仗，书写云南各族人民以百折不挠的信念与努力改变贫困的历史进程。

出生后一直生活在云南的叶多多，多年来有情怀有担当，早在十多年前，她就敢为人先，采访了一位饱经坎坷的滇池守护者张正祥。张正祥说生命只有一次，滇池也只有一个，要把自己的生命和滇池紧紧地连在一起。他为了保护滇池而一只眼睛失明，右手骨折，家徒四壁。在他最困难的时期，叶多多走近了他，经过一次次深入采访，满怀激情地写出了长篇报告文学《一个人的滇池保卫战》，详细报告了农民张正祥同很多只顾团体及个人利益不惜毁坏滇池生态环境的行为作殊死斗争的事迹，体现了有关人类命运的大主题。

金山银山就是绿水青山。21 世纪的中国，人们对生态的认识得以升华。滇池作为一级保护区，治理逐渐升温，"滇池治理三年行动计划"不断实施，彻底截污，水体置换，打通清水通道，修复生态，成为人们共同的愿景。张正祥用生命的呼喊，得到层层相关部门和媒体的重视，也通过叶多多的形象报告，吸引无数人相向而行。

前年春天，叶多多神情庄重地跟我谈到又要撰写和拍摄关于云南脱贫攻坚战的纪录片，希望得到各方面的支持。我为她的想法所吸引，不止一次地与她交流过，发现她常常夜以继日，工作到很晚，为一步步进展而费尽心血。据我所知，她的选题很快得到了中共云南省委宣传部及有关部门的大力支持，这更加激发了她的深入开掘。近两年时间里，身体瘦弱的叶多多行程两万多公里，奔波在脱贫攻坚第一线，追随着一个个奋发实干者的脚步，采访了 100 多个自然村，300 多个典型人物，他们之中既有矢志不渝的优秀党员干部，也有勤恳劳动的普通村民，他们为摆脱贫困创造美好生活所经历的故事，促动着叶多多的奋力书写，在她的报告文学里，我们读到了一幕幕感人的篇章。

云南高原的山水村寨，居住着多民族的人民群众，很多都分布于长达 4060 公里的边境线上；云南还是全国少数民族最多的省份，地处偏远，贫困人口多、贫困程度深，是全国脱贫攻坚的主战场。

独龙江似乎一直就是偏远封闭的代名词，在高黎贡山独龙江隧道打通以前，那里每年都有半年时间因为大雪封山而与外界隔绝，相对中国发达地区迅猛的现代化建设，这片高山峡谷的地区发展明显滞后。新中国成立之初，生活在此的 6900 多位独龙族同胞实现了从原始状态到社会主义的直接跨越，如今在脱贫攻坚战中，又直接受到习近平总书记和党中央的关怀，2015 年 1 月 20 日，习近平总书记在昆明亲切会见了独龙族群众代表，鼓励他们与全国人民同步迈向小康。独龙族迎来了伟大的第二次跨越，贡山县乃至整个怒江州的发展近两年产生巨变，率先成为云南脱贫攻坚的榜样。独龙江的变化也出现在叶多多绘声绘色的书写中。

2017 年，云南的脱贫攻坚硬仗同全国一样，达到了前所未有的强度和高度。古老山寨、蛮荒边地、边境线上建起了风格各异的民族新居，整族帮扶，整村推进，易地搬迁，一项项强有力的举措，让旧貌换新颜，各族人民群众的精神面貌也大为振奋。叶多多记录着这一切，其中洱源县是国家扶贫开发工作重点县，是美丽洱海的源头，也是滇西边境连片特殊困难地区和省级革命老区，经过几年的奋战，成为云南首批 12 个脱贫摘帽县之一。

她还写到居住在澜沧县及周边广袤大山里的拉祜族，从刀耕火种一步进入社会主义，历史给这个民族留下了太多的沉重和悲怆，多年来发展缓慢，人均受教育年限低下，拉祜族贫困人口占澜沧县贫困人口的 90% 以上。经过这一轮扶贫攻坚，澜沧高山峡谷的拉祜族找到了自信，他们以民族文化架起了跨越历史与现实之间的桥梁。

还有一位大学生村官段必清，他 2009 年来到瑞丽市户瓦村，这是中缅边境一个以景颇族为主的贫困山寨，他在这个岗位上一干就是 6 年。他本可以回城找一份工作，但当地群众的贫困牵动着他的心，他在山村办起了养鸡专业合作社，带动了当地农民创业脱贫。如今"村官鸡"养殖成了一份响当当的产业，吸引了缅甸的边民纷纷来参观取经，段必清和村民毫无保留地把技术传授给了他们，促进了边境的安定和谐。

维西县叶枝镇同乐村是傈僳族古老的传统舞、国家非物质文化遗产"阿尺木刮"的发源地，村子建在澜沧江东岸海拔2500 米以上，土地贫瘠，苦荞玉米、青稞亩产仅几十斤，村民大部分靠惠农资金勉强维持生活。在脱贫攻坚的路上，村民们开掘"阿尺木刮"，开发乡村旅游；大量种植当归、秦艽、续断、桔梗、云木香、附子等中药材，还有核桃、板栗和桃子，走上了一条产业与传统文化致富的路子，因地制宜探索"总支＋支部＋专业合作社＋农户＋基地"的股份合作经济发展模式，步入多元化快速发展的康庄大道。

叶多多对生态的关注，也体现在对脱贫硬仗的书写之中，她记录了这一重要的历史时刻。云岭大地森林覆盖率达55.7%，林地面积达 3.75 亿亩，居全国第二位。多样性的气候与地貌特征蕴藏着巨大的发展潜力，素有"植物王国""动物王国"的美誉。2015 年 1 月，习近平总书记在考察云南时，希望云南"主动服务和融入国家发展战略，闯出一条跨越式发展的路子来，努力成为我国民族团结进步示范区、生态文明建设排头兵、面向南亚东南亚辐射中心，谱写好中国梦的云南篇章"。云南各族人民牢记总书记的嘱托，把保护环境与生态脱贫放在重中之重，在保住绿水青山的同时，发挥自身优势，努力探索出了一条具有云南特色的生态文化、生态旅游脱贫之路。保护生态带来了美好的环境，美好的环境又助推了小康之梦。云南的 1619 个乡村入选国家扶持的乡村旅游扶贫重点村，盈江犀鸟谷、诗密娃底、红河哈尼梯田、维西塔城国家滇金丝猴保护区、昭通大山包黑颈鹤保护区等以独具魅力的民族文化和雄奇壮阔的自然景观加入美丽乡村、民族特色村的行列。

叶多多写到了迪庆州维西县塔城镇巴珠村，这里森林覆盖率达 99%，全村 218 户，1200 多人，大多是藏族同胞。因为森林茂密而一直让木材商人垂涎，多年前动用各种关系企图把公路修进森林里，好把大树伐走，他们的行为遭到巴珠村支书及村民的坚决抵制，经过据理相争，终于保住了这一方山水。巴珠村坚持绿色生态发展，在保护森林的同时，开展中药材、木瓜等经济林果、食用玫瑰花种植，野生蜜蜂养殖，给村民脱贫增收带来了保障，村民存款目前位居全镇第一，人均经济纯收入从 2005 年到现在增加了 10 倍，成为维西县最富裕的村落之一。

景颇族聚居的小村子陇川县勐约乡广瓦村温泉小组，是一个典型的"少、边、穷"小山村，在脱贫攻坚中，陇川县因地制宜，做优做强特色种植业，把蚕桑产业作为精准扶贫的重要产业，村民们房前屋后种满了桑树，成为当地农户的"摇钱树"。一栋栋富有景颇特色的崭新房屋错落有致地依偎在苍翠的青山绿水间，阳光下喜气洋洋。

事实胜过万语千言，叶多多的长篇报告文学《一个也不能掉队》以一个个真实的变迁，再现云岭大地上脱贫攻坚、追求幸福的壮烈进程，谱写了不同民族在新时代不停创造、团结进步的美好乐章。摆脱贫困，不仅是中国的事情，也是全人类的共同期盼，叶多多在此书的后记中写道："中国的脱贫之路，是人类携手摆脱贫困，走向幸福的起点和标志。表达人性中的信念之美，心灵之美，大爱之美，奉献之美，牺牲之美，是我永远也不会抛弃的文本。" 这样的审视和写作，让她的生命意识及精神追求从云岭大地出发，延伸到无限辽阔的空间。

青山不老

丁酉年夏重返鄂西，在群山巍峨的五峰读到当地作家王永红所著长篇小说《享受父爱》，一时竟久久难以掩卷。此书朴实真切毫无炫技，却以丰富饱满的生活积累、真实感人的故事情节及鲜活的地方语言，深情塑造了一位大山里的普通农民父亲，在当下全国每年以数千部长篇小说问世的庞杂中，如一股流自大山深处未经污染的清泉，赢得了读者的青睐。时值岁末，又闻应出版方之约，此书经作者精心修订，将以《父爱》为书名再版。不禁重读书稿，多有感慨。

五峰一带山脉起伏，沟壑纵横，处于湘鄂西交界之处的武陵山支脉，自古地势险要，交通不便，人民生活十分艰辛。秦朝时五峰属黔中地，汉朝时隶属武陵郡，明洪武年间置石宝长官司，雍正十三年改土归流，与附近长阳、宜都、石门、松滋等县的部分地域合并设为长乐县，隶宜昌府，1914 年更名为五峰县，1984 年经国务院设立五峰土家族自治县。纵观时代更迭，人事变迁，不变的唯有那一片青山连绵，山林间世代传承的勤劳坚韧，孝老养亲，以及常年困扰的贫穷与苦难。《父爱》一书通过山里人的命运以及独有的生命感受，鲜明地折射出自 20 世纪中期以来不同时代的风云际遇，表现了山区人民在战争、社会变革中的生死离别，沉浮挣扎和顽强生存，更有行进于崎岖山道上的梦想希冀。

书中所刻画的父亲曾明俊生于内忧外患的旧中国，本来处于极贫之中的武陵山区又遭遇日寇铁蹄的蹂躏，人民痛苦的生活如雪上加霜。1943 年底，与五峰同属第六战区的常德遭到四万日军的包围进攻，留守的中国军队与之进行了一场血战，几十架日本飞机在湘鄂西一带上空轮番轰炸。父亲曾明俊目睹了那一场劫难，五峰小镇被炸为废墟，进入小镇的日军见人就杀，父亲钻荆棘、爬悬岩才得以逃命。一年之间妻殁女殇，家贫如洗，只剩一个年仅三岁的幼儿。熬到抗战结束，父亲又险些被抓壮丁，孤苦的幼儿被锁在寒冷的破屋里濒临死亡，幸亏父亲赶回，"牙齿咬得嘣嘣直响，他大吼一声，一脚把门踢开了！那一声房颤屋抖，那一声惊天动地，那一声地动山摇呀"！王永红动情的描写让人每读到此，就似乎见到那位刚直勇敢、悲情难诉的父亲站立眼前。父亲以鄂西汉子的吃苦耐劳、坚忍不拔，蹚过了之后一道又一道人生的险境，每一次遭遇又都显示出身后宏大而又复杂的时代背景。

王永红以他多年来的山区生活体验，以及对人生的观察揣摩，对山区人物的描写信手拈来，却是入木三分，栩栩如生。无论是主人公父亲曾明俊，还是幼子奎生，生母及后妈，家族里的长者、亲戚，山村的各色人等，都无一不活灵活现，呼之欲出。同时，他在对人物性格的塑造中传递着山地民族的道德观、价值观，透视出古老中华不断延续的优秀传统美德，彰显出一种具有风骨的民族精神，它来自平民百姓，但正如万山丛中草木葳蕤生生不息，显示出无穷的生命力。

书中的父亲身为长子，一生富有担当，有情有义，知恩图报。当从苦难中迎来春天之后，父亲专门请人写了一副对联，郑重地贴在大门两旁："吃水不忘挖井人，翻身不忘毛主席。"他告诫儿女，新旧社会两重天，过去兵荒马乱，东藏西躲，想家而哪有家？解放后分了田地，有了温饱，没人抓兵拉夫，才有了安定，有了这一家数口。苦水中泡大的人，要珍惜生活，善待他人。父亲爱妻儿，爱乡邻，遇事先替别人考虑。丧妻之后再娶，他首先想到的是新人会不会永久心疼前妻留下的儿子，这一条做不到的话，他宁可打一辈子光棍！母亲临产前，父亲深感"儿奔生娘奔死，只隔阎王一张纸"，担忧甚至敬仰，百般呵护，自己承担下家里所有大小事情，每顿只草草扒几口饭。陌生的路人在风雪交加之时冻饿于门前，父亲携全家舍下口粮救人于生死之间，被救的山里人与之成为兄弟。父亲的善良仗义得到的最大回报，就是他的妻儿和乡邻也以同样的善良对待他人。

王永红浓墨重彩地写到父亲一辈子吃苦受累，对儿女的成长倾注了全部心血。父亲崇尚文化，尊敬读书人，当二儿子考上了北京的大学，成为深山沟里第一个大学生时，他欣喜若狂。为了给进京的儿子弄来学费，父亲四处贷款借钱碰壁，急火攻心，白发生，但绝不放弃。他最后想到附近电站要在杜鹃山半腰兴建一座蓄水池，需要大量的河沙，就去给电站背沙挣钱。已快六十岁的父亲，从河边到杜鹃山腰，每天都要背三四十趟。太阳升起又落下，下雨戴上斗笠，披上薄膜照样背，汗水、雨水顺着脸往下淌，父亲的衣裳没有干过。就这样背呀背，父亲

整整背了七七四十九天，上山下山往返将近三千趟，背的沙子
耸立起了一座山峰。父亲就是愚公。他用血汗为儿子挣得了学
费，让儿子顺利走进了大学校门。这是父亲的希望，也承载着
山里人祖祖辈辈的梦想，用知识改变命运，摆脱贫困，多少山
里娃脚穿草鞋而心怀远大理想，正是这样一步步走出深山，走
向广阔的世界，成为国家有用之才。而在他们身后，默默站立
着一个个勤劳俭朴的父亲，总以他们热切的目光注视着儿女们
远去的背影。

王永红的笔端洇染着浓浓的鄂西风情和民间气息。五峰民
风古朴，山寨里流传着无数民间故事、歌谣和谚语，充满机趣
与智慧。千百年来，竹枝词、南曲、吹锣鼓、满堂音，还有堂
戏、柳子戏、傩戏、皮影戏在武陵山区一带活跃传唱，潜移默
化地影响着山里人。当地有位农民故事家刘德培还曾被授予中
国民间文艺首届"山花奖"终身成就奖，位居联合国教科文组
织命名的"中国十大民间故事家"之首。王永红也自幼深受民
间文化的熏染，他的小说语言朴实生动，饱含那一方水土的原
汁原味，活色生香，经由他的描绘，读者如临其境，会感受到
鄂西一带奇峭湍急的山水，温良厚道的民风民俗，感受半个世
纪以来山区人民迈向现代化的迅捷步伐。

王永红曾在当地县文化馆从事刊物编辑数十年，作为一个
群众文化工作者，足迹踏遍了五峰崇山峻岭间的每一个村寨，
接触过成千上万的农民，他与他们是朋友，也是亲人。父老乡
亲的生活牵动着他的情怀，也不断引发其创作灵感，他曾创作
发表过几十部中短篇小说及诗歌散文，有着丰富的山村写作经
历。多年前，我与永红先生于《长江文艺》笔会上相识，这次
重逢后去他家，却是在一条潺潺流动的小溪边，那楼舍之间充

盈着书香，是一处令人向往的农家书屋。他不仅阅读收藏了几万册图书，还珍藏了所有亲人、朋友的来信。在他的书桌上，我就惊讶地见到三十年前《长江文艺》的几位老编辑写给他的亲笔书信，他将所有的信件文稿全部装订整齐，保存得完好如初。其严谨执着由此可见一斑。

创作长篇小说《父爱》，是王永红多年的初衷，父亲的形象正如他当年在此书初次出版时的后记中所言："小说中的'父亲'就是我的父亲和与我有过交往的那成千上万的顶天立地的农家男子汉。"春去秋来几十载，他渐行渐悟，笃定恒心，满腔真情，在写作中常常不由泪流不止。习近平总书记曾在文艺工作座谈会上的讲话中指出："人民不是抽象的符号，而是一个一个具体的人，有血有肉，有情感，有爱恨，有梦想，也有内心的冲突和挣扎。"王永红潜心为劳动者立传，刻画出这样一位有血有肉、有筋骨、有道德、有温度的父亲，一群与青山相伴，与绿水相依，自强不息、扶正扬善的山里人。他们是大地之子，也是那雄伟的山脉，巍然的峻岭之魂。

青山不老，大爱无边！

尊严是我们的生命之盐

今年"21世纪文学之星"丛书评定之后，中华文学基金会的秘书长李小慧打来电话，约我给寒郁的小说集《孤步岩的黄昏》写序，一想早就读过他的作品。那年在东莞参加一个作家笔会，主办方给我一些当地作家尚未发表的作品，让我交流时做些点评，其中一篇正是寒郁的小说《我们都很孤独》。他写的是一对在都市打拼的年轻人的爱情，一些细节和语言让人印象深刻，女子在两人分手之后再次来到男友的住处，他们争吵戏谑，亦真亦假，透着酸痛悲凉，以及怎么也磨不开的怜惜与温情。我被这篇小说打动，还提了一些小小的修改意见。

事实上，寒郁对于都市边缘人的书写已经有很多篇章，选入这部小说集的《他乡夜雨》《朝低空飞翔》《试探你的温柔》《最后的夜舞》等，都可谓这一类的佳作。除此之外，他的写作对象还有他最为熟悉的乡村，从《明月怆》《草木爱情》《树上的女孩》《授粉的女人》等作品里，读者可以进一步看到，寒郁的笔触以一脉深情聚焦于现实乡村和城市的平凡人生；他笔下出现的主人公大都是农户、小商贩、小职员、建筑工、保安等这些最为普通的百姓，他们如一根根没有声息的小草，一颗颗散落在大地上毫不起眼的小石子，然而，正是这些平凡的人群氤氲蕴蓄而构成了人间烟火，他们耕作繁衍，爱恨交织，生离死别，他们的故事朴素演绎但又悲壮莫名。

　　寒郁 1988 年出生于豫东永城，那里有一座芒砀山，因汉高祖刘邦斩蛇起义而闻名天下，中国第一位农民起义领袖陈胜亦埋葬于此，还有孔子讲学途经此地避雨留下的夫子崖，说起来当属历史文化厚重之地，但多年来又处于苏鲁豫皖几省交界的贫困地区。那是一种世世代代绑在土地上苦黄的贫穷，对于寒郁来说，贫穷就好像一根刺时刻扎在身上。虽然贫穷可以限制对奢侈物质的想象力，但并不能限制对于大地和人性的思考，寒郁很早就开始写诗，18 岁那年，他把一首诗献给了祖母："棉——/ 你的名字暖且微咸 / 喊一声　眼里的盐 / 便淹没了整个平原。"我不知道年少的寒郁是如何写成这样的诗句的，如今读来仍然能立刻感到那种暖且咸的味道扑面而来，他以他的情怀淹没了人的思绪。

　　读书稍长，寒郁带着贫穷给他的屈辱和文学的梦想逃离了家乡，他难以面对似乎望不到头的荒凉贫瘠，此后他行走着，从中原到南方，辗转流荡，武汉、厦门、苏州、运城……他做过保安、配货员、搬运工、建筑工、厨役，经受各种笨重的苦力，见识愚蠢和粗鄙，与人争斗打架或被打。在这些经历中，他奇妙而又痛楚地感受着红尘深浅和人心冷暖，那些跟他一样怀揣梦想、不甘平庸来到南方都市的外乡人，是如何以青春的激情扑向城市生活在人海中沉浮游移的。现实中往往不仅没有浪漫，反倒是一路坎坷和羁绊，城市森林里的确有鲜花怒放，但也荆棘丛生。人们在一个个高节奏的城市里忙于生计、行色匆匆，被生活以它强大的惯性所裹挟，在此起彼伏的喧响中，在霓虹闪烁的灯光下，一边是繁华热闹，一边是内心无边的荒凉，人性的花朵经受着冰与火的多重考验。寒郁将这些故事付诸笔端。

他的小说富有张力和弹性，常常将人物心理推向极致又戛然而止，让读者意识到人性的善恶在生活的压榨之下，是如何步步惊心地倾斜于悬崖的边缘。《雪夜》中失意的打工者是一位心疼女儿的父亲，他在遭遇妻子的背叛和牢狱之灾后一无所有，但他从女儿看着小提琴演奏的双眸里，看到柴米油盐的生活之外还有另一个辽阔和美的世界，那里山涧清泉自琴弦间流淌，水面上花瓣流转一片芬芳。他豁出命来准备持刀抢劫给女儿买一把琴，然而冬雪中那个身子单薄的女人对自己命悬一线毫无察觉，相反将这男人领进了自己温暖的小屋，以她的善良一点点化开了男人的恶念。《他乡夜雨》中，卑微压抑的保安用自己微不足道的力量给更加卑微的风尘女子撑起一把遮风挡雨的伞，他们因自己的孤独伤痛而彼此懂得，韧性、小心、勤恳地活着。"在黑暗中，他终于无限热烈地拥抱她，并且寂静地流下辣辣的眼泪，不知不觉地难以自禁。而雨声如蚕，沙沙地咬噬着耳膜，静静的，在人间这样水淹的夜晚，仿佛两叶无人关照的小小的船，摇摇晃晃，他们仍然执手相互依偎着，温暖着，倾听雨打红尘溅落的声音和颜色。"

很明显，寒郁的小说常常呈现出一种暖色调，具有善意的、明亮温厚的色调，他知道冷雨飞飞中暖和美有多么珍贵，他希望借助文学的温暖来慰藉自己，也慰藉他人。而且，在经历了早年的颠沛流离和谋求生存的挣扎之后，他懂得了善解人意，血脉里激荡的风声渐复平息，用沉静的心来面对复杂艰辛的生活，以一腔悲悯书写世道人心，对笔下的人物多了一种格外的体贴。即便是描写悲剧人生，也由表及里，以对人性的深切关照催人警醒。在《朝低空飞翔》里，男主人公颓唐不振，无力改变环境，迫使相爱多年的情人走上绝路，那一瞬间"烟灰积攒了很长一截。忽然空气震颤着，回旋着一种撞裂般花朵绽放的回声，似乎是从楼下一直传过来的，他手里的烟灰受到了惊吓，一纵身粉身碎骨地落在地上，在黑暗中发出轰隆隆的寂静声响"，真是惊心动魄。

寒郁说他以柔韧的心去感受命运的恩威并施，从逃离家乡到回归乡村，他的心灵走过了曲折的路。小时候他常去放羊，倚靠在某个年代久远的坟包前，嚼着茅草根呆呆地看云。那些依次排开的坟冢，就如一个个倒扣的饭碗，人们活着时端碗吃饭，死了碗扣过来，压在了他们身上。多年之后他从漂泊的远方赶回故乡，面对坟头跪下的那一刻突然意识到，不管自己逃得再远，也离不开冥冥中血脉的牵连，离不开土地深处的呼唤。他在心里与故乡握手言和，感激地发现乡村质朴的大美，陆续寻找到与传统文化的承接，让它们成为自己精神的归宿。

他以一种礼敬的姿态书写草木爱情，劳动的尊严，特别擅长对乡村人物心理刻画，如临其境地描写那些情窦初开的少年、长发半绾的少女，"猝不及防，他一下子被她惊住了，她是这样的美，这样的美啊。他张着嘴愣愣地望着她，她也痴痴地望着他，笑，又流出了大粒的眼泪，笑是真，泪也是真。他惊喜，她也是"（《草木爱情》）。让人体会到质朴的爱恋，本色的美妙。那对相守一生恩爱到白头的夫妻，就是两棵平原大地上的庄稼，他们一起生长，开花，孕育，经历冷热和风雨霜雪，繁衍子女，最后又一起老去，他们勤谨，待人诚心，受人敬重，是草木爱情，也是具有从容尊严的美好人生。《授粉的女人》写了一位失去丈夫的村妇乔秀，她本与丈夫掏心掏肺地相爱，可丈夫为了村民利益而不幸遭遇车祸，大恸之后的乔秀以她的坚韧赢得了村民们的尊重。《明月怆》更是以一位习武的乡村老者之口，道出代代相传的侠义精神。《石头和流云》里的张成旺，因情人被儿时好友诱惑离去而一心报复，不断磨刀来宣泄郁积的怨恨，同时却又一直照料着情敌的母亲和她的小酒店，最后甚至把制作槐花酒的工艺传给了对方，显示出民间的隐忍和宽容。

寒郁的小说在讲述故事时，多有诗意的表达，体现出人性的超越升华。"贴着枝干，她耳朵里面听见根须在黑暗的土壤里密密麻麻地生长，还有树身中小河流一样的从下到上源源不断的汁液叮当作响，仰起头，或者枕在合适的枝干上，隔着或密或疏的叶子，就看到云中藏着风的形状，看那些随季节变化生长的云朵，几乎永远是那么懒懒地在天空静缓缓地流淌，随风变化、聚合，而地上的人却总是那么忙。"（《树上的女孩》）"巧祯听他的声音出口如雪，是暖的雪，落下来，在巧祯心里在孩子心里却长出了花朵，他字字入心地说，尊严是我们的生命之盐，而诗歌是灵魂里的香甜……"（《孤步岩的黄昏》）那些诗化的语言恰到好处地道出了寒郁思考的结晶，表达了他这些年用脚步丈量过的乡土中国及城市变革中理应受到关注的平凡世界及其话语。

《孤步岩的黄昏》是一个不长的短篇，讲述了一个本可以在世俗社会中获得成功但放弃这一切的男人，来到深山小学任教，又继而发现世间最终并无"桃花源"可躲避。"孤步岩"这一山名在他的小说里不止一次别有深意地出现，"他们翻过了那座屏障山，再盘旋而上，就是孤步岩，顾名思义，也就是往上的路，极窄，仅容一只脚的意思。但到了岩上，锋面忽又阔大了起来。说起来，和人生倒有点相像"。用狭窄艰险的山路象征着人生的攀登，而当人们费尽功夫爬到山顶之后，会发现岩壁处有一棵月亮草，草叶上的露水可以让人的眼睛变得明亮。寒郁是想采集更多的露水，施给那些眼中布满尘埃的人，他在努力探究人的生命意义之所在，追问幸福到底意味着什么。

"天籁自鸣天趣足，好诗不过近人情。"清代文人张问陶的论诗绝句颇似寒郁的文学追求，他的小说是眼中有泪心中有火焰的书写，面对社会现实的庞杂变异，他不断攀登文学山崖，步步为营、元气充沛地不断写出人民大众的悲欢与尊严。

文章少写一句空

在令人注目的少数民族作家队伍中，湖南少一是突然冒出来的一个。之所以用"冒"，一是他出道晚，从前未曾听说；二是他来势好，气势汹涌。

少一是年近五十才开始写小说的，一般写作者到他这个年龄，至少也该有十几二十年的文学历练了，别说著作等身，爬格子起码也要爬出百十万字，可少一像一个文学课堂上的插班生彳亍而来。几年时间里，这位姗姗来迟的文学"新人"在全国各级公开发行的文学刊物上频频露脸，屡有新作亮相，量大而且质量不俗，给人的感觉确实"冒尖"。

未认识少一之前，先见到他的作品。2013年初，少一给我的私人邮箱发来一个短篇小说《假币》。当时我任《民族文学》杂志主编，发现作者和我一样也是土家族，而且他所在的湖南石门离我原来生活过的湖北恩施很近，浏览他的小说之后，发现他很会讲故事，且文笔老辣，技巧圆熟，有生活气息，不像一个初出茅庐的作者。当时正赶上我们杂志社在京举办多民族作家改稿班，特地把少一也请来参加，作品与人这才对号入座。

改稿班上，通过和少一交流，方知那些厚重的生活阅历对他的文学给力不小。他是20世纪60年代生人，因家庭出身不好，前途多有延宕，高中毕业后当过农民、民办教师、乡广播员和个体户，印象最深的是他说过曾经在圩场上杀猪卖肉、开过餐馆旅店、收过废品，还贩卖过农副产品，似乎只要来钱的活儿他都尝试过。生活中的少一是个吃得起苦的土家汉子。他的老家在湘鄂交界的武陵山脉深处，兄妹四人他为长兄，贫寒家境将土家人撑门立户的重担搁在了他肩上，为了修房子，他自己造瓦泥烧火砖，最多一天能扳八百口砖坯，这几乎达到一个职业瓦匠的水平。为了杀一头重八百多斤而且咬人的猪，他和同伴骑着自行车在湖北大山里与其周旋了三天两夜。为了不耽误自学考试，他冒着瓢泼大雨，大半个通宵独自步行三十多公里山路赶开往县城的班车……

然而，如果仅仅只是这些吃苦耐劳，少一不会是今天的少一。他在为生计奔波的同时，一直坚持在做另外两件看似与生活风马牛不相及的事情，一是新闻写作，二是参加全国高等教育自学考试。写新闻，完全出于爱好，他在高一年级就参加过全市作文竞赛，并拿到第二名，生活中的所见所闻时常灵感来袭，激起他的写作冲动，一篇篇鲜活的新闻故事带着泥土香味飞越关山，最后被印成铅字见诸报端，满足了一个年轻人无可厚非的荣誉感，他被称作"土记者"。

少一说，那时候他所在的乡村还没通电，更遑论打字复印。他和妻子在圩场上租门面做小本生意，每天晚上他就点着煤油灯，在租的一间地下室里伏案写作，一篇五百至八百字的新闻故事写一稿誊三稿，分别寄给省、市、县三家媒体，干下来多半都到半夜。有一次，他写完稿子趴在桌面上睡着了，一条菜花蛇从窗口爬进来光顾了他的房间，长蛇绕膝，发出冷飕飕的声响，少一从假寐中惊醒，眼见菜花蛇"巡视"一番后逶迤而去，不由想起《聊斋》故事。

因为家境不好，少一没钱复读考大学，他便立志读一所"没有围墙的大学"，报名参加了湖南师大汉语言文学专业的自学考试。一名农村青年的自考之路十分艰辛，他的自学考试坚持了整整八年之久，同乡一起报考的人全都半途而废，只有他始终不渝地坚持跑到了终点。"土记者"的名号加上含金量颇高的自考文凭让他从众多竞争者中脱颖而出，最终走进警营，在公安宣传的阵地上，笔杆当成枪杆，一干就是二十多年，笔头子功底也练了出来。

少一的经历让我想起人们常说的一句话：机遇总是为那些有准备的人预留着。少一的作品能从深山密林的土家寨子里走进文学的百花园，并吐出一缕馨香，并非偶然，他是做够了准备的。"宝剑锋从磨砺出，梅花香自苦寒来"，机会终于降临在他头上。

2011 年国庆长假期间，他把自己幽闭在办公室里，偷偷摸摸写起了小说。故事是现成的，可小说应该怎么写完全一抹黑，他的写作只能率性而为。没有熟悉的刊物和编辑，在一连写下三个中篇后，他便专往名刊大刊的公共邮箱里塞，然后再也不管不问，打算听天由命。几个月后的某一天，有北京的陌生电话忽然打进他的手机，太多的骗局和骚扰已经让人变得多疑，出于职业敏感，少一很不客气地掐掉了来电。没多久又有北京区号的座机电话打进来，再三之后，他不得不接了电话，却没想到竟然是《当代》杂志副主编周昌义打来的。《当代》决定留用他的处女作中篇小说《凌晨脱逃》，需要他做几处必要的修改，周主编已经通过邮箱三番五次催问这事，却一直不见回应，不得已才打电话过问。少一惊讶万分，连称"得罪"，但像周昌义这种一向以扶掖文学新人为己任，只认作品不认人的资深老编辑丝毫没有在意少一的怠慢。后来，《凌晨脱逃》在 2013 年《当代》第 2 期发表，标题和作者名还上了封面，接踵而至的是《中篇小说选刊》等全国多家杂志转载。

他同时发给《民族文学》邮箱的短篇小说《假币》也受到重视，改稿班以后，我们杂志看好这位土家族作者的潜力，决定重点推他一把，安排给他做了一期"特别推荐"，将他的《假币》和《家贼》两个短篇同时发表在 2013 年第 12 期头条，责任编辑陈集益的稿签写道："两篇小说均截取平凡的生活片段，却比较真实地展示了机关小公务员的生存状况和精神面貌，将'小人物'微妙的心理动机描绘得淋漓尽致，凡俗人生、官场心态、人情冷暖……跃然纸上。从中可以看出作者善于从日常生活中发掘具有典型意义的人和事，通过紧凑的情节在尺幅之间把人物的复杂状态描绘出来，深得批判现实主义文学传统和短篇小说创作的要领。"

在封底的少一照片下做了这样的推荐："2013 年《民族文学》多民族作家改稿班上，少一是年龄最长的学员。然而在文学之路上，他却是一名正待厚积薄发的'新人'。本期发表的两个短篇，可谓是他'出手不凡'的答卷。其严谨的创作态度，深厚的生活阅历，从事公安宣传工作二十年的文字训练，透过生活表层揭示事物本质的现实批判意识，还有作品里逐渐形成的开门见山却又引人入胜的创作笔法，略含讥刺、辣而不俗的语言风格，让我们对这位'新人'充满了期待。"

就这样，少一大步走在文学之路上。他钟爱文学，文学似乎也格外垂爱他。他的散文《辞路》获得了中国少数民族作家学会和民族文学杂志社联合举办的"我的中国梦"主题征文奖，后来该文又获得中宣部文艺局、人民网、新华网、光明网联袂举办的征文奖；他的处女作中篇小说《凌晨脱逃》被收入《全国公安文学精品选》，并获得"第十二届金盾文学奖"和湖南常德市第二届"原创文艺作品奖"；在首届"红太阳杯"短篇小说大赛中，他以《贵人远行》获得第二名。少一似乎成了文学殿堂内的幸运者，可在幸运的背后，他到底付出了多少勤奋和努力，同道中人不难想象。

在与少一的交往中，少一用湖南石门的话说我，"当面做恶人，背后当好人"。他指的是一次我去常德，跟一班文学青年在一起，对少一小说的不足之处提出了批评，而且比较尖锐，他坐在台下红了脸。但在他没有出现的场合，我则常常夸奖他，好几次在鲁院讲课也拿他说事，那些话全都通过手机传到少一那里了。他给我发信息说："叶老师，谁说好事不出门坏话传千里啊？"看来，人都是爱听表扬的，对少一的作品归纳起来有几个明显特点：首先，他的作品很注重故事性。一个凡俗的故事在他笔下娓娓道来，摇曳多姿，风趣饱满，余味无穷，从故事中能窥探出生活的底蕴和作者的心思。其次，他的作品接地气，所反映的社会生活就发生在我们身边，不着任何编造痕迹，读者很容易把自己摆进去，与作品中的人物融为一体。此外，小说语言干净，不拖泥带水，有明显的地方语言特色。

"板凳要坐十年冷，文章不写半句空。"历史学家范文澜先生的这句话可借用来说少一的文学创作，恰有切合之处。

老辈土家人说，"三十不学艺，四十不拜师"，一个经历丰富年近五十的人转而改写小说，坐冷板凳的功夫算是修炼有时了。正是因为这样的修炼，少一的作品和他的为人一样，厚道诚实，不虚不飘，读着有沉手之感。但对于少一来说，如何提高作品的思想深度及艺术品位，掌握运用更多的文学技巧，还有很大的提升空间。

红梅花开

　　关于云南昭通，我写过一篇散文，记不清去过几次了，难忘的是，除了在散文中写到的地理风光，还有一些有趣的朋友。

　　有一次，我去参加当地文联的一个笔会，开会的地方漂亮幽静，在层层绿树以及火红的三角梅、芍药怒放的鲜花丛中，一幢幢白色小楼依山而建。开会中途我走出来，见一楼还有个画展，正在好奇，一位高个子的年轻女子过来打招呼。她穿着过膝的裙子，带着蕾丝边，圆圆的脸，长得喜庆，自我介绍说叫饶红梅，是昭通巧家县文联的，随后又说在初中念书时读过我的小说《花树花树》。一个写作者最大的愉悦莫过于有读者能对其作品感兴趣，况且她说的这部小说发表在20世纪90年代初的《人民文学》，迄今已经二十多年了，亏得这位当年的初中女孩还记得。我说谢谢你。画室的案上铺着笔墨纸砚，我就着画了一枝梅赠给她，这位叫红梅的女子。

　　她很高兴，乘兴要带我去看山后的一棵梅树，说那树都好几百年了，每逢腊月或第二年的正月都会开花，远远地就能看见，满山都飘着香气。我们边走边聊，她说到自己的工作和家庭，说到业余时间的写作。最后我们互加了微信。

这几年兴起的微信，以想象不到的速度普及，老远地方的人犹如在身边，随时都能对话。有一天，饶红梅发来她女儿写的一篇文章。我读了那孩子的文字，却有些意外。她写道，妈妈扔掉了一双袜子，孩子却不舍，说那双袜子本是一对朝夕相处的姐妹，可主人却把她们扔到了黑洞洞的臭味难闻的垃圾箱里，害得姐妹失散。最后是一只小老鼠同情她们，帮妹妹在破纸盒里找到了姐姐，又有个好心人将她们拾起来，洗净她们身上的污垢，缝补好了破洞，从此这对姐妹又高高兴兴地生活在一起了。

我看了很惊讶，孩子写出了一个充满爱心的童话，富有想象力，比起有些成年作家的生编硬造要新鲜自然得多，我对红梅说，你的女儿有天赋，很难得，建议她好好珍惜。红梅回信说女儿从小身体不太好，给了她比较多的自由，爱读课外书，兴趣广泛。不久，这孩子又以牙刷为主写了一篇小童话，也是很有趣的。

昭通这地方出文人，有着深厚的文脉，有人统计了一下目前活跃的云南作家，说至少有三分之一出自昭通，"昭通作家群"已经成为一个定义，指的是从这里走出去的雷平阳、李骞、胡性能、潘灵等一大批著名作家，还有坚守在当地的夏天敏、吕翼等人。他们从小或许就像这孩子一样，得昭通天地之灵气，与文学有着天然的亲昵，形成了一片葳蕤茂盛的文学气场。

今年夏天，红梅来信说，出版社将要为她出一本作品集，收集了她这些年所创作的小说、散文、童话等，想让我给她写序，还将她的成长经历写成文字发给了我，让我知道了她的许多故事。

　　说起饶红梅的家乡，是在巧家县一个偏远的小村庄。巧家古称堂琅，远在先秦古蜀国时期即在巧家堂狼山设立了堂琅县，产生以铜矿采冶文化为核心的堂琅文化。据有关专家考证，巧家堂狼山的古代先民开采的铜矿料运往成都，参与铸造了三星堆青铜文明。商王武丁妻妇好墓里的青铜器、剑川海门口青铜器、古滇国青铜文明的青铜矿料均来自古代僰人，僰人为"犍为蛮夷"，即今昭通一带。昭通铜矿富集，开发最早的即巧家堂狼山，可以说是中国青铜之路的源头。

　　巧家一带山清水秀，民风淳朴，为多民族杂居之地，人们世世代代按照祖先传下的习惯劳动和生活，每个孩子从懂事起，就学着种地砍柴、挑水放牧。村里几十户人家相互依靠，劳动时爱摆"龙门阵"，天上神仙地下妖魔，孩子们听也听不够。村子里居住着回族、彝族、苗族、布依族、汉族，都有自己独特的生活方式和风俗习惯，苗族阿姐用针线纳绣刀耕火种和迁徙，彝族大爷用歌声讲述打猎和种地……每到村里有人婚丧嫁娶或回族开斋节，苗族花山节，彝族火把节，不分民族都相互参加，彼此祝福。村子里建有一座清真寺，一个教堂，还有佛教、道教的寺庙，多元而和谐。这些都深深影响着饶红梅，她的文学启蒙，是从她故乡山水和各族乡亲那里得到的。

　　小时候她特别渴望阅读课外书，但是身边只有单一的课本，偶尔发现同学的几本连环画，她就想尽办法借过来。有一次去帮语文老师倒垃圾，捡到一本破烂的《格林童话》，她如获至宝，从此就自告奋勇每天都去帮老师倒垃圾。老师夸她是个勤快的好学生，却不知道她一门心思是想从垃圾里找到书。后来实在没有新书读，她就开始给自己写故事，小蚂蚁搬粮食，小狗打架，鱼儿咬尾巴，树叶儿的狂欢，土地、太阳和云彩的变化。去年她回老家帮助妈妈收拾屋子，在一张纸剪成的鞋样子上，看到了自己儿时写的故事，虽然错别字连篇，语句不通，好些都是用拼音和图画代替的，但有趣极了。

后来她考上了师范，学校图书馆的书籍让她惊喜万分，三年师范全泡在了图书馆里。毕业后一时找不到工作，她四处漂泊，吃了很多苦头，她用文字来释放心里的灰暗和压抑。后来考了教师资格证，在家乡的一所小学教书，从童年时养成的读书写作的习惯，更是成为她不可缺少的一种生活方式。多年来，许多人和事在她的生活里走进走出，不少曾经狂热痴迷的东西被渐渐遗忘，只有读书和写作一直陪伴着她。

饶红梅说，她已经创作了三部长篇小说，多部中短篇小说，一百多篇散文，还有一些评论。这是一个相当丰富的数量，她的作品有的发表在省内外一些报纸杂志上，有的发表在起点中文网、"红袖添香"等网络媒体上，还有的文字则一直藏在电脑的文件夹里。她会每天写一个小小的童话给女儿看，每次收费一元钱，女儿读得开心时，除了付一元钱，还另外附加五毛钱的小费。收到小费的童话，她会珍藏起来；被要求退还钱的童话，她就重新修改，直到女儿满意为止。

饶红梅的作品集《在药山嫁你是一生最大的收获》即将出版，人们可以从中感受雄浑巍峨的大药山脚下、汹涌澎湃的金沙江畔，巧家秀美的山水、肥沃的土地，丰富的物产、风味独特的小吃；走进大药山下的乡村和城镇，人们可以看到那里的年轻女教师、修鞋为生的残疾人、卖酸菜的小媳妇……回忆当年巧家儿女不畏强敌和艰险，帮助红军巧渡金沙江的历史故事，还有鲁甸"8·3"地震发生后，人们相互救助的故事。她的作品集兼具散文、童话以及一些短小的杂文，看似有些零碎，但那都是她平素的用心，"婚姻应是爱情的归宿，爱情应是婚姻的生命"，"相对于茫茫的宇宙和浩瀚的星空，人生的开端如短暂的来临，结局似永恒的回归，所以人生最重要的不是结果，而是过程"。简洁明了，富有哲学意味。

饶红梅说，小时候她家院子门前，不知是谁丢弃了两个破瓦罐，她曾往其中一个瓦罐里放进一颗樱桃种子，后来竟然长出了一棵樱桃树，并结出了果子，而另一个瓦罐却不知所终。她悟道，只要播下一颗种子，它就会生根发芽。在她的心灵深处早已播下的文学种子，长成了《在药山嫁你是一生最大的收获》，这是她正式出版的第一本文学作品集，透着稚嫩，篇章显然也有些参差不齐，但已是红梅花开。

守望沙漠

　　几年前，我在鄂尔多斯与内蒙古文联、作协的朋友们筹备"朵日纳"文学奖的时候，就听肖亦农说过，他正要创作一部反映毛乌素沙漠巨大变化的长篇报告文学。那天，他兴致勃勃地告诉大家，他要走遍毛乌素沙漠的山山水水，寻找远去的大沙漠。你们知道吗，过去的毛乌素沙漠在鄂尔多斯高原没有了，真的没有了……

　　肖亦农说到这儿时，声音有些哽咽，他有意地把头仰起老高。我看得出，他是想强忍住溢在眼眶中微微晃动的泪珠……

　　我想，老肖这次是动了真情。他曾说，不动真情，决不开笔，决不干折磨自己折磨读者的事情。他还说，中国人现在的生活状态，已经远远超出了作家对生活的认知和想象。虚浮的生活和写作，已经被光怪陆离的大浪淘涮到了边缘，曾经引领时代潮流的当代文学一度遭遇到了灭顶之灾。而在这期间，我曾读到过肖亦农创作的《人间神话——鄂尔多斯》《涅瓦河上》《第五十位是民工》等文学作品，能感到他有意接地气反映现实生活的热情。

肖亦农早年的《金色的弯弓》系列中篇小说可称之为知青文学的代表性作品，从他的作品中可以感觉出鄂尔多斯高原无垠的沙漠与这个男人纠结了几十年，他的青春汗水全部倾注在这浩浩无垠的大沙漠中，守望沙漠就像守望他的生命一样。而当肖亦农渐近花甲之时，他守望了四十余年的沙漠却在消遁，这在他的心里掀起极大的波澜和创作冲动。鄂尔多斯人的生态实践和生态恢复，引得他热泪滚滚，他对鄂尔多斯不但有着深厚的情感，更有着一个作家对他相守了四十年的土地的殷切期望和绿色担当。

前些年，肖亦农一头扎进了过去的沙漠，开始了他的毛乌素绿色传奇之旅。后来听说他在采风途中大病了一场，他在电话那头说："没事，就是过年过多了，身上的部件有些生锈了，早年在黄河湾里落下的老寒腿不断提醒我他老人家的存在……"大家劝他要注意休息，他呵呵地笑着，开口便讲毛乌素，他说现在的毛乌素沙漠可以说是变成了如诗如画的草原，这翻天覆地的变化就发生在这些年，他要写一篇大文章，让所有的人向鄂尔多斯人民致敬。

他拖着那条老寒腿，用了近三年的时间走遍了毛乌素的沙地、沙梁，以及无数种草植树的治沙现场，行程越万里。2011年的春天，内蒙古党委宣传部、文联作协为实施草原文学精品工程，为入选的作品聘请了北京的一些人士对其进行指导，肖亦农的《毛乌素绿色传奇》也在其中，我被内蒙古作协聘为这部作品的指导老师。这让我深感惭愧，但肖亦农很快就发来了他近两万字的创作大纲，一看都是硬打硬的干货，他采访的扎实艰辛全涌于笔端，但我觉得事件和人物太多，建议他抓住最能打动人的事件深入挖掘，充分发挥小说家的特长，写出与其他报告文学作品的不同之处来。这些年走马观花、蜻蜓点水、堆砌数字或玩弄技巧的写作甚多，基本上都是一些正确的废话，很难看到立意高远、宽厚扎实具有真情实感的报告文学写作。肖亦农近三年的深入采访给写作提供了坚实的基础，他多方听取意见并经过一番思考之后，抓住毛乌素一隅，并融入全球化的大背景，在行走中把人物事件串了起来。随后，他去毛乌素沙漠的无定河边，开始了艰苦的写作。秋高气爽的时节，一摞沉甸甸的稿子呈现在我们面前，刚看几页就被吸引住了，他那带着浓烈情感，带着温暖和希望的写作将人带入了毛乌素沙漠的往昔与今生，超出了对其以往作品的认知和想象。

肖亦农是一个富有思考的人，他认为在中国，工业化是不可抗拒的，人类自进入工业化时代以来，生产力得到长足发展，社会财富得到极大丰富，但同时如何在发展中达到与环境的和谐，也是全世界人民越来越关注的。鄂尔多斯和乌审旗人民的实践，在辽阔的中国西部地区具有前瞻性。

鄂尔多斯的工业化在人们众多的争议中前行，人们质疑的是环境，《毛乌素绿色传奇》给出了一个明确的答案。毛乌素沙漠的消失正是工业化时代的一个绿色传奇，鄂尔多斯人创造的"用百分之一的工业用地，换取百分之九十九的生态恢复"。肖亦农在他的作品中指出，让工业化思维进入生态领域，生态领域才会产生质的革命。有专家称《毛乌素绿色传奇》是一次振臂高呼式的写作，表达了作者对工业化进入生态领域的热情讴歌。这部著作让人看到的不仅是激情、文学，还有科学。肖亦农抓住了毛乌素沙漠的现代灵魂，同时还写到了毛乌素沙漠的历史文化，让读者触摸到了这片土地的根脉。

　　肖亦农用西部人打深井的方法对待作品，初稿完成之后，内蒙古文联、作协在毛乌素沙漠附近主持了小型的研讨会，到会的评论家、科学家，甚至治沙人针对他的初稿展开了批评讨论。肖亦农听取了这些意见之后，又闷头苦改了两个多月，才将稿子交付给出版社。带着墨香的《毛乌素绿色传奇》面世不久就得到文学界的好评，文字圆润、明丽、跳跃、灵动，散发着激情。

　　非常巧合的是，这部有关毛乌素沙漠奇迹的作品出版的同时，另一件与此相关的事件正在进行：中国的毛乌素治沙经验在联合国可持续发展大会上被郑重介绍，得到了世界的肯定。联合国防止荒漠化组织的官员认为，毛乌素沙漠的治理，是中国人民作出了"让世界向中国致敬的事情"，并提出将在世界范围内给予推广和借鉴。

　　这正是肖亦农创作《毛乌素绿色传奇》时的初衷和热切盼望的未来。这年年底，他用心血浇灌的这部作品获得了中宣部"五个一工程"奖，他对沙漠的守望也化作了传奇。

与一条河流有关

　　湘西多河，它们的美丽出现在沈从文的笔下，沅江、沱江、酉水，近水人家多在桃杏花里，春天时只需注意，凡有桃花处必有人家，凡有人家处必可沽酒。以至于他在清澈见底的河上荡漾而爱意绵绵，"我行过许多地方的桥，看过许多次数的云，喝过许多种类的酒，却只爱过一个正当最好年龄的人"。

　　人们从沈从文先生的笔下得知了湘西那些知名的河，如今我们又从一个湘西女子的描述中知道了一条小溪，一条叫蓝溪的小溪。蓝溪相对那些知名的河流，就像环绕大树而去的藤蔓，小巧但更加缠结多情，也有奇迹，自然的大胆处与精巧处，使人神往倾心。

　　自幼生长于湘西凤凰山下、蓝溪河畔的苗族女子张雪云，出生的年代正是改革开放初始的 1979 年。她顺利地毕业于湖南师范大学文学院，在沅陵县的一所中学从教多年，对读书写作的喜爱成为她最为钟情的选择，渐次在多家报刊上发表诗歌散文。迄今为止，她的作品多是从她的家乡蓝溪生发开来，土地深处的呼吸，湘西的脉动与温度，在平常事物与百姓生活之中有诸多深意。她以小见大，自然发声，描绘着有血有肉、阳光明媚又风雨交加的乡村地理，勾勒出湘西雾朦胧、湿漉漉的山水，以及那片土地上的魂魄。

她的散文集《蓝渡》入选"21世纪文学之星"丛书，其中的篇章均是她这些年的精心之作，正是试图以土地河流为经，以苍生万物为纬，织一幅湘西地域风情的画图，从中显示其独有的乡土精神和自我意识，表达她对乡村人物骨子里坚韧精神的敬重和承接、对湘西乡村独特风物的呵护、对乡村与城市在现代化进程中的碰撞融合及变迁的个人思考。

张雪云以一个灵秀女性的敏感细腻兼之清丽的笔触描绘湘西一地，"从蓝溪出发，溯游而下，相望千年的沅江、酉水两岸，如一幅水墨画卷，亦如一部典藏的古籍善本，徐徐展开，直扑人眼，不用泼墨点染，也不用刻意着色，左岸右水的原貌便成了画中的经典，氤氲出一片清澈的云水与禅心"。蓝溪很蓝，她的童年也很"蓝"，虽然后来的日子里走过许多的路，看过许多的风景，但仍然一遍遍梦回蓝溪那山清水秀、林木繁茂、鱼鲜笋嫩、想象在曲院荷风的葱绿烟霭中，咀嚼银波碧浪的涟漪。从乡愁中寻回祖先、父母传下的魂魄，在时光脚步中捕捉到蓝溪深处的生命喧响，她对乡愁的书写体现了当代人的情感诉求。

张雪云没有忽略湘西一带得天独厚的文化优势，进行了积极的艺术开掘，穿越时代隧道的屏障，领略到其中的哲学价值。蓝溪口面对的沅陵位居五溪山水交汇之所，荆南要冲雄峙之地，素有"湘西门户""南天锁钥"之称，所谓"天下积储在楚，楚之咽喉在辰，辰安则楚安，楚安则天下安"。战国时，楚置黔中郡，屈原曾经来此，面对沅水感叹"沅有芷兮澧有兰……观流水兮潺湲"；展救世安民之略的王阳明在此留下诗文；大唐而兴的龙兴寺的暮鼓晨钟依然在心中日日敲响。古城古寺，即使城墙不再，砖瓦难存，但凝望处蒹葭苍苍，让人获取某种庄严、宁静、喜乐和力量。她常见的水边情形也化作了心灵的一个渡口，泊在月光下，那月光自然已有千年万年，自然会引人深思：江畔何人初见月？江月何年初照人？人生代代无穷已，江月年年望相似。不知江月待何人，但见长江送流水。

灵性的山水，即是一本自古而来的大书，于沉默中散发出悠远的气息，给每一个端详的人以尊贵，以气度，以历久弥新的相思相知。

对人性的观照与体贴也在《蓝渡》的字里行间，体现了作者与普通人的密切联系，彼此相通的温情。他们挑担背篓从沅水河边走入读者的视野："早些年，我窗外的文昌码头处，是沅水流域一个重要的集散中心。周边十里八乡的农民将自己生产的桐油、菜油等农副产品从山里担来，驳船靠岸，到这里倒卖。那些挑油的汉子，穿着对襟布衫，包着白布头帕，脚穿自制的草鞋，从弯弯山道上挥汗如雨而来。妇女梳着耙耙髻，背着大背篓，弯腰蹒跚而来，里面装着板栗、花椒、木耳、黄豆、花生等各种山货。他们打着手势，嚼着土语，彼此交换着各自的生活所需与小小的欢乐。……他们起早贪黑、任劳任怨地在水边忙活着简单的日子，成为沅水流域独特的一景。"张雪云在多年从教的岁月里，关注的目光除了教室里的孩子们，就是这市井百态。卖菜的婶子、摆地摊的小贩，大清早聚集守候雇主光临的中年汉子，常在烟雨潇然、人车混杂之间，泥泞湿沥、霉味弥漫的街道，熙熙攘攘的芸芸众生，为生存奔波忙碌，或如蓬草，或如劲竹，却无论多么艰辛困苦，总能度过四季凉热，总有一份朴素的希冀与梦想。

她以蓝溪为人生之河，揣摸每个人心中都有一个自己的渡口，如自己的蓝渡。四季一如既往地变迁，流年似水无声无息，然而世间万物皆有自己渴求的境界，一条河有起伏变化的深浅，一朵花有自由开放的姿态，一棵树有别样的风骨，一个人的生命究竟应该赋予怎样的意义，要以怎样的跋涉，才能从自己的渡口抵达彼岸？

张雪云的文笔清婉朴实，恰如湘西山水幽深灵泛，时而若山静穆厚实，时而如水柔和细腻，且又酣畅淋漓，既能蹈大方，观大势，又能凝静气，清气氤氲。作者在书写中不乏对文体的探索，在虚实深浅或轻或重之间反复掂量，并作出了有益的尝试。她与河流对话，其中的问答汇成了这本散文集《蓝渡》。生活其实没有唯一的答案，所有一切都在不断地摆渡之中，她的文字和思考也因此偶见重复，但愿今后在重复之中更有新的拓展和发现，如此，或许她心中的河流将会更加澎湃，将会描画出更为深刻独到的风景。

月拢沙

钟二毛写小说，小说人物和故事几乎都来自一个叫月拢沙的地方。

这个好听的名字其实现实中并不存在，它只是童年钟二毛记忆中的情景：家门口有条河，河滩上有沙子，夏夜，会光着身子到河里洗澡，看月光照着河滩，极为纯洁、美丽。但月拢沙在生活中似乎又是存在的，读了钟二毛的小说，感觉到它就是曾经贫寒安静的乡村，也是当下荒芜动荡的田野，更是从那里奔向不同的城市，用各种方式谋求生存、寻找爱情，为种种无法倾诉的欲望而求索、而挣扎焦虑的人们无法释怀的家园。

地图上不存在的月拢沙，因此成为读者视野里中国南方的一个村庄。

钟二毛的小说，讲述了一个个月拢沙的故事，读者认识了书中的人物，也就认识了月拢沙，它们暗合了某一种同样的气质甚至带着月光的气息，忧郁而又明亮，传递着时代的脉动和人性深处的奥秘。他的中短篇小说集《回乡之旅》于2019年入选"少数民族文学之星"丛书，其中收录了其具有创作代表性的《回家种田》《死鬼的微笑》《无法描述的欲望》《爱，在永别之后》等篇什。从他的小说中显而易见的是，月拢沙与城市之间的盘桓，月拢沙人因为城市化的进展而纷纷改变命运；城市又因为月拢沙人的混杂而不断改变底色。

钟二毛以他的经历和感悟，写月拢沙人，也写自己。

因为他就来自月拢沙。他出生长大于湖南一个偏远山区的苗族家庭，十九岁考上北京的大学，从此离开故乡，很少回乡。在他大学毕业后南下深圳的工作经历里，他当过记者、职员等，少年时对文学的喜爱使他对文字驾轻就熟，也因为职业的关系与社会不同层面的生活有了比较深入的接触和了解。先是写诗，后来又写小说，他笔下的人物从乡村进入城市，继而扎根城市，但血脉仍然来自乡村，流动着的依旧是稻田、乡音和鞋上永远沾着泥土的亲人的气息。多年的生活积累使他出手不凡，虽然小说创作时间并不长，但其作品很快引起了较为广泛的关注。

曾经获得《民族文学》杂志年度奖的短篇小说《回家种田》是他早期小说创作的代表作，也是令他有了更多自信的作品。小说描写了一个最初并不情愿离开乡土而茫然进入城市的青年，心无归宿以至于"每晚的梦里都装满了大片大片的稻田。这个时候，稻田已经落败，未割尽的禾根，在雨水和冷风的侵蚀下，近乎朽掉，人一脚踩上去，它们化成泥水"。"请你别笑我。我真的是想留在月拢沙，种田，种稻谷。……我一闭上眼睛，就会想象一片田野蔓延着水稻的图景。夏天，禾苗出穗，风过处，青叶点头，还是瘪着的谷粒逐渐有了重量，禾秆由嫩黄变成淡黄。稻穗的味，清香。"进入城市的主人公最终选择了步法矫健地跑出城市，并且想就这样一直跑下去，跑回大瑶山，跑回月拢沙，告诉爷爷，告诉田野他回来啦。然而，回乡之后的命运仍然是不得不再一次远行，钟二毛的小说描写了许多这样进退两难的乡村人，他们是在城里开黑车的司机、带着孩子在工地上打工的父亲……在与种种难以预料的困境之中对抗或妥协，他们的性格或鲁莽或狡黠，有乡难回，结局不一，悲凉但仍带微笑。这样的故事，钟二毛自己形容为"蚂蚁的歌唱"，这是在中国城镇化进程中一代特殊农民的声音，抑或因为弱小，往往被忽略不计，或者又因时光的流逝，而被渐渐淡忘。钟二毛的小说则以难舍的牵挂真切记录，使得情景再现，让读者再一次得以深刻地咀嚼回味乡村与城市的关系，人与人的关系，以及人对命运的屈从或抗争，并反思在时代车轮滚滚向前的进程中容易被漠视冷落的人性的安放。

从中篇小说《无法描述的欲望》《爱，在永别之后》开始，钟二毛追随社会现实的变化，更为明显地关注到已经扎根大城市里的月拢沙人，如他自己一样，他们是当年从农村考上大学的农家子弟，毕业后求职成功，在大城市里安居乐业，有了房子、车子、孩子，他们的身份可能是公务员、电视台记者、高校老师或者商人，看上去已是体面光鲜的城市人，内心深处却潜藏着难以倾诉的欲望、沉沦或自我拯救，还有难以泯灭的理想与爱情。他笔下的月拢沙人，也就是一部分乡村农民已经成为城市的主人，在这个多元转型时代形成了新的社会群体，并由此也带来了更多深层次的矛盾和复杂的社会形态。

在刻画这些人物时，钟二毛的着力点并不仅仅在于如何讲好吸引人的故事，而更在着力表现人性的撕裂与煎熬，表现月拢沙人从最初进城到今天的成功或堕落，又如何在心灵歧途的泥泞之中进行艰苦的自我救赎。有评论家认为，钟二毛绘制的

"浮世"让读者看见他颇具反叛的沉思。这种反思不是浮在表面的沉思，也不是道德说教意义上的沉思，而是借用小说的艺术寻找到了"浮世"与"沉思"之间的秘密通道。

他对小说技艺的把握是灵巧、讲究的。在他的创作谈里曾谈到，每写一个短篇小说都要酝酿好久，一年、两年甚至更久，开头结尾、结构节奏、气息，也都要琢磨很久，一直到似乎是心领神会，方才进入写作状态。他的短篇小说一般都不超过一万字，有的只有四五千字，他希望写出迷人的小说，希望小说自由、内向、机巧、有难度。在他看来，短篇小说不需要任何技巧，但又无处不是技巧。他的语言幽默生动，具有充盈的活力。他力图写出生活中新的可能，同时追求新的表现形式和手段。近年来，他还专门学习了如何做电影导演，并将自己的一部小说改编成剧本，亲自导演成电影《死鬼的微笑》，获得第 60 届美国罗彻斯特国际电影节"小成本电影奖"等奖项。他由此的拓展，使文学表现有了更多想象和发挥的空间。

《回乡之旅》是月拢沙的故事，也是当下中国城市和乡村耐人寻味的故事；了解月拢沙，就在了解今日中国。钟二毛用他多年的努力让我们细致地领略了曾经月光下朦胧的沙滩，无边的田野，以及那条载动着人的命运的河，迂绕而行，曲折而又开阔。这是月拢沙人的前景，抑或也是钟二毛的前景。

周敏讲述的新疆少年故事

一

近日读到北京作家周敏创作的长篇小说《红柳花开》，这是一本由北京市文联、作协与新疆和田援疆指挥部携手支持的一本儿童文学著作，描写了北京和新疆两地的一批青少年在一次夏令营活动中交流来往的故事，体现了温馨的民族大爱和融合，书写了不同民族的青少年有趣的成长经历，全书洋溢着浓郁的北京味道以及新疆和田的民族风情。

这本书让我想起了王蒙先生获得茅盾文学奖的长篇小说《这边风景》，记得当年在评选过程中，评委们不约而同地谈到王蒙先生通过这本书的撰写，真诚体现了他在新疆一带丰富的生活积累，对新疆各族人民的深厚情感，民族之间的平等和融合，王蒙先生的视角和观念可谓具有示范性。在阅读到周敏的《红柳花开》之后，又一次欣喜地感受到民族团结进步的时代气息，民族之间交流融合的脉脉温情。

融合的体现来自作者对生活的投入、情感的投入，没有对生活一种深度的投入很难谈到真正的理解和融合。据了解，作者在创作这本书的前后，曾经多次去新疆深入生活、采访体验，并亲自带队与青少年们一起共度夏令营的活动。她在跟孩子们接触中，动情入心，无论是汉族还是维吾尔族、蒙古族，在作者的笔下都是我们珍爱的花朵，都是祖国期待的下一代。来自新疆的少数民族青少年在北京的日子里感受到首都的美好，既古老又现代的风貌；北京的青少年去新疆之后感受到祖国的辽阔与少数民族的文化，在少年纯真的目光里，这都是中华民族大家庭的爱，是伟大祖国带给他们的骄傲，不分彼此，不分你我，将相互的感情深深地融为一体。

作为一名儿童文学作家，周敏还曾创作出版过长篇小说《北京小孩》，表现了当下少年的校园和家庭生活，以及他们的心理成长，此书一经出版即获得好评。《红柳花开》一书沿袭了她对少年心理的悉心关照，恰如其分地开掘了少年在成长过程中的微妙变化，细致的情感体验。难能可贵的是，她并非以居高临下的成人视角来看待青少年，而是试图以一种临近、切入的亲切的姿态打量和书写他们的学习与生活。儿童文学的读本如果说能打动青少年读者，往往是关乎他们的心灵，贴近他们的情感，这只能是来自作者对青少年真切的观察和体贴入微的理解，而并非是自以为是的代言。

在《红柳花开》一书中有许多精彩的细节描写，既可看出不同的民族性格和民族心理，也能看出不同经历的孩子们在一个团队里的交际、碰撞，他们从陌生到相识相知，经历了许多可爱、可笑又可叹的场景，真实而令人感动，使得《红柳花开》

成为一本并不多见的反映不同民族少年共同成长的小说。

总之，《红柳花开》通过生动独特的故事，体现了民族大爱和民族融合，体现了当代青少年一代对民族和谐的精神追求，要像石榴籽一样紧紧抱在一起的共同愿望，是一本值得在新疆地区和其他少数民族地区推荐传播的儿童文学著作。

二

长篇小说《沙海小球王》是周敏又一部充满大爱的作品，在她长期对于宏大背景下一些具有独特意义的民族题材的把握中，始终倾心投入，再次以儿童文学作品的方式，讲述了一个首都北京与边疆人民共同构建民族团结进步，青少年一代在阳光雨露滋润下追求梦想的动人故事，表达了时代进步的主题。

周敏在多次深入新疆和田地区采访、体验生活期间，发现当地维吾尔族青少年喜爱足球运动，并由此产生的情感波折及成长历程，她将这些生动的生活素材加以提炼，进行文学的虚构和想象，塑造了穆凯黛斯这一勇敢顽强的女足运动员形象；同时，还塑造了一批围绕校园足球运动的教练、队员、亲人等相关人物，一个个性格丰满，并具有鲜明的民族气质。周敏在展示人物命运的同时开掘足球精神，彰显了边疆青少年顽强拼搏、不断进取、追求梦想、团结互助的生活现状与精神风貌。

受到全世界人民喜爱的足球运动具有丰富的精神内涵，大家所熟悉的国际赛场上一批批勇猛的球员，带给人们无数的狂欢和力量，而周敏的《沙海小球王》则使读者感受到，在我国新疆和田的大漠边缘，一群中学生在足球场上的努力拼搏，为足球这个意象增添了别有深意的新鲜内涵。维吾尔族女孩穆凯黛斯爱队友、爱学校、爱祖国，因为这一切都与她的足球梦想息息相关。

处于新疆维吾尔自治区最南端的和田地区，南抵昆仑山，北临塔克拉玛干大沙漠，气候干燥，日照强烈，是著名的玉石之乡、丝绸之乡、地毯之都和瓜果之乡，生活着维吾尔族、汉族、回族、哈萨克族、柯尔克孜族等多个民族。和田历史悠久，古称"于阗"，在《唐书·西域传》里已有记载，如今在境内尚存尼雅遗址、阿克斯皮力古城、买力克阿瓦提古城、喀拉墩古城等，风沙抹不去往日在这片土地上生活过的多民族印迹，时光更让人对当年民族之间你来我往、生生不息的景象遐想不已。和田及新疆其他一些地区的少数民族历史上就有着喜爱足球的传统，自唐代甚至更早些的年代，这一运动就曾在雪山脚下大漠之间的市集、村落里流行。周敏在书中也写到古时中国的足球运动"蹴鞠"，20世纪前后，维吾尔族的村民们还自发地组织起球队，与英国人在球场上比试并获胜。

小小足球传承了人们的多种情感，尤其以边疆的小球员们对祖国首都北京的向往和深情最为动人："穆凯黛丝一语不发，抱着足球，默默地跟在她俩身后。'我一定要去北京'这句话，是此时此刻萦绕在她脑海中的最强音。是呀，雄伟的长城、美丽的故宫、庄严的天安门广场、高高飘扬的五星红旗，还有北京同龄人那一张张可爱的笑脸……这一切的一切，都仿佛有一种强大的磁场，深深吸引着穆凯黛丝，内心深处萌发了某种与之呼应的情感。'我一定要到北京的球场去打比赛！'她把足球抱得更紧了，脚步也越来越坚定。可以说，从下定这个决心开始，穆凯黛丝对新学期有了新的展望——即使会遇到很多困难，她也不会放弃的，只要有希望，只要肯努力，就有遇到奇迹的可能。"这位维吾尔族少女的强烈心愿使她在足球场上成为胜利者，在成长的道路上也有了坚定的自信。

《沙海小球王》的创作来源于真实的现实生活，多年来，首都北京和祖国人民以各种方式支援着新疆各地，团结进步，繁荣发展，作者通过文学书写，真情再现了援疆过程中的许多感人细节，带着暖人的温度，犹如春风化雨，散发着凝魂聚气的亲和力。"在新赛季首场比赛的前两周，四中的新操场终于完工了，宽阔，平坦，人工草坪绿油油的，和美丽的蓝天呼应，让人无限喜爱。女足队员们能在这块新场地上进行训练，无疑会加速她们技战水平的提升。不仅如此，艾校长还告诉他另外一个好消息——训练器材的问题也解决了。"带来这一个个喜讯的，正是北京援疆和田指挥部的叔叔阿姨们。许多类似的情节，都是首都与边疆心心相印的写照，也可以从中得知，对祖国大家庭的爱，正像一朵朵鲜艳的花朵，开放在边疆青少年的心里。

作家周敏擅长青少年心理描写，在她以往的作品《北京小孩》《红柳花开》里，都曾着重刻画了青少年的心理成长，《沙海小球王》则更进一步体现了对少数民族地区的扶持，不仅是物质层面上的援助，更为重要的还有精神上、心理上、文化上的交流和理解沟通。周敏一次次深入民族地区生活，对当地不同民族青少年的生活及心理状态的体察，体现了一位北京作家的情怀。小说写得亲切好读，健康励志，是一份奉献给新疆及全国青少年读者的精神食粮。

飞向塞尔维亚的报春鸟

　　由作家王立新创作的长篇报告文学《多瑙河的春天——"一带一路"上的钢铁交响曲》近日出版，这是一部具有大视野、大情怀的报告文学，也是让无数人十分向往的"一带一路"上的新传奇。

　　作品讲述了地处华北的河钢集团在改革中求发展，积极践行"一带一路"倡议，飞越重洋，收购了塞尔维亚百年钢厂，短期内扭亏为盈，创造出共赢共享成果的经历，彰显了河钢塞尔维亚公司管理团队励精图治的时代精神风貌，书写了一曲中国与塞尔维亚人民凝聚深厚友谊、共创美好未来的动人乐章。

　　远在巴尔干半岛上的塞尔维亚被称作欧洲的十字路口，是连接欧洲和亚洲、中东和非洲的陆路必经之路，那里流淌着美丽的多瑙河与萨瓦河，有着起伏延伸的平原丘陵，有着独特的历史和文化，中塞友谊源远流长，由于历史上都曾饱经磨难，都曾奋起抵御外侮，相似的命运把相隔万里的两国人民紧密联系在一起，在漫长的岁月中建立起兄弟般的特殊情谊。随着"一带一路"建设不断延伸，中塞两国之间的务实合作与人文交流频繁进行，河钢集团对塞尔维亚钢铁企业——斯梅代雷沃钢厂的收购便是其中最为成功的样板。

从王立新的报告文学中，读者可以了解到塞尔维亚这家名为斯梅代雷沃老钢厂的前世今生。斯梅代雷沃钢厂成立于1913 年，曾经有过多年的辉煌，是南斯拉夫的支柱产业，之后也曾是塞尔维亚的骄傲，但在 2002 年 7 月，那个多瑙河最酷热的季节里，这家百年老厂却由于长期亏损而宣告破产，一下进入了难熬的冰冻期。一年以后，由美钢联收购，但好景不长，随着全球金融危机爆发，钢厂再一次连年亏损，美钢联不得不停工撤资，2012 年由塞尔维亚政府重新购回。此后，斯梅代雷沃钢厂一边在政府的扶持下勉强恢复生产，一边寻找新的投资伙伴。"旗杆般的烟囱冒着有气无力的烟雾，土路上进出的车辆十分稀少，听不到机械轰鸣的巨大喧嚣和声音的冲击。这座百年钢厂如同体力不支的耄耋老人，在进行濒临死亡的艰难喘息。"王立新书中的这些描写正是当年的情景。

2016 年 4 月，如同一只飞往塞尔维亚的报春鸟，中国河钢集团在中国政府的支持下，与塞尔维亚政府签订收购协议，正式接管这家几经倒闭的百年老厂。河钢塞钢执行董事宋嗣海和团队同事们怀着"做世界河钢"的梦想，也怀着"代表民族工业、担当国家使命"的荣誉和责任，踏进了斯梅代雷沃钢厂的大门。在与当时钢厂管理人员协商后，很快就于第二个月恢复了已停滞多年的第二座高炉的生产，粗钢产量从原来每月的六七万吨提高到 12.9 万吨，百年老钢厂开始重现生机。收购半年之后，即结束连续 7 年亏损的历史，2018 年企业产钢 178万吨，实现销售收入 10.5 亿美元，比上年提高 42%，成为塞尔维亚第一大出口企业，也成为当地人们经久不息的美谈。

中国企业团队为什么会在远隔重洋之外的异国他乡创造出奇迹，王立新在书中用大量有力的事实给出了答案。在几十年改革开放的浪潮中，河钢集团这一最初并不太被人关注的钢铁企业做出一连串的壮举，他们率先绘就高质量发展的新图景，抢占战略高点，加速步入高端循环，做新产业新业态的领先者，让河钢牌亮起来。与此同时，他们乘"一带一路"的春风，收购南非矿业，控股瑞士德高公司，产业经销遍布全球。在接收斯梅代雷沃钢厂之后，面对经营管理模式、文化和法律等差异，河钢塞钢管理团队全力打造"一带一路"建设样板工程，通过自身不断学习、创新和努力奋斗，凭借效益本地化、用工本地化、文化本地化的管理模式，推动中塞文化、管理思路、工作理念融合。他们在管理中处处体现人性化，与5000多名塞方员工全部签订劳动合同，消除了员工担心失业的顾虑，沿用了被收购之前已形成的较为完善的管理流程，并将中方的先进管理经验嵌入其中，实行奖惩制度，充分调动当地员工的主动性和能动性。在这个经验丰富、业务精湛、素质过硬的管理团队带领下，河钢塞钢重新绽放升级活力，成为塞尔维亚就业人数最多、员工队伍最为稳定的企业，成为拉动塞尔维亚国民经济增长的重要动力，也成为中国—中东欧国家国际产能合作和"一带一路"建设的标志性工程。

多瑙河边不时传来欢声笑语，人们将河钢塞钢令人振奋的变化赞为"这是一个关于塞尔维亚变革成功和进步的故事"。

王立新精心讲述了这一故事。作为一位长期深入钢铁战线采访并创作出一系列文学作品的作家，他紧跟时代步伐，怀着强烈的使命感，捕捉火热生活中的重大题材，将河钢塞钢的合作写得有声有色，生动展示了"一带一路"建设的背景下，中国企业加强自身改革、走出国门、积极开拓的足迹，印证了中国为世界带来机遇，世界为中国也带来机遇的良好愿景。事实证明，共建"一带一路"的互联互通项目，增进沿线各国人民的人文交流与文明互鉴，让各国人民相逢相知、互信互敬，共享和谐、安宁、富裕的生活，是所有善良人们的梦想和追求，同时也为文学创作带来了新的源泉。

春华秋实

　　伴随着新中国七十华诞的到来，《文艺报》也迎来了七十岁的生日，我没有亲历这份中国读者最为熟悉的文艺类报纸的创建，但目睹了自改革开放以来《文艺报》的传播，感受到它给读者带来的赏析和激励。因为工作的原因，我与《文艺报》"少数民族文艺专版"多有联系，常常感怀这块园地上的春华秋实。

　　2006年秋，记得最初拟创办"少数民族文学专版"时，时任《文艺报》总编室主任王山对我说道，新时期以来中国少数民族文学蓬勃发展，《文艺报》的社领导经过研究，准备加强少数民族文学版面，让他负责专版，他特意征求一下各方面的意见。我们坐在一个小饭店里，听完他的话十分高兴，这个专版显然是少数民族文学园地的又一拓展，刊登的散文、诗歌、评论等各类作品可更加贴近生活，短小精悍；可加强对精品力作的评介，对文学新秀和人口较少民族作品的推荐等。王山谦逊地点头称是，并约我为这个专刊写稿。没隔多久，第一期"少数民族文学专版"面世，以其多民族的文化信息、风格独特的面貌让读者耳目一新。

日后，我陆续应约写了一些小文章，专门为此开辟了一个《主编第一视野》专栏，后为《新视野》。我最初介绍了蒙古族、藏族、维吾尔族青年作家群等不同民族的文学群体，继而又接连介绍了多位少数民族作家及作品。少数民族聚居的地区历史悠久、变化巨大、色彩丰富，有着深厚的文学土壤，生活在那里的少数民族作家常以他们的作品见证民族的变迁，表达对自然的敬畏保护，对祖国的热爱以及对新时代美好生活的梦想追求，如同七彩之光斑斓多姿。

在《文艺报》专栏里，我先后介绍的作家中，有著名的蒙古族诗人阿尔泰和他的诗集《阿尔泰蒙古风》，围绕着祖国、民族、人民和草原，在充满激情的抒怀和深沉的哲理思考中唱出了时代的声音、民族的心声。有生活在苍茫的青藏高原上，内心充满敬畏的藏族作家次仁罗布，他的作品剖析族人隐秘的心灵，从多种不同的角度表现出藏族人民在时代的动荡中所受到的冲击和因此产生的变化，表达出作家包容的情怀，善良的呼唤。还介绍了精通母语和汉语的维吾尔族作家阿拉提·阿斯木，他的长篇小说《时间悄悄的嘴脸》，讲述了一个弃恶扬善、自我救赎的寓言式故事，充满维吾尔族文化的幽默、深邃、哲理和诗性。还有善于开掘生活、刻画人物的仡佬族女作家肖勤，从女乡长到县长，一直工作在第一线，同时用写作表达着对家乡土地和生活的真情，她的成功给更多的文学人以证实，生活才是创作的源泉。经历过汶川地震的羌族诗人羊子从撕心裂肺的生死边缘走过之后，重新审视那片古老的土地和民族，在他的组诗《汶川之歌》被《民族文学》特别推荐之后，又捧出了长诗《汶川羌》，仿佛"走过了至少七千万年的时光，岷的江和山，终于开出新的花朵，唱出新的歌谣。羌"。

我以"长风不息"为题在《文艺报》《新视野》专栏里介绍了久居云南的著名军旅作家彭荆风，他是《民族文学》杂志唯一的汉族编委，在他几十年珍藏的记忆和作品中始终对祖国和边疆人民饱含深情，以经年累月追求完美的创作态度，八十高龄时创作出雄浑开阔、气势磅礴的五十万字长篇纪实文学《解放大西南》，全景式地展开了新中国成立时期的历史画面。晚年时期又创作出长篇小说《太阳升起》，描述了边疆佤族同胞从原始部落末期进入新社会的艰难历程。我还写到人口较少民族普米族诗人鲁若迪基，他用诗歌为自己的民族作了代言，自豪地表达对家乡土地和劳动的尊重。写到彝族教授纳张元的成长，他从一个偏远山寨的穷孩子成为云南大理学院的教授，教书育人，热爱写作，关于少数民族文学的评论为学界所关注。

从大漠绿洲的北疆、草原冰封的雪域，到云深林茂的丛岭、稻香叠翠的南国，在中国辽阔的山河大地上，五十六个民族的作家诗人各美其美，美美与共，所讲述的故事精彩纷呈，数不胜数。《文艺报》"少数民族文艺专版"让许多不忘初心、讴歌祖国与时代的少数民族作家诗人进一步走入广大读者的视野，也让一批又一批少数民族文学新秀崭露头角，共同装点了当代文学的瑰丽色彩。

十几年来，我前后为"专版"书写了数十篇文章，如同一次次穿过多样化的河流，领略不同的风景和生活，倾听那万千气象中蕴含的声音，让我常怀感佩之心。"少数民族文艺专版"

的编辑刘秀娟、明江、黄尚恩等多年来勤勉敬业，四处组稿，精心编校，在与他们交往的数年间深感其辛苦不易。《文艺报》创办以来，跨过新世纪，走入新时代，坚持导向、凝魂聚气，伴随祖国的脉动和文化的兴盛，共同迎来七十年庆典，春华秋实，可喜可贺。

遥远有多远

近日得知，写了多年散文的土家族作家甘茂华新近创作了一部长达四万多字的小说《定风波》，讲述了一个遥远的故事。

故事发生在两千多年前的战国末期，长江三峡的西陵峡谷之间，秦国灭了巴国后，对逃往峡江两岸的巴人部落穷追不舍。秦王眼观巴人廪君蛮和板楯蛮部落之间的纠葛，以夷制夷，同时又想法收服勇猛的巴人武士作为伐楚前锋，以图天下归秦。然而忠勇的廪君蛮的巴王不甘自己部落的消亡，为保护种族的延续和家园及天下的和谐，带领同伴们几经搏斗，以至牺牲。最后一个巴王，与他的部族和武士神秘地消失在峡江迷雾中。这是一个凄美而又壮烈的故事，为远古巴人在峡江消失的千古之谜提供了想象和复活的空间，书写了三峡两岸的人们古来的生与死、爱恨情仇、善恶纷争。甘茂华除了擅长写散文，还喜爱戏剧、音乐，写得一手好歌词，他巧具匠心，将这部小说的结构以苏东坡《定风波》一词贯穿各章，表达出平定风波、天下而和的立意。

我与甘茂华相识多年，这部小说在我读来，他依然是以一种不减当年的饱满激情书写的。熟悉他的人都知道，老甘这人总是激情满怀，对生活、对朋友、对文学，无不如此，而对家乡鄂西山水以及栖息于那片土地上的民族的深厚情感，则是他一生饮不完的最为浓烈的老酒。

老甘插过队下过乡，高中尚未毕业便与恋人远走江西投亲靠友当了农民，后来又辗转到山西长治，被招工进厂。老甘在车间劳作之余开始文学写作，他对最初的小说并不太自信，或许与他四处漂泊的生活有关，似乎缺少了一种根脉的支撑，显得轻灵而把握不定。但老甘很快意识到这一点，以他的激情和勇气纵身于人生、文学的博弈，几经努力，将自己和妻子从遥远的山西长治调回到故乡鄂西，并从此沉下心来，将笔墨合着充沛的情感投入对鄂西的书写中。他以情感为舟，思想为径，让自己的文字穿行于鄂西、三峡雄奇美丽的青山绿水之间，吟诵这方土地的父老乡亲、民族文化、社会变迁，他的文学生涯也由此一路浸透了那方山水的清奇竞秀。几十年来，共创作小说、散文等各类文学著作 15 部，散文集《鄂西风情录》《三峡人手记》《这方水土》《穿越巴山楚水》，歌曲《山里的女人喊太阳》《敲起琴鼓劲逮逮》等先后获得湖北文学奖、湖北少数民族文学奖、湖北屈原文艺奖、全国冰心散文奖、文化部群星奖、全国"五个一工程"奖等重要奖项。

这个外表粗犷的男子，在他的散文里却常是柔情万端，温润渊雅，他的出生地鄂西山城恩施，在他的笔下"也是个边城，美丽而不富饶。依傍着清江而孕育发展起来的恩施城，传说是春秋战国时期巴人聚居所在地。山水清奇，土石温润，小城便坐落在湘鄂川黔衔临的山谷里。静幽幽的，清秀秀的"。

小城虽小，地亦贫寒，远天远地的，边边角角的，但因为是故乡，他却始终不敢淡忘："我常在那薄雾流动的黎明，在那染着胭脂的黄昏，在那清明雨飘飘洒洒时，在那梧桐风断断续续时，便会清晰地想起老城老街的春夏秋冬……既然我是个土著，唱给小城的只能是山歌。你喜欢吗？"通过散文的细腻笔触，他衷情地表达心中对故乡的珍惜、依恋、感伤和沉思，而更为奔放的激情则干脆以高亢的歌声来抒发："噢嗬一声喊太阳，喊出万把金唢呐。"从他笔下流淌而出的歌词优美而又富有意趣，得到好几位著名作曲家的青睐，在三峡一带被广泛传唱。

随着岁月的演化，老甘的写作也可谓日见驾轻就熟，炉火纯青，可他却在此时改弦更张，写出了《定风波》这样一部无论题材还是文体都与他多年创作路数相异的小说，多少让人有些惊诧。但抚卷回头一想，会突然发现老甘其实一直初心未变，一直都在寻根，从家乡根脉的枝杈摸索到如今，渐次走向更为深远的意境，在寻访古老的民族历史文化中，咀嚼乡愁的悠长与醇厚，让遥远重回眼前。

长江流域的巴文化源远流长，关于巴人的起源，有多种说法，至今在学界也未能统一，对巴文化的开掘也尚在不断深入，但人们已经知道的是，远古以来的巴人历经多次迁徙，在历史上延绵八百年的巴国，曾经雄踞四方，却迅速神秘消亡，为后人留下许多不解之谜和无尽的想象。《华阳国志·巴志》称："巴师勇锐，歌舞以凌殷人，前徒倒戈，故世称之曰：'武王伐纣，前歌后舞'也。武王既克殷，以其宗姬封于巴。"公元前1124年，巴的军队作为前锋加入了周武王伐纣的战争，在周灭商之后，正式成为周王朝的诸侯国之一，并入周王朝的疆域。巴国疆域

"其地东至鱼复（今奉节），西至僰道，北接汉中，南及黔涪"。其疆域之辽阔，包括了今重庆全境、湖北恩施、川东北部分地区。巴人不但作战勇猛顽强，被称为"神兵"，而且能歌善舞，豁达乐观，在商、周、楚、秦等强大部族的包围中经过不断征战，于荒莽的大巴山、秦岭极为险峻的自然环境下生生不息，世代繁衍。

近年来，随着对长江三峡、清江流域的考古开掘和研究，为巴文化的遗存丰富了大量的实证，从那些古老遗物的纹饰变化与特色中，可见巴人斩蛇蟒、射虎豹、猎牧捕鱼、垦荒种田的印迹，从中可感受到巴文化崇尚自然、热爱世俗生活、民风古朴的浓厚气息。有专家认为，巴人情感质朴，具有豪放、率直的文化性格，与蜀地"君子精敏、小人鬼黠"形成鲜明对比；与江汉楚文化的华美修饰也有着明显区别。作为一个三峡岸边出生的人，我与甘茂华本是同乡，巴文化对我们的熏染应是与生俱来，在现代化、全球化越来越快速发展的今天，不可回避地意识到祖先留下的那些独具个性的地域文化和民族文化弥足珍贵。多种鲜明个性的民族记忆才能汇聚成中国智慧的圆融大气，对巴文化的开掘利用，使其焕发光芒，凝神聚气，这或许是三峡一带，包括鄂西清江流域的作家们共同的感受和使命。或许也正是基于此，老甘写出了《定风波》这个遥远的巴人故事。

显然，老甘为这部小说的创作调动了多年的文化及生活的积累，书中涉及巴人的历史演变，以及多种土家民族生存与抗争的风俗民情，有哭嫁、跳丧、摆手、八宝铜铃舞等民俗的展示，也有巴人藤甲、木盾、戚、青铜器兵器的再现，小说写得好看耐读，具有知识趣味性，符合青年读者的审美需求。当然，在各类民俗风情的描写中，如何去标签化，而着力于巴文化深层肌理的剖析，透视出更具有启示性、更为合理和有益的精神质地，也是我们应不断探究的话题。

　　总之，老甘的小说让我们回到巴国，与祖先巴人面面相觑，有神秘陌生，也有熟悉亲昵，理不清爱恨情仇，道不尽古今感慨。与此同时，也让人不由得一次次打量眼前与遥远的距离，时空的转换，在我们所处的信息时代所发生的奇妙变化，逐渐渗透到文学的把握和走向。遥远一词还让我想起与老甘相识的往事。三十多年前，我在恩施县文化馆办一本小刊物《枫叶》，同时写剧本和小说，远在山西的甘茂华读到我写的一些作品，热情地加以评说，在《芳草》杂志上发表了一篇评论《在那遥远的地方——致叶梅》，对我当时的写作给予了宝贵的启示。几十年过去了，悠悠岁月已显遥远，但转念一想，相对两千多年前的巴国，这光景也仅是浪花一朵，遥远因此不再遥远。

　　究竟，遥远有多远，无论那地方，那时光，只要心怀梦想不断追寻，有时看似远在天边，其实近在眼前。《定风波》让我相信，依据甘茂华多年来所走过的漫漫长路，始终坚守的文学追求和执念，他的激情终将贯注于他的作品之中，时光虽去而人的创造历久弥新。

好像那流水日夜响

　　我问朋友看没看过电影《边寨烽火》，人说当然。那年月，只要提起少数民族的经典电影，谁都知道王晓棠主演的《边寨烽火》，她那双葡萄般亮晶晶的眼睛，抓了几代人的魂。还有一部《芦笙恋歌》呢。朋友说就是"阿哥阿妹的情意长，好像那流水日夜响"吧……这就是那部电影的插曲《婚誓》，好听得很，天下的人都喜欢。

　　我再问朋友知道这两部电影的编剧吗，他们大多摇头。恰巧手边有一份资料，上面写着《边寨烽火》的编剧：林予、姚冷、彭荆风；《芦笙恋歌》的编剧：彭荆风、陈希平。名字出现两次的彭荆风是《民族文学》30多年来的编委。听者无不惊讶。

　　殊不知，《民族文学》编委由多个民族的作家、编辑家组成，而军旅作家彭荆风是唯一的汉族编委，也是1981年《民族文学》这本全国唯一的少数民族文学刊物创刊之际的第一届编委。

　　1949年，彭荆风在江西南昌参军，随着大军解放大西南，去了云南。这位从小爱好文学的军人不久写出了一系列边疆小说，如《边寨亲人》《佤侬部落的火把》《当芦笙吹响的时候》等，与人合作编剧而拍摄的电影也风靡全国。其后久经磨难，直到改革开放初期才重新走上文坛。有人评价他是"老而弥坚，老而干练，老而丰产，老而出彩"，先后出版了短篇小说集《驿路梨花》《红指甲》，长篇小说《鹿衔草》《绿月亮》，长篇纪实文学《滇缅铁路祭》等20余部作品。

早些年，我曾在武汉见过彭老与他的女儿彭鸽子，他们父女去那里参加一个文学活动。虽然我已听说他是一位意志顽强的老军人，但见面之后，仍为他久经坎坷之后的淡定和对生活的饱满热情暗暗吃惊。

他们父女俩总是一脸微笑，参观访问极为认真，到哪儿都亲自动手拍照，对身边的一切抱有浓厚兴趣，而对自己经受的苦难却很少提及。即使有人问起，也常是一语带过，仿佛都已随风而去。其实，沉默并非忘却，只是多年的煎熬已将彭荆风锤炼得如钢似铁，他内心涌动更多的是对未来的向往，对人世的信心，以百折不挠的意志对待生活与写作。

《民族文学》的每期刊物上都能见到彭荆风和其他编委的大名，时间越长越感觉亲切，那一个个名字后面该有多少故事、多少难忘的记忆？我不止一次地想，作为汉族的彭老，在对少数民族的那一份情感里究竟有多少高山流水呢？

一直听说彭老在埋头写作，几年过去，突然于2010年得知他以50万字的长篇纪实文学《解放大西南》一跃而登上鲁迅文学奖的金榜，这时他已过80大寿。许多年里，他深深地沉浸于创作之中，十易其稿，精益求精，专家们评价："《解放大西南》以雄浑开阔的笔触，全景式地展开了解放大西南的历史画面，是一部气势磅礴的作品，又是一部见微见妙的作品；

从中我们看到了彭荆风经年累月的自觉积累、追求完美的创作态度。"

2011 年 5 月在襄阳幸逢彭老,他去那里领取中国报告文学学会的优秀作品奖,作为再一次获奖人,他仍然是那样淡定,脸上的表情满是阳光。我跟他约稿,他频频点头,回来不久就收到了他的散文《告别刀耕火种——忆初进佤山》,这篇与《边寨烽火》电影同样反映解放初期驻西南边境地区的解放军与少数民族融为一体的散文,如山间的清泉淙淙流淌,质朴而又动人,令人深切地体味到彭荆风与边疆人民几十年来结下的炽热真情。

20 世纪 50 年代初,居住在西盟佤山的佤族人、拉祜族人的生产方式还是刀耕火种,每年雨季过后,便砍倒大片山林,然后一把火烧净,经过一番风吹日晒,青绿的坡地上堆积起一层厚厚的黑色灰烬,人们就在火灰上点种旱谷。收获很少的佤族人、拉祜族人常年处于饥饿之中,而年年烧山不止的情形又让人揪心。在这种情况下,"我们部队(人民解放军步兵第一一五团二营)在 1952 年冬天进驻西盟佤山后,立即组成了许多个民族工作组分赴各个大村寨,担负起政权建立前的一切工作",并动员当地群众利用山高水长的特点开垦水田。

彭荆风和他的战友们走进村寨,见到的是多年没有修葺的枯朽的茅草顶和破烂的竹篾墙,不少人家连锄头都没有,只能用长刀砍地,用木制梭标点播谷种。接下来,他们动员头人去学习参观刚开发的勐朗坝。那块坝子从前有近万傣族、拉祜族、哈尼族人居住耕作,清光绪十七年(1891 年)一场因镇压引起的民族仇杀和相继而来的大瘟疫,使得居民大部死亡或逃走,形成"要下勐朗坝,先把老婆嫁"的谚语。解放军移驻勐朗坝,扑灭了疟疾等传染病，人们不断迁入，那块美丽的坝子被定为澜沧县城。

接着开发"鬼魅之气"的广缅坝子，彭荆风将那段经历描述得引人入胜，文中精彩地描绘了一幅幅风情浓郁的边疆景色：年轻的战士们和一群拉祜族青年亲如兄弟，一起远足……色泽多样的芭蕉，金红毛发的猴子，两三人合抱粗的大榕树、木棉树……狭长的坝子，荒废的水田，遗留的田塍水沟，落叶荒草形成的腐殖质土，树下的泉眼，还有湿地上野猪的蹄印……这篇没有一句说教的散文自然流露着汉族与少数民族、解放军与老百姓亲如一家的真情，战士们吃着拉祜人的冷饭团、竹筒饭，还有辣子和刚刚挖到的灰姜苗、绿姜苗、野葱，而拉祜人抢喝着彭荆风带来的大叶茶。

月光下，他们一同搭起窝棚过夜，提防着如细长蚂蚱的蚊子，在那片一两百年来都没住过人的地方烧起篝火，投放采摘来的草药。在"火堆边烤火聊天熬夜，实在困乏了，才进窝棚里去躺一小会儿，但睡不安稳，草丛里有一种细小得如灰尘的'辣蚂蚁'，闻着人气，会悄悄地爬过来，叮得人的皮肤上如同涂满了辣椒水一样的火辣剧痛"。这些生动的细节使人如临其境，难以忘怀。

虽然写的是告别一种古老的生产方式，但同时刻画出丰富美好的人性，文中写到在开发坝子的夜晚，多情的拉祜年轻人趁着僻静与心上人的幽会，还写到远处月光下两个小黑点静悄悄地从山脚下的树林向坝子边上的小溪移动，原来是母麂子带着小麂子下来喝水，军人抱着枪一点儿也不敢惊动。在追求幸福的人们眼里，清早鸟雀嘹亮的吱叫声，毛色金黄的画眉鸟、灰色的过山雀，三五十只一群地从树林里飞起，展开翅膀在白雾弥漫的坝子上空盘旋飞翔；俊俏的姑娘在附近水沟里洗脸梳头，那长过腰身的头发柔软、细黑。一切都是那么曼妙动人。

彭荆风所经历的"广缅坝子"的调查得到上级的肯定："这是大好事，要全力支持。由工委拨一笔钱给老乡们买锄头、斧头、粮食、种子。人力不够由驻力索寨的第五连尽力支援，药品请防疫队拨给……"八嘎那寨开水田的事史无前例地开始了，第二年春夏，顺利犁田插秧，秋后的丰收带给人们的不仅是一年的口粮和种子，还用卖余粮的钱还清了贷款，给解放军送来了新米，还有背篓大的冬瓜，那份得意欢喜几十年之后依然感染着人。

能看出，这篇散文是彭荆风这位军旅作家珍藏已久的记忆，最初写于2002年佤山归来的6月，2007年4月修改，2011年6月2日至6日又再次修改。不到一万字的文章，笔法轻灵却又沉甸甸的，它载着佤山拉祜人的历史，也载着这位汉族作家与兄弟民族相濡以沫的情深意长。由此也不难得知，《民族文学》何以有这样一位汉族的编委。

作为一位著名的军旅作家，彭荆风几十年珍藏的记忆中一刻也没有忘记边疆人民，他的文字总是反复修改，似乎又总是在不断回味。在他晚年的创作计划中，还有许多宏大的叙事搁置在案头，等待着一一道来。他最后写作的长篇小说《太阳升起》由作家出版社出版，这部他构思了60多年、写了20多年的小说，通过解放军入住西盟佤族，头人窝朗牛一家及佤寨同胞的故事，反映了佤族人如何迎来太阳的光明，从原始部落末期进入新社会的艰难历程，这部长篇小说所具有的史实价值令人惊叹，为世界提供了坚持中国特色解决民族问题的真实样本。

当北京举行《太阳升起》这部作品研讨会时，彭荆风先生已经离我们远去，但在场的人无不感受到他的音容笑貌就在我们眼前，就在他书写的字里行间，他以他的人生和对文学的追求，完成了一个军旅作家对执着、崇高的诗意阐释，好像那流水日夜响，长风不息，给我们带来无尽的激励和启示。

大美大智

疫情期间读书，读到蒋子龙先生所著的散文集《厚道》，久久回味，意味深长。鲁迅曾说："但看别人的作品，也很有难处，就是经验不同，即不能心心相印。所以常有极要紧，极精彩处，而读者不能感到，后来自己经验了类似的事，这才了然起来。例如描写饥饿罢，富人是无论如何都不会懂的，如果饿他几天，他就明白那好处。"（鲁迅：《致董永舒》）或许正是经历了眼下这一场疫情，使得人们不得不真正地深入反思人与自然的关系，不得不更加急迫地打量我们所处的生态环境及未来的发展。《厚道》一书正是一部关于生态的书写，富含大美大智，恰在此时让感受到"饥渴"的读者明白了那许多好处。

文学有记录和书写时代的角度，作家有以文学作品反映时代的义务和责任，蒋子龙曾以他一系列优秀的作品记录时代的变迁，成为改革文学的领军人物。他于1979年在《人民文学》发表的短篇小说《乔厂长上任记》，塑造了乔厂长这一具有鲜明时代精神的典型人物。寄托了当年无数人对改革开放的热切期待，助力推动了改革的进程。之后他又井喷式地创作了《乔厂长后传》《一个工厂秘书的日记》《开拓者》《狼酒》等一系列工业题材小说，生动而深刻地记录了改革初期工业生产领域的变革历程。正如蒋子龙自述，他的文学是入世的文学，他的写作从来也没有离开过时代与生活，始终保持着对于特定时代与社会生活的严密观察和深入思考，这在他后期的作品《燕赵悲歌》《阴差阳错》《农民帝国》中有更多的体现。

在经历了不同阶段的真诚投入并写出大量反映时代脉动的作品之后，蒋子龙面对不断变化的中华大地和世道人心，笔触更为深沉冷峻，他的目光投向生态文学写作这一新的领域。由他创作的散文集《厚道》领衔出版的"绿水青山生态文学"系列第一辑便是生态文学的代表之作，这套书由河南人民出版社2019年出版，作者是六位来自不同地域、不同民族的散文家。除了蒋子龙先生的《厚道》之外，还有曾获"鲁迅文学奖"的郑彦英之作《乡野》、"用生命写作"的东北生态文学作家胡冬林的《山林》、"孙犁文学奖"得主赵丰的《河流记》、羌族女作家杨素筠的《原乡》、彝族作家吉布鹰升的《自然课》等。

当年为改革文学的先锋，如今又一马当先成为生态文学的扛旗者，蒋子龙的散文集《厚道》表达了对大自然的深沉之爱，着重描写了随着社会变化而仍需保护净化的自然环境和人文环境，还有对当下环境问题的思索，着力于建构生态与精神的双重家园。他一次次深情地描述大自然的美："我喜欢草原，向往草原。虽然知道自己不属于草原，但草原属于我。草原属于所有心里有草原，想念草原的人。唯此才更能欣赏草原，珍惜草原。"他走过草原，穿过林海，发出"在林中的诸般感受沉淀下来，充实了我的灵魂，丰富了我的生命"的咏叹。他走进村落，在古树前驻足，感慨"亲近树，崇拜树，是人类固有的天性。大树代表一个村子的形象，乃至命运"。《厚道》一书中对大自然的描写充满了珍惜和敬畏，文笔优美，且亲切随性，使人如临其境，感同身受。

多年以来，因为人类的妄自尊大，对大地山川的索取多于付出，工业化进程创造了前所未有的物质财富，也产生了难以弥补的生态创伤，杀鸡取卵、竭泽而渔的发展方式走到了尽头，人类的"现代病""城市病"也到了危险的关头。蒋子龙衷情地吟诵大自然的美妙，同时也尖锐地指出所见到的生态恶化的现象，提醒和呼唤人们千万要知晓自然的预警。

对山川土地的热爱，对万物生灵的包容，浸透于《厚道》的文字里，这恰是蒋子龙所追求的人生量大如海，容载万物。"每天日出之时，岸边各户农家耕牛会一齐出圈，渡江上岛，享受岛上青翠的嫩草。日落之时，吃饱了的牛儿们又自动一起离岛，渡江回圈。每次多达一百头，由最雄壮的公牛领头，母牛殿后，将小牛们夹裹在中间。老牛们瞻前顾后，时时照应着小牛，有时母牛还要将游不动的小牛驮到自己背上……它们昂头四顾，顶波踩浪，蔚为大观。莫非是牛们也在向人类演示一种生存应该有的厚道？"

蒋子龙呼唤文化当以厚道为心，以至仁为厚德，以至诚为厚道，这既是针对自然生态环境，也是针对人文生态环境，他痛心地指出："当厚道几乎成了现代社会的稀缺品质，人们以'雷人'和'段子'为时尚，以尖酸刻薄处世防身，谋富不谋道、不择手段地出人头地……厚道成了人性中最为明亮和温暖的一面。""天厚道，地厚道，水土厚道。积累厚道，则物自归之，犹如林深而鸟栖，水广而鱼游。"他的书写洋溢着一个中国当代优秀作家的宽阔情怀,充盈着来自中国传统文化的宝贵精髓,具有源远流长而又显豁的民族气质,可谓大美大智。

他在《厚道》中还写道:"'雅',要有人来传承,要靠人身体力行。"又说,"'雅'的核心是一个'正'字"。生态文明的构建也正是如此,顺应自然、保护生态的绿色发展,人与自然和谐共存,不仅体现在承诺上,更应体现在每个人的实际行动上。绿水青山就是金山银山,山水林田湖草都是具有呼吸的生命体,文学为之发声恰当其时。

近日得知,蒋子龙的《厚道》一书经读者评选,入选了"2018—2019公众最喜爱的十本生态环境好书",已于"4·23"世界阅读日向社会发布。此书的确值得喜爱,一读再读,并促使读者深思和自省。

纵横天下事，臧否古今人

一

记得兔年岁末的一天，因为电影《让子弹飞》，马识途和他的小说一下子进入了流行话语，这位当时 97 岁的老作家既不拒绝也不矫情，持以一贯的淡定从容。不久他又出版了两本新书：《党校笔记》和《没有硝烟的战线》，现代文学馆为此召开了"马识途作品研讨会"。

我一早走进会场，见马老已经端然入座，他面色红润，气宇轩昂，一点儿不显龙钟之态。整整一上午的讨论，气氛热烈，王蒙等与会者对马老的这两本著作给予了高度评价，抱有浓厚的兴趣。马老三十年前在中央党校学习时的笔记，是当年思想解放难得的真实记载，于今天仍然给人很多启示。而那部《没有硝烟的战线》以他的一位战友为原型，描写了地下党和那一代人为自由解放的奋斗牺牲，通过一对恋人的悲欢离合，凝聚了一代年轻人的追求和爱恨，让人读来开阔心胸，提足精神。

大家感佩，年近百岁的老人思维如此敏捷，写作如此勤奋，简直就是一个奇迹，真是老马识途，志在千里。

而我对马识途老人的敬重之中，更有许多亲切，是因为他早年在湖北恩施（现为恩施土家族苗族自治州）领导过地下党工作。那里流淌的八百里清江，是一条清澈的河流，马老的妻子刘慧馨于抗战时期牺牲，长眠在清江河畔。从小生活在恩施的我以及我的同伴们读着马老所写的《清江壮歌》长大，年年清明都去往先烈刘慧馨的墓前献上鲜花。前几年，在北京作代会上见到马老，他得知我来自恩施，十分高兴，用川音浓重的普通话说："哦，清江那地方，是我的第二故乡。"我很想告诉他，只要在清江两岸生活过的人，没有不读《清江壮歌》的。我第一次读这本书时，刚刚跨进鄂西恩施二中的校门。书中感人的情节从此一直在心头萦绕，主人公贺国威、柳一清（以刘慧馨为原型）的形象所放射的理想光芒，照亮了几代人的青春，也照亮了我的人生。

后来又读到马老的小说《夜谭十记》，这部描写 20 世纪30 年代川蜀底层人物生活的小说，语言风趣，一个个人物刻画得入木三分，让人读来感觉意味无穷。

那天在文学馆的研讨会上，一位个子瘦小、衣着朴素的妇女默默地坐在后排，神情谦和，说话才知是马老的女儿，也正是《清江壮歌》中所描写的任远（也就是马识途）曾经失散的女儿吴翠兰的原型。她还在褓褓中时就随母亲被捕入狱，险些遭到杀害，二十多年后才与父亲马识途相认。这故事写进了小说，但也是真实历史，这位令人崇敬的先烈的女儿就在我眼前，那一刻我不能不思忖，理想信仰并不是虚幻缥缈的，也并非全都如花似玉如彩虹，理想更多是艰辛奋斗的过程，是跋涉无尽的追寻，是崇高也是默默的奉献。

马老用他的一生坚持对于理想信仰的执着追求，他的著作和行动均是为实现理想的实践，对待信仰，他老人家坚若磐石，稳如泰山，曾题词："人无信仰，生不如死。"令人震撼！

会上人们说得热闹之时，马老的神情一直十分平和、淡定，最后当他念到自己的书面发言之时，语气却变得沉重起来，对目前的一些文学现象，包括影视谍战剧的胡编乱造提出了尖锐的批评。他说："有的影视作品根本不懂隐蔽战线的活动规律，甚至为了哗众取宠，瞎编胡说，弄出一些完全违反了隐蔽战线斗争规律和严格组织纪律的情节，造成观众对当年地下党生活的很大误解，以至于闹出笑话。"老朋友们颇有黄钟毁弃、瓦釜雷鸣之叹。

他当年多次出生入死，亲身经历长期斗争的残酷考验，但他很少说到自己，他说他并不想在晚霞中为自己新造一片辉煌，只希望有识之士利用他这些素材，编出一部能真正反映当年隐蔽战线斗争的电视剧，以纪念曾在那条没有硝烟的战线上奋战牺牲的烈士们。

散会之后在文学馆的餐厅吃午饭，马老牙口很好，女儿在一旁给他夹菜，青菜肉片，米饭，他很认真地埋头吃着。有人笑问马老的长寿秘诀，女儿答说父亲爱吃红烧肉，一天刷三次牙，一次两分钟。笑谈之间，低头吃饭的马老会不时抬起头来，说上一两句，一次是说："你们知道吗，清江那个地方，土家族的歌舞很丰富，那年我看过土家人的跳丧，那是东方的迪斯科。"又说，"土家族、苗族的文化值得开掘"。老人说着，眼神明亮起来，他似乎又看到了清江。

果然，他又轻轻地说："去年我到恩施，给他们说过，我将来要回到那里去。"马老的女儿用眼神告诉我老人的意思。我揣摸着马老一生的执着坚毅，苍凉宏远，清江在他的心里，是热血青春和美丽的爱情，也是老人理想的化身，是他一生不变的初心。

马老的书法铁画银钩，我有幸得到他所赐的对联："敢为天下先乃真名士，能耐大寂寞是好作家。"这对联恰是马老的人生写照，我将它悬挂于室，更深深贴在了心里。

二

时隔几年，106 岁的马识途又先后在现代文学馆举办了两次"百岁书展"。后来，由我策划，现代文学馆慕津锋主编，将他的书法与妙文编汇成一部大作《笑傲人生》，由重庆出版集团出版。

这应该说是一部奇人奇书，马老多年警言妙句与精粹书法汇集于此，图文并茂，亦文亦书。可见其书法劲拔，功力深厚，行文奇崛，内容丰博。

《笑傲人生》表达了马识途老人一生追求真理的坚定信仰。年轻的马识途 1935 年在学校读书期间就参加了"一二·九"运动，1938 年加入中国共产党，他原名马千木，在面对党旗宣誓之后，郑重改名为马识途，取从此觅得正确道路，老马识途之意。他曾写道："在大半个世纪的风雨里行走，赤诚报国，历尽艰险，关怀国家安危、民生疾苦的赤子之心，总是至死不改的。虽然已经退下来了，可是'形在江湖，心存魏阙'，忠贞不贰。"

　　马老以他的百年经历，见证了中国由贫至富、由弱到强的艰辛历程，一再呼吁："我们不能忘记过去被侵略凌辱、受压迫剥削的历史，我们必须高呼：'勿忘国耻！'"他于耄耋之年学会了电脑写作，不断有新作问世，百岁之后又写出《夜潭续记》《百岁拾忆》等，还曾几次在北京、成都举办令人惊叹不已的书法作品展，展后则将全部作品义卖，分文不取地用于公益慈善事业。《笑傲人生》中可见马老的思想犀利，旁征博引，一位经历过世纪风雨的老作家敏锐的洞察力和社会良知。马老坚持以德化人，有许多关于教育、文化改革创新等方面的真知灼见。他曾说："作家就是作家嘛，他靠作品而存在，不能靠资格活下去，作家是职业，不是官职。"又道："作家就是要靠写作才能成家，如果坐在家里不写作，那就变成'坐家'了。"

　　《笑傲人生》还汇集了马老在不同时期的战斗经历中的小故事，与他精到的书法相映成趣，既富有传奇色彩，又散发着睿智的锋芒，一如马老豁达、幽默的性格。他笑谈人生，"未遭受天磨人算，三灾五难，九死一生，怎能叫钢丁铁汉。唯经历恶水险山，七拐八弯，千回百转，才得知况味世情""九十七岁述怀：老汉今年九十七，阎王请我我不去。不去不去就不去，看他把我怎么的。要去就去闹革命，打到阎王放鬼卒。"这一次次经历过三灾五难的人生感悟，显示出一个革命者的钢筋铁骨，崇高至远的人生境界。

　　铁凝曾说，马识途老人的著作和书法"如同一面面镜子，折射着历史的沧桑，映现着时代的风云。大气磅礴，端严峥嵘"。我们在为马识途老人策划和编辑此书的过程，得到一遍遍灵魂的洗礼，深受正气充盈、高度凝练的精神滋养。

诗歌，语言中的盐巴

　　毋庸置疑，我们经历了一场文学盛宴。

　　几十位来自不同地域、不同民族的文艺评论家、作家齐聚美丽的武汉南湖，应中南民族大学当代少数民族作家研究中心之约，进行"吉狄马加诗歌及当代彝族作家作品研讨"，这既是在祖国母亲的哺育下少数民族文学的一次检阅，也是众多读者、评论者近年研究成果的一次交流和展示，我与每位参会者一样，收获良多。

　　彝族是一个诗性的民族，有一句谚语："诗歌就是语言中的盐巴。"他们把诗歌视作一种深度的心理交流，是最精粹、最美妙的语言。本次论坛同时对当代彝族作家作品进行了具有价值的梳理和分析，据不完全统计，目前彝族当代作家诗人至少有几百位在不断创作发表作品，其中有曾经活跃在新中国成立初期的老诗人老作家，有新时期以来成长的一大批具有实力的作家诗人，也"90后"甚至更为年轻的新一代。我曾读到好些关于彝族当代作家、诗人的作品集，为这个新人辈出、创作极具个性的文学群体而感到振奋。正如吉狄马加在此次论坛致辞中谈到的，让我们把更多的目光投注给他们吧。

大家对吉狄马加的诗歌给了很多中肯的评价，我作为一个与他相识多年的读者，也在每每阅读和欣赏他的诗歌时感怀不已。他的诗歌常常让人联想到三个词：责任、苦难、使命。吉狄马加以他宽阔的视野，不仅自觉承担着传承彝族文化的责任，同时也奋力承担着构建繁荣当代诗歌和中国文学、中国文化的责任。他探求的目光，超越了一般，力图达到这个时代最为广袤的空间，力图开掘人类复杂变化的内心世界，体现出纷繁复杂、矛盾迭出和惊心动魄的时代，以及人们战胜苦难的甘甜和泪水。他是"他"，是吉狄马加，但他又不仅"他"，而是"我们"，他的诗歌是人类在今天真挚而又深沉的声音，与天地对话，与自然共生，深远而又广泛地回应着一个充满困境的世界。

所以，当他唱出《一个彝人的梦想》《我，雪豹……》《致马雅可夫斯基》等诗篇的时候，读者能强烈地感觉到他所传递的伟大的人类自尊，民族自尊，能体会到他所表达的人性光辉中高贵、仁慈的光芒。作为一个彝人的儿子，以诗歌的方式来表达对世界和人类的致敬，呼唤更多的宽恕、包容和大爱。吉狄马加曾任《民族文学》主编，中国少数民族作家学会会长，我和我的同事们在他的领导下工作多年，见证了评论家李晓峰所谈到的：我们评价吉狄马加诗歌的时候，一定不要忘记他所从事的很多活动和工作。的确，长期以来，吉狄马加的诗歌精神和他的事业追求始终是一致的，他想表达的那些人性光芒也无不照耀于他自己的人生之路，他以宽厚、仁慈来对待诗歌，对待文学，对待所有的文学朋友。在几十年跋涉的路途上，他常是奔波于高山大川，雪域高原，与各个不同民族的同胞亲密相处，母亲河黄河、长江、澜沧江的波涛让他诗情勃发，海拔4000 多米的高寒，人迹罕至的环境让他领略到生命的坚韧不拔，他于高原俯瞰大地，观雪山化为泉水感悟生生不息，以雪豹那样一种高贵而濒于灭绝的动物在青藏高原上的顽强生存，给人以启迪和灵魂的慰藉。

他的诗歌所具有的民族性、世界性、人民性和现代性，为当代中国诗歌于世界语境中树立了庄重的地位，也为中国诗歌的发展昭示了多种可能。也许每一位诗人都有自己特有的精神质地和表达方式，文学的多样化从来都是百花园繁茂与否的表现之一，不能期待所有的诗人都像吉狄马加这样书写，但诗歌不能没有吉狄马加。归根结底，吉狄马加的诗歌表达了一种强健的中国精神，在对民族历史文化的传承，对现代化中国和未来理性的展望中，承载着中国人的梦想，对人类命运的倾情大爱，提供着战胜沮丧、焦虑和困惑的力量。

本次论坛对吉狄马加诗歌及当代彝族作家作品的研讨，延伸到对中国少数民族文学的研究，在不断深入。新中国成立以来，中国少数民族文学得到了前所未有的兴起和发展，尤其于改革开放的 40 多年里，55 个少数民族都有了文学书写的系列成果。最近几年，由中国作协副主席白庚胜策划的 55 个少数民族文学读本正在编撰之中，在座的有些专家学者也承担了撰写任务，付出了心血。这套书将争取在 2022 年完成并由贵州民族出版社出版，这将是对中国少数民族文学一次较为全面系统的梳理，请大家给予关注。

疫情来临之后，吉狄马加在最快的时间里写出了长诗《死神与我的速度谁更快》《裂开的星球》，他呼喊"这是一场特殊的战争，/ 是死亡的另一种隐喻。/ 它当然不需要护照，可以到任何一个想去的地方，/……当东方和西方再一次相遇在命运的出口/是走出绝境？还是自我毁灭？/左手对右手的责怪，并不能/制造出一艘新的挪亚方舟，逃离这千年的困境"。他用诗歌告诉人们，我们处在一个孤独的星球，所有的动物和植物都是兄弟。这是一次属于全人类的抗战。不分地域。他庄重地告白："如果让我选择，我会选择保护每一个生命。"

人们注意到，吉狄马加的诗歌当下在世界上已得到许多国家读者的喜爱，并得到当今世界众多杰出诗人、思想者、批评家的解读和赞许，他们以充满差异而又互补的视角对他的诗歌加以诠释。正如汉学家梅丹理所说，在吉狄马加诗歌中"我感受到了一种少数民族独有的信念体系的风景，而这一风景的窗户对于当下的世界是开放的"。吉狄马加的诗歌在多元文化语境中所产生的世界共鸣，表明他的诗歌所具备的人类学、美学的优秀质地。更为重要的是，当人们在这样一个多元混杂、危机四伏的时代里，遭遇各种各样的困惑、焦虑、忧伤，传统文化不断消失的时候，吉狄马加的诗歌给人们带来了新的精神慰藉。他以一个彝人的儿子高举中华民族的火把，给人类世界增添了精神的光亮。

问苍茫大地

　　对于乡村、乡愁的写作，近些年里多有篇什，显出各自的思绪和章法，让人感受到不同地域的不同人生，而能在一般叙事性的描写里，表现出作者独到的发现和领悟的，尤为珍贵。宁夏青年作家田鑫的系列散文《大地知道谁来过》便是这样的写作。他来自乡村，又以自己的身心回归乡土，叩问大地，笔墨浸染着浓厚的泥土颜色和味道，让读者随之怀想从前，并体察和触摸如今的乡村，想象到某些未来。

　　这个出生在六盘山下一个小山村的青年，很早就失去了母亲，从小有些内向，喜欢进入书的世界，一本《新华字典》也会让他痴迷。内心深处常有的无助和孤独使他暗暗寻找倾诉的出口，后来发现了写作的乐趣。小学时，老师要求每天写一篇日记，这在他小小的心田播下了萌芽，中学时的作文被作为范文朗读，甚至还发表在了《作文指导报》上，这给了他更大的动力。高中时便一边阅读一边开始写诗，2006年考上宁夏大学中文系，参与创办校园文学社和校园读物，不断有诗作发表在《诗刊》《散文诗》等刊物上，并入选《诗选刊》年代诗歌大展、《飞天》大学生诗歌典藏、《中国年度诗歌精选》等选本。大学毕业后，他进入报社工作了一段时间，开始散文写作。

田鑫的作品渐渐受到人们关注，尤其是他的散文让人刮目相看，一些篇章被《散文选刊》《散文（海外版）》等选载，入选近年多种中国年度散文选本，还获得了宁夏当地的一些文学奖项。

散文集《大地知道谁来过》是田鑫的近作，其中的作品分为三辑：收脚印的人、时光的陷阱、大地的印记，读者可以从中领略到来自宁夏西海固大地的声音，感受这位年轻散文家对乡土的深厚情怀和放飞的思绪。应该提到的是，这本散文集入选"21世纪文学之星"丛书，推荐人为宁夏作协的闫宏伟、李进祥二位，他们与田鑫一样，似乎都具有一种相同的文学气质，对文学和生活有着异常的坚忍和深情，无论苦难、悲情还是喜悦，都以一种诚实、本真的叙述直面人生。

生活是田鑫的教科书，他怀着多年积压的情愫，视角敏感而又缜密，每一篇文字都来自真情所动，一只蚂蚁、一行脚印也会让他浮想联翩，将曾经与之相关的生活片段勾连起来。他时常回想童年，那段曾经无法倾诉的日子让他后来不断咀嚼，而记忆又与现实相融合，乡村的土地、核桃树、老人、孩子、牛和狗……那些看似卑微琐碎的细节在他的笔下展现，开掘出隐含其中的真实的力量和人生。"在这城市的钢筋水泥上，人都留不下痕迹，何况一只小小的蚂蚁。"（《收脚印的人》）

"其实，在到处都是土的村庄里，也是留不下任何脚印的。弯弯曲曲的路，我走了一条又一条，每一次回头，只看见路看不见脚印。我曾经把脚印留在刚犁过的地里，等着它长出来，春天里所有的植物都长出叶子，脚印却没有任何动静。"那些与大地最为贴近的平凡劳作及乡土画像，连同留不下来的脚印烙在了他的一行行文字里。

田鑫的散文大多都是在灵感迸发的时候写的，看上去自然涌动，既不是刻意雕琢，更不是无病呻吟，包含着许多来自俗世的奇思妙想，耐人寻味。"我突然就想起那棵树来，想起那些在树下歇脚的人、烤火的人、写字的人、唱秦腔的人、吹唢呐的人……想起他们唱过的曲儿和他们走过的路，以及他们看得见和看不见的惆怅时，就觉得，这棵树站在山顶上，就像孤独这两个字站在黑板上。"（《孤独的树》）他的倾诉就像流淌的泉水，很少虚构，也很少抒情的加工，他用自己的心力重新结构童年，从而理解童年，理解和重新认识乡村，将少小淤积在心的伤痛和酸楚疏浚出一条舒缓的渠道。

他怀着悲悯之心，冷峻地书写了许多乡村人物，以及他们之间的爱与恨。给人看了一辈子病的三爷爷，一个透着坚忍又无奈的老者，老来因为没有学历被当作不合法的医生淘汰；兄弟妯娌之间为了一棵树抛弃了亲情，相互争斗，但最后死的死走的走，只留下空荡荡的山地和砍倒的树，从前的争斗变得毫无意义；还有冷落了他的童年的舅舅等。然而，"多年之后也才发现，当年的那些恨多么微不足道。又觉得人心里总是要装着一些恨的，于是就恨这时光，恨这悄无声息的时光，把大地还给了草木，让村庄变得荒芜；偷走人年轻的容貌，给他疾病，给他痛苦，让人无法直立行走在这世间"（《恨着恨着就恨不起来了》）。在他的笔下，大地上，人和麦子几乎相同，人用智慧和精力经营大地，让麦子成长；而麦子用营养回赠人，作为被隐喻的麦子，人们谁也躲不过岁月的收割。人与人之间的误解和伤害，随着时光的流失会一点点烟消云散。

田鑫回望曾经的乡村，洞察当下的乡情，阐发了年轻一代对乡村的认知，其中不乏对乡村空心化的担忧，为部分传统文化的隐没而呼唤，在这本散文集里，"逃离""较劲""失传"等一系列短文便是如此。"多年以后，和我一起钻过麦草垛的孩子都已经有了自己的孩子，他们中大多人像我一样，并没有掌握种植小麦的技术，他们也不需要蹲在麦田里收割，种植对于我们而言，已经变成遥远的事情。"整个村庄再也找不到一头毛驴，如今种麦子、收麦子、碾磨麦子完全机械化，毛驴的存在已无价值，过去收割加工农作物的镰刀、石轱辘、石磨、连枷、架子车、面柜等物件，也都一一没有了踪影。就连从前被人生死争抢的土地，也有的野草丛生，出没其间的野鸡被城市里长大的女儿当作了凤凰。"奶奶坐在老家的门槛上等我们，她就像门槛上的对联一样，深深印在时间的木头上，我却没有办法把她揭下来，只能看着时光之手，一点一点让她变老，一点一点漶漫，直到看不见踪影。"（《奶奶坐在门槛上》）

在这种消失之中，田鑫在寻找新的创造。

同在宁夏的很多作家都写乡土和村庄，田鑫试图避开别人曾经走过的路，避开同质化的写作，寻找新的再现，并将这种再现回报给乡村。他在散文写作中有过多种尝试，在技法上借鉴小说、诗歌，在内容上讲述一个个乡村故事，同时打破叙事节奏，不时闪现跳跃、留白。他的语言有着泥土的质地，朴素无华，忌讳使用表面华丽、浓烈的词汇。他希望自己就像依靠大地生长的一种当地叫"地软"，也叫"地耳"的植物一样，无须鲜艳的外表，只是匍匐在大地上，吸纳大地精神，以丰富的蛋白质、钙、磷、铁补虚益气，滋养肝肾，养眼明目。"走得再远，还是要回来。每年腊月，我都会趁着夜色回到故乡，回到这片怀揣着细软的大地。可以不用走亲访友，但是一定会带着女儿去我捡拾过地软的地方，拨开枯草，寻找大地的细软。"这种紧贴大地的想法让他目光有神，乡愁质朴而又丰满。

大地苍茫，昨非今是再定去从，面对当下日渐现代化的辽阔乡村，当代人或喜或忧，流着相同的泪，诉说着不同的故事，对未来的向往和选择更为考验人的智慧和勇气。期待田鑫在对大地的不断深切叩问之中，意会更多，阐扬出更加丰美壮阔的大地精神。

一个挚爱家乡的纳西人

和振华的家乡在丽江。

他跟丽江作家沙蠡、和晓梅一样，出生于丽江，痴迷于写作，并以此来表达对家乡的一往情深。前些年的一个冬天，这位叫和振华的纳西汉子来到北京鲁迅文学院学习，因白庚胜先生的介绍，他给我打来电话，说要让我看看他的书稿。那天我在现代文学馆参加一个会，他赶来找我。散会后，我们去食堂吃饭，这位朴实憨厚的和振华就在文学馆的饭厅里，就着餐桌上的方寸之地，捧出了一本厚厚的书稿，那神情就像一个老农捧着刚打下的麦子。

后来得知，他是一个长年繁忙的公务员，却坚持了30多年的业余写作，他写过小说、诗歌，尤以散文见长，陆续出版过好几部散文集，还获得过一些奖项。他拿来的那部名为《我的根在丽江》的新书稿，是他将要出版的第四部散文集，想请我写序。因先前对他的创作少有了解，我便建议他请白庚胜先生作序更为妥当。白庚胜为纳西人，对东巴文化有深厚的研究，加之与和振华相识多年，应当是最为了解他如何"根在丽江"的。和振华却说："白书记已经写过了。"原来白庚胜之前已为他的一部散文集作过序。他拿出白先生写给我的一封短笺，信中介绍了和振华，叮嘱我为他的新作写序，言辞热情洋溢，一如他平日的豪情，让人推辞不得。

于是我将和振华沉甸甸的书稿捧回了家，好几个夜晚灯下细读，不禁被带入变幻多姿的滇西风光，美妙又好生亲切。那穿山过峡的金沙江水，倔强执着地奔腾不息；晶莹剔透的玉龙雪山，神秘又质朴真切；来来往往的纳西人，勤劳而又风趣，在京城喧嚣的夜晚，它们从和振华的文字里一一浮现在我的眼前。他没有华丽的辞藻，无论写景还是写人，都如茫茫高原的景色浑然天成，有着原生态的风味和粗犷。他所涉猎的题材颇为广泛，从家乡滇西丽江，延伸到云岭高原之外，有景色也有人物风俗，情感真切，意境高远。他一边深挖丽江纳西文化的根，一边抒发着他对生活的参悟，显出一个纳西人对世界的独特见解。

丽江是一个引人关注的地方，关于丽江的作品有的成为经典，有的变化多样，好与不怎么好的作品都还在不断涌现。在读了许多外地作家的描述之后，当地一些作家带着无奈，揶揄地说："我们丽江成为世界的丽江后，被形形色色的写手都写滥了。"那些外地人笔下的丽江，他们看来不顺眼，说："我们的家乡不是这样的。"

那丽江究竟是怎样的呢？不仅是和振华，许多人都在深思着，该如何认识和描绘自己的家乡？

和振华进行了一些大胆的探索，除了题材上有所创新外，在文体、技巧等诸多方面也不断尝试，他不拘一格，长短结合，亦文亦诗，让人读来自有他的味道。作为一个业余作家，支撑其不断写作的动力来自生活和梦想，这两样和振华都不缺。他对文学之峰的攀登，犹如对雪山的仰望，看得见但一时还登不上去，但这并没有使他沮丧，更不曾中断过努力。

我为他的真诚和执着所感动。生活是创作的源泉，年近知天命的和振华显然在生活中已经历过沉浮跌宕，了解无数纳西人的精彩故事，如横断山脉的石头一样，坚定而又扎实。《我的根在丽江》这书名道出了他对家乡的热爱，也道出了他创作的源泉和根基。有根的作家是幸福的，好比坐拥一块宝地，珍宝深藏，只看你识不识得。

再后来，有一次我去丽江，在四方城的泉水边喝茶，他告诉我，他的书稿早已交给了出版社，但他还在不断修改，而且改是改了，自己仍然觉得不够满意。他说这话时，两个胳膊肘撑在桌上，一脸沉醉认真。

坐在一旁的纳西族女作家和晓梅说："只要努力就会有好的回报。"正聊着，窗下传来女孩子的歌声："河水湖水都是水，冷水烧茶慢慢热……"丽江老城的夜晚，歌声此起彼伏，这位女孩子的歌或许恰好对应了和振华的心事。

果然，在其后的几年里，冷水烧茶慢慢热，和振华又写出了一篇篇关于家乡丽江的散文，并在《我的根在丽江》一书出版后，视野更加扩展，开掘更加深邃。他用了 6 年时间行走滇、川、藏三省区的纳西族地区，历程约 1.5 万里，写出《年味里的摩梭家园》《俄亚六章》等，纳西族的古村落，祖先走过的茶马古道，他都进行了深度寻访，一本名为《绝唱》的散文集已在他的案头，他在家乡扎下的深根已然是枝繁叶茂，果实累累。

临沂的风

　　齐鲁大地自古人文荟萃，而临沂自有临沂的风骨。没去过临沂的人大多会以为那只是一片贫寒的山地，但去过之后才知道临沂实际上山川秀美，文化深厚。自北而南的沂山、蒙山、尼山山脉，群峰逶迤，素称"岱宗之亚"；又有沂河、沭河、中运河牵动千余条水势丰沛的大小支流，贯通于山地之间，造就了中华大地上南北交融的一片绝美风景。

　　据史载，临沂古称琅琊、沂州，是东夷文化的核心发祥地，自西周以来已有3000多年的建城史，曾诞生过曾子、王羲之、颜真卿等历史名人，而今临沂不仅是红色历史文化的承载地，而且成为首批中国书法名城，还获得首批国家物流枢纽、中国十佳生态宜居典范城市、世界滑水之城、联合国绿色工业平台等称号。我所结识的临沂朋友对家乡的喜爱时常洋溢于言谈与文字之间，说起来便会滔滔不绝，王刚便是其中之一。

　　我对王刚的了解，有些来自平日与他及临沂朋友的交往，而更多来自他那些动情的文字，近日读到他汇集成册的散文集

《月是故乡明》，更为深切地感受到这位临沂之子的心路轨迹。

王刚的人生经历颇为传奇，他出生于苏州，自幼被人抱养至临沂，在养父母家长大，受到沂蒙这一方高天厚土的熏陶。"1969年冬季，我从姑苏江南辗转来到山东沂蒙。我沂蒙的父亲姓王，母亲姓张。半百之年的父母，对我倍加珍惜。虽然成长在亲老家贫的环境里，我却受到了超乎常人的关爱与呵护。"在王刚的记忆里，父亲能干、智慧幽默，母亲慈爱、勤劳坚韧，两位临沂老人的抚育使这个毫无血缘关系的儿子体味到了天地间最温厚的亲情，从小长大，养父母的恩德渐次融入他的血脉之中，他从骨子里成为临沂人。

言谈中王刚时常说："俺的家乡沂蒙山，俺的家乡是块宝地。"他用亲身所见所闻，在一篇篇文章里历数家乡的变化，赞美家乡的人民，特别是闻名中华的吃苦耐劳、忠厚善良、知恩必报、敬业爱国的沂蒙精神。他的家乡不光有好山好水，更有对他恩重如山的养父养母，同甘共苦相守多年的爱人、姐妹兄弟，敬重的老师、朋友，他从对他们的故事描述中，透视出临沂的风骨。"露从今夜白，月是故乡明"，王刚对家乡临沂的挚爱，是这本散文集的灵魂。

"贤贤易色；事父母，能竭其力；事君，能致其身，与朋友交，言而有信。"（《论语》）生长于齐鲁大地的王刚深受儒家文化的熏染，仁义、忠孝在他少年时的心灵里便生根发芽，"我年少时最大的苦楚就是，面对病中老母亲的痛苦呻吟而无能为力。我期待尽快考上大中专学校，以报答父母的养育之恩"。他考上大学后，所做的一件最重要的事就是帮母亲治病，唯恐"子欲养而亲不待"，居然一边上学，一边在城里租了房屋，将母亲接到身边，与女友一起共同照顾生病的母亲，让老人得到了极大的安慰。

养父母的仁慈和他的孝敬化作了感人篇章。而多年之后又因他的行孝之心，奇迹般地寻找到了自己的生身母亲。当年母亲因为某种不得已的原因而舍弃了初生的他，几十年之后的母子重逢，让他们抱头喜极而泣，感恩人生失而复得的极大幸运。

王刚的散文多有自述，是十分真诚的坦露，他写到与妻子的相识相爱，夫妇相偕、创业拼搏的件件往事，于河水涓涓般的日子里留下人生跋涉的一步步足迹，以及始终不变的爱情。让人感动的是作为一个事业有成的男人，王刚不仅没有忽略妻子的付出和辛劳，而且常常自省，体察妻子悉心面对的"是我这样一个迷恋于世俗事务中不能自拔的男人，一个善良热情关爱他人看似精力充沛却时常精疲力竭的人，一个奔波在商场上却有着难以割舍的文人情结的人，一个只顾耕耘眼前不问来生收获祈求身体健康却懒得锻炼身体的人"。他站在妻子的角度，反思自己的不足，以此来弥补夫妻间的缺憾。他写到有一次小儿发烧，不在身边的妻子从远方遥控指挥每一个细节，结果让儿子化险为夷，这让他感佩不已。他记录下妻子的"训示"："为人子，不知医，不能称为孝；为人父，不知医，不堪名为慈。"

从他的笔下，可以感觉那是位聪敏知性的女子，但或许，只有在懂得女性的男人眼里，女性的美德才会得以展示。世间不知有多少好女子，如一颗颗珍珠，散落于平庸粗俗的男人世界里，如埋于沙砾之中而难以散发其光芒。因此，王刚是幸运的，王刚的妻子也是幸运的，他不顾风吹雨打，一心陪她到终老；而她不顾山高水远陪他走遍天涯，他与她相得益彰。

王刚的笔触沉浸于亲情浓郁的故乡，同时也伸向了远方，那是他人生航道的重要港湾。20多年前他随中国开放的脚步踏出国门，闯荡于世界各地，用临沂人的勤奋勇气和仁义诚信，获得了人到中年之后的商机和成功。在他经历过许多非同寻常的辛苦困惑之后，仍然难能可贵地保留了故乡温暖善良的底色，即或是写到曾经的酸涩，也总能化作足以回味的橄榄。他在与素不相识的不同国家不同肤色的人群交往之间，即便是萍水相逢也能透出一缕温馨，一种仁爱，显示出孔孟之乡的厚道民风，他深爱的家乡临沂之风。

在这样一个剧烈变革的时代，世界正逐渐成为一个多元化的地球村，无数人从故乡去到远方，追寻一个个人生的梦想。王刚当年从农村到城市，又从城市到国外，如今又回到临沂再次创业，既是他个人命运的变迁，也可以折射出当代无数乡村青年的命运。值得借鉴的是，王刚并没有将城市与乡村、远方与故乡对立起来，他在这本《月是故乡明》的前言后记中，一再强调"一个游子对根的诉说"。他以他的追求和情怀将那一切拥抱，远方有他的梦，故乡是他的根，没有根的梦就如浮萍，而有根的梦则带来更多的勇气和憧憬。

王刚的行文就像与知心朋友交谈一样，倾诉着自己的悲欢，语言流畅质朴，含有丰富的人生阅历所获取的经验，朴素乐观又令人回味的哲理，会给走向远方又心怀故乡的青年读者以启示。王刚对生活常怀感恩之心，说自己常常得到命运的眷顾，其实幸运并不是偶然的，幸运总是给那些有准备的人，而他的准备或许很早就开始了，并显然来自他脚下这片厚德载物的土地。仁者爱人，他以他的书写试图表达一种更为博大的心愿：期盼人类和平，国与国之间消除傲慢与偏见，族群之间减少隔阂与误会，以爱心代替仇恨，以健康替代疾病，愿人间有更多的安宁幸福。

巴山楚水间的"恩施作家文丛"

　　常常因为文学的缘故，有许多亲切的人和往事会跃然而出，浮动于眼前，犹如一幅幅生动的画卷；又因为文学的缘故，会有星星点点的灯火，不停闪动于漫漫人生路上，无论回顾还是展望，那些明亮的光照总会带给人温暖和向往。前些日子，湖北恩施州文联主席周良彪来信约我为当地"第三届签约作家文丛"作序，并发来入选的七位作家及作品简介，沿着这些笔耕者所开掘的文学路径，我再一次回到了恩施。

　　不由想起 20 世纪 80 年代初期，随着中国文学爆发式的复苏蓬勃，地处偏僻的大巴山和武陵山脉交汇之地的鄂西，也如春潮涌动，有了新时期鄂西文学的清新萌芽和花朵的绽放。在党的十一届三中全会精神鼓舞下，州委、州政府高度重视鄂西文化发展，由州委宣传部、文化局主持召开了全州创作会议，一批工作和生活在鄂西各地的老中青三代作者相聚一起，兴奋地交流创作经历和打算，并因得到社会的重视而劲头倍增。时任州委宣传部部长张克勤及文艺科科长余友三等，着力各项文化举措的出台与实施，经过几年间的多方协调，鄂西土家族苗族自治州文学艺术界联合会得以正式成立，州政府划拨一定人员编制和经费，先后调入王月圣、甘茂华、田苹等作家和编辑，创办刊物《清江》，兴办起各种文学活动。难忘张克勤这位当时恩施文化人最为敬重的领导，他不苟言笑，一脸威严，开会讲话从不用讲稿，却是条理清晰，既有理论亦有实践，让人心服口服。他十分爱惜人才，高度关注全州不时出现的文学新人及作品，时常对文联工作加以精心指导，而由他派往州文联担任主要负责人的余友三则是一位热情开朗的前辈作家。余友三很早开始文学写作并于 20 世纪五六十年代就在《长江文艺》等刊物发表作品，那时恩施地区能在省级刊物上发表作品的寥若晨星，仅有余友三、田开林、安邦等几位，被刚踏上文学之路的青年们视作了不起的贤者。余友三对年轻的作者们既有帮扶，也论友情，常与夫人做出美味的湖南家乡菜，请我们一干人吃饭，他与夫人笑脸相待，我们也不拘礼，坐下来拿碗就吃，有时在小桌旁，有时就在火盆边。他与人交谈多为推心置腹，尽管年过五旬但每及动情处也会眼泪汪汪，常有年少者与之玩笑，他也从不动气，在场老少三辈总会嘻哈一片，其乐融融。

如果说文学是灯，这些于新时期点亮鄂西文学灯火的园丁又怎能让人忘却？他们薪火相传，一代代呕心沥血，小心呵护这方文学园地的每一寸光景，擦拭那初始微弱而后逐渐明亮的灯火。或许正是因为那些光芒的烛照和吸引，一批批鄂西文学人如雨后春笋，武陵山地呈现出延续不断且越来越繁茂的文学之景象，新人辈出，佳作不断。自 21 世纪以来，先后有邓斌、向国平合著的《远去的诗魂》，杨秀武的《巴国俪歌》，田天、田苹合著的《父亲原本是英雄》，徐晓华的《那条叫清江的河》

等本地作家的作品获得全国少数民族文学创作"骏马奖"及其他文学奖项，不仅形成了一支具有影响的鄂西作家队伍，而且其作品整体展现了鄂西地域独特的自然风貌、人民生活、民族文化及精神气质，具有宝贵的不可替代性，为湖北乃至更大范围的文化创造和积累作出了不可忽略的贡献。

恩施州文联自21世纪起实行"签约作家制"，鼓励扶持具有创作潜力和一定创作计划的当地作者，为他们深入生活、创作及出版提供帮助，这一方式虽然并非独创，但认真实行起来，已取得明显效果，先后已有两批经过遴选的作者完成写作计划并顺利出版经过多次推敲的作品。这次入选文丛的七位作家及作品分别是杨秀武的诗集《羊的电话》，付小平的长篇小说《和风细雨付流年》，安丽芳的中篇小说选《踩跷子》，赵春峰的长篇小说《金笛银箫》，董祖斌的长篇小说《撒叶儿嗬村庄》，周仕华的散文集《故乡植物记》，黄爱华的散文集《故园梦笔》。引人注目的是，这七位作家来自不同民族，年龄不等，风格多样，其中有从20世纪80年代初就开始写作并获得丰硕成果的杨秀武、安丽芳，他们宝刀不老，历久弥新，以源源萌生的情愫描画清江，诉说施南往事，书写鄂西人民的命运及与时代同步的精神脉络；也曾写作多年的赵春峰则将目光投向了宋末元初的恩施土司时期，塑造了抵御外侮、保家卫国的土家儿女群像，彰显了土家民族自古以来"侠之大者，为国为民"的家国情怀；付小平、董祖斌的笔触显然更为直接地透视着当下离去的村庄、进城务工的乡亲，以及乡村的坚守者创业者，记录着新时代的山乡巨变，搜寻中国作为农业大国突出的"三农"问题在武陵山区的种种表征，探求城乡文明的冲突与交融，以至转型。在讲述故事的同时，渗透了难能可贵的种种思考；更为年轻的周仕华、黄爱华以他们的散文带给读者新的期待，鄂西地处北纬 30 度，山川奇丽，植被丰茂，人在与大自然的相处之中积累了深刻的值得反思的经验教训，周仕华试图以植物的视角体味生长的智慧以及人的位置，从而更好地呵护家园，抵达促进人与自然和谐相处的良好愿景；而黄爱华则以更多的亲情在记录家乡山水人事的同时，于点滴之间表现了新一代写作者对自然环保的关注和忧思，从而使传统的风光抒怀进入了新的领域。总之，可以认为，经过一轮轮"恩施作家文丛"的书写和出版，鄂西文学在不断走向壮大与丰美。

著名文艺理论家冯牧先生于 20 世纪 80 年代末来到鄂西，他在游历了三峡神农溪、利川鱼木寨、腾龙洞等地之后的一个黄昏，站在一座山顶俯瞰晚霞之中起伏的巍峨群山，沉吟良久之后感慨地说，这个地方是应该出好作家好作品的。是的，鄂西不仅有着独特的青山绿水，也有着丰厚瑰丽的文化积淀，现当代以来，曾在这片土地上奋斗过的马识途创作了《清江壮歌》《夜谭十记》等佳作名篇；祖籍为鄂西建始的韦君宜留下了《似水流年》《母与子》等引发人们无尽思绪的求真之作；成长于鄂西鹤峰的李传峰为书写故乡流连忘返，以他的《退役军犬》《白虎寨》等享誉文坛。还有王月圣的《饥饿的土地》《乡景》，甘茂华的《鄂西风情录》《定风波》，罗晓燕的《这方凉水长青苔》《盐大路》等，一部部不胜枚举的鄂西文学作品成为雄峻的大巴山和武陵山脉耸起的绿色森林。

不言而喻，经由许多辛勤举荐和垦植的"恩施作家文丛"也正是如此。那一方土地和人民养育了文学，而文学又反哺大地，以热忱和谦卑融入那厚重而又灵秀的巴山楚水之间。

文学再现野象出游

这段时间，我读到了两部关于云南野象出游的作品，一部是作家刘东黎所著的《致敬生命——云南亚洲象北移南归全景纪实》，他用优美的文笔描述了15头野象令人颇感魔幻的迁移之旅，充满了对生态和生命的理性思考，意蕴深厚，耐人寻味。而另一部由云南本土青年作家吴兴葵、旗歌合作创作的《说走就走——野象短鼻家族出行记》则是以动物大象为视角、富有情趣的长篇小说。

历时1年有余，行程近500公里的云南西双版纳野象出游牵动世界，令人惊讶和关注的是，这次野象出走的原因究竟为何？它们是为了寻找更适合的食物，还是头象迷失了方向？是否与气候变化有关？今后，类似的迁移会不会成为常态？而且，最重要的，是不是它们原本的栖息地遭到了严重的破坏？还有，它们一路向北，最终去往何方？

吴兴葵、旗歌以文学的方式再现了野象出游，以大象的心理和视角阐释了带给人们的多种疑问。在这部动物小说的描写中，从头象到小象，每头象都有姓名和来历，各有不同的性格和命运，如头象岚诺年近三十四五，经历过爱情，有儿有女，它们活在与人们平行的世界里。小说基于这次亚洲象北移南归的重大事件，进行了科学合理的想象和虚构，讲述了大象出行又回归的一系列有趣的故事。

几十年前，绿金谷就是西双版纳野象们心目中的理想栖息地，那时生活在西双版纳的野象有一二百头，也是生活在中国的亚洲象的所有"公民"。近二十年来，由于热带雨林被破坏的程度相对减轻，野象王国被侵扰的情况也相对减少，于是，王国中"公民"的数量有所增加，到了300头左右。随着"象民"的增多，这群亚洲象的头象岚诺操心的事也越来越多，"以前，家族成员少，张嘴待食的情况不明显，绿金谷的植被，可吃的、好吃的很多，也没多少压力。现在，岚诺的孩子、璞玉的孩子、波蓉的孩子、乌锦的孩子、灵姝的孩子，这一帮帮的母女、母子，加上那些明里虽会出去游荡，但暗里实属家族成员的从别的象群来的雄象，自己和姊妹们的丈夫，七七八八有十多头象呢。这一大家子的吃住行走，玩乐婚嫁，都指望着绿金谷承担起生活的温饱问题，就显得有些捉襟见肘了"。"或许，在这个天底下，在这个山山水水之间，就有数不清说不完的绿金谷。象群中的年轻一代，本就对绿金谷之外，甚至是勐养、西双版纳之外的天地充满了各种幻想和憧憬。"

这些以大象为视角，设身处地的描写，或者也正是专家们所分析的大象出走的原因，作者在此还幽默地引用了一句人们常说的话"外面的世界很精彩"，来揣摩大象的心理，让读者不由会心一笑。

小说的主要情节来自亚洲象北移南归过程中所发生的事件

及细节，但不同于人们惯常对动物审视的目光，还原了大象自身的生活规律及性格逻辑，即人说象话，遵循大象的心情和意愿，来讲述它们的故事，同时也恰如其分地表达了人的主观意志。小说在描写出行中的大象与人之间的接触时，既符合大象的性情，也真实自然地体现了云南各地人民爱护动物，保护大象的生态观念和作为，人的行为化为"这次岚诺决定带领短鼻家族从小寨组穿过去的心理依据，或许就是基于人们的善待之举"。

生物进化论的奠基人达尔文曾说："人类和高等动物大脑之间的差别，显然在于程度上而不是本质上的差异。"吴兴葵、旗歌在小说中十分注重对动物世界的理解和书写，不仅惟妙惟肖地刻画了头象及家族成员的心理变化，还生动地描写了大象与其他动物的交际，小猪、鹅、狗等在他们的笔下，也都有了富有人性的表现。一条看家护院的大黄狗忠实勇敢，野象短鼻家族进村之后，大黄凭直觉高声驱逐和抗议，谁料想两头大象一脚踢开院门就闯了进来，那庞大的身形把从未见过大象的大黄吓蒙了，大大伤了自尊，主人回来之后也一直闷闷不乐。这些真实的情节证明了达尔文的论断，动物与人并没有本质的差异。

小说动情入心地写到野象家族北迁的千里之行，一路萌态百出，憨姿种种，让读者体会到大象是真实可感的，无论是成年象、亚成体象、小象，还是幼象，都有着野性的外在形象，也有着人性能够通达的祥和与善良。在动物的世界里，母性的慈爱，与人类多有相似，举动之间，令人为之感叹和融化。

野象出游的故事，在云南这青山绿水之间奏响了一曲人与动物，人与自然的和谐之歌，而《说走就走——野象短鼻家族出行记》也多从生态平衡与生物多样性的角度出发，在展示野象北迁奇幻经历和生活情趣中，体现了当代中国人对大自然的热爱与思考，在对待野生动物方面的智慧与胸怀，形象地再现了中国传统文化"天地与我并生，而万物与我为一"的"天人合一"的哲学思想在今天得以延续，云南各地生态环境不断向好的真实现实。

作为云南本土作家，吴兴葵、旗歌的文字富有浓郁的地方味道和生活气息，就连大象的"语言"也是如此，给这部作品增添了质朴的原色。作者又在作品的结尾特意安放了"人们说象"，简略概括了历史上、国际上、网络上对象的描述，以及对此次出游的评价，还亲手绘制了野象北迁线路简图，郑重推出了书中描写的野象短鼻家族成员简介等，给读者提供了饶有兴趣、富有参考价值的文本，增添了此书的可读性、知识性和趣味性，适宜广大青少年阅读欣赏，并从中感悟。

无尽无极，久久为功

几年来，那些初读极为晦涩，但渐渐有了形象和味道的物理专著，粒子、轻子、介子、中微子……它们化作一颗颗小星星，不时在我眼前飞舞。自从2015年参与中国作协与中科院、科协联合组织"创新报国七十年"科技文学写作，承担了"北京正负电子对撞机建造始末及二期改造"这一项目以来，我便在不断想象正负电子对撞之后，那些粒子翻飞的情景，就如满天星光，一片粲然。

有一个关于夸克的物理学名词，英文"charm quark"，由美国理论物理学家格拉肖（S. L. Glashow）提出，含有魔力和娇媚之意。精通英、德、法语，同时具有深厚汉语功底的中国著名物理学家、教育家王竹溪在翻译这个词时，从古老的《诗经》里找到灵感，"绸缪束楚，三星在户。今夕何夕，见此粲者？子兮子兮，如此粲者何？"（《诗经·唐风·绸缪》），于是他将"charm quark"译为"粲夸克"，既表达了原意，又与 charm 谐音。

"今夕何夕，见此粲者"，何等美妙之意境。我国最大的科学装置——北京正负电子对撞机，恰是撞出了这样的美妙粲然：正电子和负电子（也就是通常说的电子）分别加速到接近光的速度之后，具有了极高的能量，在磁场的约束下迎头对撞，根据爱因斯坦相对论的著名公式 $E=mc^2$，二者相遇的一刹那，会产生巨大而又猛烈的风驰电掣千钧之力，如电闪雷鸣，然后在那些像焰火一般散开的碎片中，科学家可能捕捉到未曾发现过的物质，也就是经过加速，能量的标度高于核能，会产生新的粒子。

人们对粒子的了解，其实是对自然的了解，是最根本的问题。正负电的粒子之间的相互作用，形成了原子分子以至世界万物；而正负两极的对偶结构，在中国古代哲学里称之为"阴阳"，国画大师吴作人就此画过一幅变形太极图《无尽无极》，他挥洒笔墨，心连天宇，两道反向交织又指向无边境界的力与光，浩浩渺渺，飘然而又无所不及。这幅画后来成为北京正负电子对撞机的标识，同时成为中国科学院高能物理研究所的标识。

春去秋来，我一次次走进北京玉泉路高能物理研究所的大门——那座全国一流物理学家汇集的科学殿堂，进行各种采访。高能所大门前的标识早已铭刻在心，还有那座迎面耸立、造型奇特的雕塑——"物之道"，来自著名物理学家李政道先生的创意，两级螺旋式钢管向着不同方向旋转，表明天地万物均系对立物的统一，也是对正负电子对撞的阐释。高能所大楼的右侧墙上，镌刻着邓小平在对撞机建成的那天，来到现场所说的那段铿锵有力的话语："过去也好，今天也好，将来也好，中国必须发展自己的高科技，在世界高科技领域占有一席之地。"

沿着宽大的楼梯，走进一间间科学家的办公室，狭小简洁，但有着一种强大的气场。北京正负电子对撞机（BEPC）便在这大楼不远处，从地面上无法看清它的全貌，但如果从飞机上俯瞰京城西部，可见绿树掩映之中，有一只巨大的"羽毛球拍"，它便是由 202 米长的直线加速器、输运线、周长 240 米的圆形加速器（也称储存环）、高 6 米重 500 吨的北京谱仪和围绕储存环的同步辐射实验装置等几部分组成的北京正负电子对撞机——我国最大的科学装置。

强国重器，它的出现，标志着从一个贫弱的旧中国到新中国，从一个奋发向上的大国到世界强国的艰辛历程。早在 20 世纪 50 年代，中国科学家们就萌生梦想，希望建造一台高能加速器，但几经曲折，前后经历了所谓"七下八上"。因为技术难度极大，许多方面在国内都是空白，所以人们对中国建造对撞机曾几度充满疑惑，有人比喻说好比站在铁路月台上，想要跳上一辆疾驰而来的快车，跳上去了就飞驰向前，而如果没有抓住，就会摔得粉身碎骨。

然而，经过一代代中国科技人数十年的卓越努力，结果是，中国人不仅抓住机遇跳上了火车，而且一路前行。1984 年动工，1988 年成功建成，2004 年二期改造，2009 年完成。北京正负电子对撞机目前已成为世界八大高能加速器中心之一，是国家与世界高能物理研究的重大科技基础设施，取得了一系列最新科技成果。国际科学界赞扬其为中国继原子弹、氢弹、导弹、人造卫星之后，所取得的又一伟大成果，"是中国科学发展的伟大进步，是中国高能物理发展的里程碑"。中国为人类增添了一把揭开物质微观世界之谜的"金钥匙"。

这项工程具有难以言说的复杂性和巨大性，它由上万台集中当代高新技术的设备组成，需要中央十几个部委所属的数百个科研单位、高等院校和工厂进行设计、施工、制造和安装调试。而当时，我国对那些技术复杂、精度要求极高的专用设备大多未曾做过，本着独立自主、自力更生的立足点，最终一步步依靠自己的力量研制完成。

我寻访一个个曾为此呕心沥血的科学家，聆听他们的讲述，感受他们的质朴淡定，内心似火，深刻与寂寞。有多少人的汗水化作了河流，载动着不断向前的科学之船。那些耐得住寂寞、久久为功的人们，终将留在历史之中。又终归有人穿越时光，重新来到我们眼前。

曾经担任全美中国科学家协会执行主席，而后怀着一腔爱国情，排除各种干扰回到祖国的著名物理学家张文裕，面对国外优厚的待遇，他拒绝加入美国籍，毫不含糊地表示，"要入美国籍,何须到今天？我身为中国人,回国的信念是不会变的"。回国后，他先是领导宇宙线研究，经他的提议，在云南落雪山宇宙线高山站增建了一个大云室组，研究出一系列科技成果，并培养出一批宇宙线研究人员，使我国的宇宙线研究在国际上取得了领先地位。与此同时，他几十年来执着于为祖国建设高能加速器的梦想，奔走呼号，殚精竭虑。对撞机的总设计师谢家麟早年也曾留学美国，获得加州理工学院硕士学位、斯坦福大学物理系博士学位，他一心回国效力，几次受到美国政府的阻挠，甚至海航半道被强制返美，但他依然执念不变："我留学的目的就是要建设祖国。"历经险境回国之后，他全心投入，在对撞机的设计和建造中，领军完成了"既能进行高能物理研究，又能实现同步辐射光应用"，"一机两用"的科学目标，获得国家科技进步特等奖。曾用毕生心血八次参与对撞机设计的方守贤院士，不仅在建设过程中担任了工程总经理，还在对撞机建成之后，再攀高峰，与丁大钊、冼鼎昌向国家提交了"关于在高能所建设第三代同步辐射光源的建议"，与陈森玉院士等人一起，奔波忙碌于京沪之间，担负上海光源工程的研制和建设。眼下，上海浦东那座美丽的鹦鹉螺建筑，便是著名的上海光源，它是北京正负电子对撞机成果的美好延伸。

所有的一切就像长长的电影，人物、事件，矛盾冲突，不断推进，剧中的主人公就是当年的亲历者，其中还有叶铭汉院士，他曾在对撞机工程建造的四年间担任高能所所长，首当其责。但在采访时，他谈的全都是别人。这位李政道的同学、钱三强的弟子，说到国家民族时激情满怀，而当别人提起他的成果时却云淡风轻。还有中国第一个博士后、主持对撞机二期改造的领军人物陈和生，多次获得国际物理学大奖的中科院院士王贻芳……还有那些辛勤参与对撞机工程的科学家和建设者，我无法一一记下他们的姓名，但我知道，他们早已汇成一条星光灿烂、引人入胜的银河，自 20 世纪 50 年代第一次方案的提出，至今已过 70 年，几代科学家伴随北京正负电子对撞机写就了永恒的人生。

2013 年 7 月 17 日，习近平总书记到中国科学院视察工作。他在西郊科教园区，首先视察了高能所，面对我国第一个大科学装置——北京正负电子对撞机，看了又看；他同当年参与对撞机建设的叶铭汉、方守贤、陈森玉等几位院士亲切握手，感谢他们作出的贡献。的确，正如李政道先生所言："基础科学清如水，应用科学生游鱼，实用科学鱼市场，三者不可缺其一。"北京电子对撞机"一机两用"，派生出的技术不计其数，就像一条从雪山发源的河流，延伸、牵引着无数涓涓小河，涉及高功率微波、高性能磁铁、高稳定电源、高精密机械等，其设计指标几乎都达到了当时国际技术的极限，中国科技界、工业界在此基础上制造出了一系列具有世界一流水平的高科技产品，应用于航天、医学及人民生活等各个领域，造福于中国也造福于人类。

从古至今，人们面对苍穹，发出各种疑问，随着科技进步，疑问被一个个解答，但又产生新的疑问，宇宙展开一条条"隧道"，不断往前延伸，随之呈现的秘密变得更加精细和奇异，寻找答案也变得更加复杂和艰难。然而，对物质结构认识的每一次突破，都将对人类社会的发展产生重大影响，20世纪30年代对原子核的研究，开辟了人类利用原子能的时代，而随着高能物理进入比原子核更深层次的物质结构的探索，微观层次的奥秘进一步被揭示，无疑会不断促进人类新的文明。无尽无极，久久为功。

作为一个写惯了世俗生活的作家，接触物理学，原子、粒子、对撞机，的确感觉生涩，但沉下心来一步步走进那些深邃的通道，渐渐地意会到它与无垠宇宙的相连，又奇妙地环绕于身边，无处不在。那些探索奥秘的杰出科学家心怀梦想，目光远大，而又脚踏实地，坚定执着，更让人深受感染。从《大对撞》到《燊然》，这部书写中国科技创造创新的作品，自2016年底完成初稿之后，先后经历了五次大的修改，两次由浙江教育出版社出版。中科院及高能物理研究所为我的采访和写作提供了诸多便利，初稿写完之后，得到杨国桢、陈和生、叶铭汉、王贻芳四位院士的亲自审阅，并提出中肯的修改意见。93岁的叶铭汉院士还多次亲笔圈改，后来由工作人员将书稿的修改处一一贴上了小纸条，密密麻麻，看上去就如一只羽翅丰满的大鸟，我捧在手上，深为这位大科学家的严谨和付出而感动。《现代物理知识》主编张闯先生也曾对此书从头至尾进行过修改批注，尤其对所涉及的专业术语更是一一细心校正，物理学家柳怀祖热情提供了大量信息……事实上，这部作品已不仅是我独自的写作，而是饱含着这些著名物理学家的心血灌注，使其在真实性、专业性方面得到确信的保证。

在那些伏案劳作的日子里，我不由得想，要做一个耐得住寂寞的作家真不容易，而要做一个耐得住寂寞的科学家更是不容易。要知道，能进入大众视野的科学家从来只是极少的一部分，大多数科学家可能终生致力于研究而默默无闻，从不为人所知。然而，正是他们所进行的艰苦探索，才可能引导人们抵达世界未来的彼岸。

一天，高能物理所内又聚集了数百名可爱的孩子，这里常有青少年前来参观北京正负电子对撞机，开放部分包括直线加速器、输运线、储存环、北京谱仪和中央控制室等。那一双双充满稚气又带着好奇的眼睛，真让人喜欢，我一时很想猜测，在他们中间，哪些能成为科学家，成为明天的张文裕、谢家麟、方守贤、叶铭汉、陈森玉、郑志鹏、陈和生、王贻芳……成为那些光耀日月的粲者。我相信，一定会有的。

再现王实甫

　　八年前，应作家出版社"中国百位文化名人传记"编委会之约，我开始寻找王实甫。关于这位元代戏曲家的史料少之又少，我像一位考古者四处搜寻蛛丝马迹，多次寻访到王实甫的出生地河北定兴、《西厢记》中的普救寺，还有他曾做过官的山西、陕西各地。与此同时，我再次系统阅读了《元史》等卷帙浩繁的相关史料，那个战马嘶鸣、多民族汇聚交融的时代似乎渐渐来到我的身边。

　　那一切，不断在心头回嚼。我耐心地等候这位才华绝世的才子，感觉他果真是一时远在天边，一时又近在眼前。我坚定地想，那风华绝伦的王实甫不应该只是一个影子，我要请他活过来。渐渐地，直到丁酉岁末，我欣喜若狂地似乎闻到了他的气息，那才子白衫拂动，手握书卷，时而掩卷徘徊，时而奋笔疾书。《西厢记》一股幽香兀自飘来。

　　我描摹着他的画像，追寻他的足迹，渴望将他的故事留给后人。这一代令人仰慕的才俊，当下该有几人识得？

历史虽已远去，《西厢记》却世代流传。明人都穆说"北词以《西厢记》为首"（《南濠诗话》），王世贞称《西厢记》为北曲的压卷之作，王骥德认为杂剧南戏之中"法与词两善其极，唯实甫《西厢》可当之"，称为"千古绝技"（《曲律》）。明代著名思想家李贽在《焚书》中，对《西厢记》出神入化的艺术技巧发出由衷赞叹；清代戏曲家李渔更道："自有《西厢》而迄于今，四百余载，推《西厢》为填词第一者，不知几千万。"（《闲情偶寄》）早年为官，中年退隐，王实甫看透人间世相，他熟悉民情，擅长书写"儿女风情"，明初朱权《太和正音谱》誉王实甫词如"花间美人"，"铺叙委婉，深得骚人之趣"，"极有佳句"。可见他的作品在元代和元明之际很是为人推崇，《西厢记》其时已被称为"杂剧之冠"。明贾仲明增补《录鬼簿》，有《凌波仙》词吊王实甫："风月营密匝匝列旌旗，莺花寨明飈飈排剑戟，翠红乡雄赳赳施谋智。作词章风韵美，士林中等辈伏低。新杂剧，旧传奇，《西厢记》天下夺魁。"

王实甫的故乡河北定兴县究室村，有记载见于西汉初期，是一个古文化村，传统的戏曲演出来已久，王实甫更是在此将戏曲演出推到了顶峰。村子里古来就有戏台两座，相传都由王实甫时期建造。一座土戏台位于王家院外东侧，坐南朝北，台高七八尺，与东侧的大寺相邻，至今遗址尚存。另一戏台位于王家院外西南侧的高坡处，更为高大气派，为汉白玉、大理石建筑，雕栏玉刻，斗拱相接。据传，当年每逢节庆庙日，王家总要连着唱戏十余天，村民同乐，商贾云集。这两座戏台均在1938年间被摧毁。

究室王家为大名府望族，王氏家族古墓地位于古道南侧，王实甫也安睡于此。陵墓侧有柏杨成行，树影幽深，王氏后人世代祭祀，周围村民也常来拜望。

在河北定兴的多次采访中，曾得到定兴县委、县政府的大力支持，得到当地研究王实甫的专家王振林先生等人的鼎力相助。王振林热心地将他多年搜集的资料毫无保留地介绍给我，并多次陪我到兖室村实地采访，与王氏家族的后人以及兖室村民详细研讨，感人至深。关于王实甫出生地的研究，1953年孙楷弟先生在其著作《元曲家考略》中首先提出；1956年，冯沅君先生在《文学研究》第二期发表题为《王实甫生平的探索》的文章，全面系统地表述了王实甫的生平概况，明确王实甫的籍贯为河北定兴；1982年，张月中教授在《王实甫家考》一文中再次断定王实甫为河北定兴人。

倏忽八载，写作及修改《梦西厢》的过程，是对先辈留传的文脉开掘的艰辛过程，受益匪浅而又其乐无穷。经作家出版社的精心策划、编辑，专家们的审读批阅，"中国百位文化名人传记"一批批陆续面世，中国戏曲的一代宗师王实甫的事迹也将得以流传，作为撰写人，我为之深深喜悦和感怀。

一曲《西厢记》，半生西厢梦，王实甫青史留名，万世流芳。

曾经的关口

野三关是一个真实的地名，我对它的了解是铭心刻骨的，因为它是我的出生地。我时常因它的悲欢而悲欢，因它的骄傲而骄傲。

野三关是大巴山与武陵山脉在长江三峡一带最为雄险陡峭的关隘之一，被人称为入渝达川第一关，是古来蜀道通往大西南的咽喉之地。宋代名相寇准曾在21岁任巴东县令时，从长江岸边的县城翻山越岭200余里来到野三关，见山之苍野，地之荒凉，人之贫寒，动情写下一首《劝农歌》，曰："苍天在上，后土在下，效我神农，五谷丰登。挽草为业，定居稼穑，乐土归民，传之子孙。"自北宋开始，一条从宜昌通往恩施的茶马古道经过野三关，挑夫和背脚队、骡马队络绎不绝，野三关的石板老街成了重要的驿站，七个水井五条巷，九步台阶三道楼，步步石阶铺连铺，层层商家楼连楼。然而若干年过去，野三关一带的大多数人依然是"依山为田，刀耕火种，备历艰辛，地不能抗涝旱，虽丰岁不能自给，小则粉蕨根为食"，常年在繁重的劳作和饥寒之中，且加苛捐杂税，匪患兵祸，可谓民不聊生。

1949年10月下旬，野三关迎来了历史崭新的天空，中国人民解放军发起以解放恩施为中心目标的鄂西南战役，一举攻克野三关一线的娃娃寨，这正是川东鄂西南的天然屏障，雄关故道，四周山坡陡峻，只有一条"之"字形人行道盘绕上山，敌方构筑的坚固工事和暗堡火力十分凶猛，解放军正面攻击遭遇重大伤亡，后来由当地山民为向导，冒险由一侧悬崖绝壁暗中攀越才至山顶，经与敌方一番激战，取得了解放鄂西南第一次战役的告捷。随后长驱直入，挺进恩施，所向披靡，整个鄂西南不久宣告解放。

这是一个被攻克的关口，也是一个历史性的关口。继而，解放初期的野三关建立新政权，开始清匪反霸，土地改革，让千家万户的贫苦百姓从此"耕者有其田"。那是一个激荡的岁月，摧毁旧世界的洪流滚滚，敌我混杂，爱恨交织，无数人的命运跌宕起伏，惊心动魄。

我不到一岁离开了野三关，但从小听着这些故事，其中的人物多为真实而让人了然于心。2004年夏天我和一群作家沿着318国道从武汉去往恩施，途中夜宿野三关，不由回想起父母的叙述，后来写下了中篇小说《回到恩施》。转眼到了2019年，随着沪蓉高速公路、宜万铁路的相继通车，火车开进野三关，站在巍峨的群山之巅，昔日雄关早已变为坦途；而在当年的石板街上，只见人们丰衣足食，面色平和，闲聊之中，一个卖咸菜的婆婆说她的孙子考进了清华，一个做豆腐的妇人说她家刚买了汽车……这些听来也算平常的事情却让我禁不住热泪盈眶，我想父辈们的血汗没有白流。但那些曾经的关口令人难以

忘怀，我再一次修改了这部小说，前后被载于《重庆文学》和
《民族文汇》，并以《关口》为题，表达我对曾经奋斗牺牲、
攀越一个个历史关口的先辈们的深深怀念。

荧然一点如火

前日，在北京琉璃厂西街的荣宝斋，观看了"文学入画三人行——鲁光、王涛、杨明义画展"。连续几天的欲下又未下透的大暴雨，使得天气潮闷，但鲁光三人的"文学入画"让人耳目一新，顿感一阵清凉。在鲁光这三位看来，文学入画，无论花鸟、人物、山水，实则画人，及人性、人生，"画感情、理念、信仰，使绘画有内涵，接地气，接人气，有生命"。观画中，不由让我联想到自去年春天以来，我在撰写泰山出版社之约的《梅花传》时，读到的明代画家刘世儒等人的画作及故事。

刘世儒，又称刘雪湖，为明代山阴（今浙江绍兴）人，画梅高手。他所的《刘雪湖梅谱》，内有"一枝春信""数点天心""斗柄初升"等梅花谱版画二十四幅，雕镌精美，为明万历年间流行于世的著名版画。如今读到这套梅谱，让人如嚼巧工酿造之梅果，回味无穷。一幅幅穿越时代，仍然是活脱脱的千姿百态，峭然风骨呼之欲出。不同于北宋梅谱的是，画谱上虽然也只是一两枝梅花，但枝俏而不孤，多是繁花绽放，端庄而自有品格。

梅花之美不在花艳，而在梅格，刘雪湖画出的正是一种梅花气质。而恰能看出刘雪湖画中深意的，则是为这套梅谱作序的同时代人王思任，《梅谱序》让人如寻至幽径，探入梅花之世界，领略到一种深刻的人生感悟。

"天下有必传之心，无必传之人，何也？心可以八万世，而人必不肯出百年。试摆列一世之人摘看一世之心，卑者逐无涯，高者命不朽。至百年之外，其人与心，俱血俱土也。有荧然一点如火之传薪者，无几也。"王思任在《梅谱序》里说道，人活不过百年，世上没有长久留存的人，但必定有可传扬的精神，将会流传万代；无数人和事都将化为尘土，但仍会有点点薪火代代相传。

刘雪湖力主"画梅以韵格胜"，他为画出梅花的神韵，自年轻时便背着书箱长途跋涉，四处游学，走遍名山幽壑，不知老之将至。最初他是仿照王冕画梅的笔法，经过多年行走研习，他对山野之间的梅花研究得出神入化，后来则完全顺从心境，自由发挥。传说他每在一个地方画梅之后，一连几天，那四周的梅香都会悠然长存。王思任对他的格外称道在于，所谓韵味在歌声停歇后还会留在人的心里，格调在布控棋局前已具备，那些擅长唱歌下棋的人都懂这一点，却未必说得明白，更未必能表达，但刘雪湖画梅深得其味，并通过笔下的绘画淋漓尽致地表达出来，这正是他的独到之处。

王思任的判断没错，刘雪湖画的《梅谱》在明末共刊刻了四次，都先后被人一抢而空。后来，雪湖因家境贫穷无力再行刊刻，曾经为官的王思任偶尔回到家乡山阴，见刘雪湖这人鲐背鹤发，两眼炯炯有神，深以为奇，又惊喜地看到雪湖的旧稿，便动心出资为他再行刊刻，并欣然为此作序。"人共谓雪湖得梅之趣，而吾独谓鸯湖得梅之苦。人徒欲传雪湖之画，而吾独欲传雪湖之心，倘从此有如其歌弈之悟以至心而心传焉是《梅谱》乃导师也。"（《梅谱序》）

他的本意说得明白，人们都从刘雪湖的画里看出梅的形趣，但他认为雪湖更要紧的是体悟到了梅的苦心；人们只想流传雪湖的画，而他王思任却独想传雪湖之梅花精神。

王思任与这梅谱傲骨心有灵犀。他生于明末，年轻时曾任县令，后升任南京工部主事等官职，曾备兵九江。清兵入关后，南京建立弘光小朝廷，终日酒色歌舞，不思报仇雪耻，后南京沦陷，清兵进逼杭州，马士英等拥兵声言护太后，欲渡江入绍兴。王思任则愤然上书太后，痛数马士英之罪，请斩之。又以《让马瑶草》致书马士英，责其酒色逢君，拒其入越地，其中"吾越乃报仇雪耻之国，非藏垢纳污之地"一语，传为千古名句。

1646年6月，绍兴城破，清军巡按御史仰慕王思任之学问风骨，上门邀其合作，王思任在门上大书"不降"二字，并呼道："社稷留还我，头颅掷与君。"后索性避入望秦山凤林依祖墓搭草舍而居，清军一再逼降，王思任手札一封，称要保全身体以归父母，并为长子王槐起书信一封，述自己的乱世之志，终因绝食数天而死。

王思任在为刘雪湖梅谱写序之时，虽还未曾预料到命运之究竟，但心中已积满愤懑和担忧，因而慨叹"卑者逐无涯，高者命不朽"。鲁迅曾在杂文《女吊》的开篇中写道："大概是明末的王思任说的罢：'会稽乃报仇雪耻之乡，非藏垢纳污之地！'这对于我们绍兴人很有光彩，我也很喜欢听到，或引用这两句话。但其实，是并不的确的；这地方，无论为那一样都可以用。"

鲁迅很喜欢，也常引用，并认为"这地方，无论为那一样都可以用"。要照现在的理解，也就是，可以开掘利用的传统文化，在绍兴，在中国，还有无数。

这部由明代王思任作序的《雪湖梅谱》传至今日，其间经过无数次刊印，并有无数人加以后序，但均为王思任之心思得以延伸。从刘雪湖到王思任，再到鲁迅，都自有一股硬朗的骨气。这一点薪火，何止百年。

观鲁光三人"文学入画"时，看到笔力苍劲的"中国牛"一画，双牛一立一卧，题款"站着是条汉，卧倒是座山"；又有蜡烛成阵，火苗点点一画，谓之"生命"，如此等等，恰与我之前所读雪湖精神多有意趣相通之处，不得不感慨中华民族文化之渊源深厚，常在无尽的潜移默化之中。

写罢《梅花传》，读得许多画梅之作，我也颇有心得，近日画成《点灯》与《初心不改，出污泥而不染》两幅习作，只为表达对风骨铮铮的先辈们由衷的敬意。

《点灯》一画中录有鄂西乡寨间流传多年的一首民谣，我几乎从儿时起就已入耳，有声有色，让人记忆犹新。那婆婆的一番叮咛朴素感人，恰也是民间的一盏灯火，荧然至今：

> 睡到半夜深，门口在过兵，
> 婆婆坐起来，竖起耳朵听，
> 不要茶水喝，又不喊百姓，

只听脚步响，没有人作声。
你们不要怕，这是贺龙军，
媳妇你起来，门口点个灯，
照在大路上，同志好行军。

栽种下一棵棵文学绿树

——2021 "6·5环境日" 主题活动发言

一

　　青藏高原所孕育的黄河、长江、澜沧江以对生命无边的仁慈和默契，各自选择了不同的去向，在不断的前行中不断丰盈，哺育着亿万生灵。十分幸运的是，我生在这滋养我们祖先的江河之间，此刻又再一次来到大河的发源之地青藏高原，在这座高原的明珠城市西宁参加2021 "6·5" 环境日国家主场活动，不由倍感大自然的恩惠，也倍感一个生态写作者的荣幸。

　　回想去年的今天，在首都北京一个庄重的会场上，我从生态环境部主要领导手中接过了 "特约观察员" 聘书，从此感到肩上增添了沉甸甸的责任和使命。作为一个从事文学创作、编辑多年的作家，我意识到应该进一步审视自身、观察生态、认识自然，进一步讲好中国生态故事，尽力构建生态文明。

一年以来，在生态环境部宣教司、中国环境报社、中国作协社联部等有关方面支持下，我走访了多个不同地域的城市和乡村，亲身体验感受到中国大地上生态环境不断向好的巨大变化，在美丽的有福之州，我亲眼看到了这座城市中涓涓流动的清澈河水，花香四溢的沿河休闲步道，聆听了福州人治理 156 条河道的艰辛历程和行之有效的经验；在渤海湾边的锦绣之州，我看到了经过修复治理的葳蕤湿地，翩翩回归的珍稀鸟儿；在江苏西渚乡村的烟雨中，我听到一位富裕起来的老农用带着诗意的话语讲述保护生态和乡村创新尝到的甜头，他说："每天早晨听着鸟儿的啼鸣醒来，夜晚伴着蟋蟀的叫声入眠。"在四川眉山，我随同"大地文心"采风团目睹乡村垃圾分类、污水治理，一阵阵绿色环保的清风吹动在山间农舍之间……

一处处山清水绿，见证了新时代生态环境的历史性变化，但毋庸讳言，在观察到令人欣喜的生态变化的同时，也时常观察到仍然必须面对的生态矛盾和问题，还有面向人类命运共同体所应瞻顾和思考的未来。一年来的所见所闻让我动情动心，因此陆续写出了一批生态散文，发表在《人民日报》《光明日报》等多家报纸，并在《中国环境报》开辟了专栏"广安笔记"，力图以文学的方式记录生态的真实变化，探求回答人类生存及时代的课题。

今天，我们如此近距离地眺望青海三江源，那一片经过中华儿女寻觅了几千年的江河发源地，是那样宏阔辽远，让我们心中的敬畏油然而增。只有人与自然和谐共生之道才是留给子孙后代的有福之道，我当继续自觉做好一名生态环境的观察员，时刻审视自身，呵护自然，为繁荣生态文学、共建万物和谐的美丽家园而不断鼓与呼。

二

记得几年前，我曾与青海作协主席、著名藏族女作家梅卓共同受邀一家媒体，就黄河、长江的生态保护进行过一次对话。梅卓说她的父老乡亲将雪山化作的涓涓溪流奉为神灵，有着休戚与共的深挚情感，从不敢用任何身体和精神的不洁去亵渎流水，每逢吉祥的日子，藏族同胞们会跋涉到雪山脚下取回清水，供奉在家里。而在取水前一定要先洗净双手，容器里的剩水绝对不能倒进河流、湖泊或水井里。正是青藏高原人民对三江源的世代守护，才有了大河甘甜，奔流到海。

而我在那次对话中谈到了我从小生活过的长江三峡，那里曾有过炎帝神农"乃味草木之滋，察寒温之性"，攀山登崖尝百草，为民解痛除忧的足迹；还曾有过诗人屈原一连串的"天问"：从"遂古之初，谁传道之"问到天地离分、阴阳变化、日月星辰等自然现象，明暗不分混沌一片，谁能够探究其中原因？大气一团迷蒙无物，凭什么将它识别认清？阴阳参合而生万物，何为本源何为演变？传说青天浩渺共有九重，是谁曾去环绕星度？仰望星空，天极遥远又延伸到何方？

两千多年前的屈原对天地、自然和人世等一切事物现象的思考和发问，成就了《天问》《离骚》《九歌》一系列逸韵伟词，举类迩见义远，奇幻而又瑰丽，被后人誉为"千古万古至奇之作"，是为中华民族浪漫主义的巅峰，也是我们今天生态文学写作所仰望的巅峰。

　　三峡一带的人们敬畏江河山川，认为万物有灵，面对大自然甘守相关禁忌，在长期生产生活中形成了若干规则。也正如我国许多民族民间令人尊重的习俗：禁止污染水源，不得砍伐水源林，不准猎杀怀孕的母兽和幼兽。每年1月至7月不准打鸟、不准捕鱼……在今天看来，这些禁忌大多并未过时，尤其关于人与自然如何和谐相处，懂得什么可为，什么不可为，令当代人反思和借鉴，更值得我们写作者深入开掘和再现。

　　"以古人之规矩，开自己之生面。"从优秀的民族传统文化中汲取智慧和理性思辨，是我们返璞归真、重新审视自我、观察生态、认识自然的有效途径。中华民族五千年的文明，古人面对大自然的谦卑与呵护，提醒当代世界不能因为科技进步和工业化、现代化的迅猛发展而忘乎所以，为所欲为，不能因为短短几百年的物质享受及挥霍而断送地球和人类的未来。

　　近年来，我亲身体验到中国大地上生态环境不断向好所带来的欣喜，见证了新时代生态环境的历史性变化。与此同时我也时常观察到不容乐观的城市空气质量、水资源的匮乏及透支，垃圾和污水处理尚未形成严格完备的全民可操作性流程，时有破坏环境的现象被曝光，等等。我们不能不正视，仍有许多生态环境方面的问题亟待高度重视和努力改善，生态意识及生态观念更需大力呼吁、朝着绿色生态不断更新转变。

　　作为一个文学工作者，更应面对这些生态矛盾和问题，朝向人类命运共同体所应瞻顾和思考的未来，做时代的先行者。有目共睹的是，我国生态文学的发展正在众多作家的勤奋耕耘之中不断地丰厚起来。如何进一步以文学的方式真实记录不同时期的万千生态，再现环保过程中的冲突和曲折，彰显人民群众及环保工作者的劳动成果和精神追求，探求人类生存及社会发展的时代课题，创作出更多来源于生活，有骨气有个性有神采，艺术精湛、思想深刻的振聋发聩之作，仍需我们不断艰苦努力。与此同时，如何壮大生态文学的队伍和阵地，鼓励和促进生态文学的繁荣，显然也需更多的政策投入和社会支持。

　　展望世界未来，气候变化已对人类生存和发展造成严峻威胁，生物的多样性也随时受到挑战，尊重自然，保护生态刻不容缓，我将努力与各位同道一起，传承优秀民族文化，促进繁荣生态文学，倾心栽种下一棵棵文学绿树，祈福美丽中国，和谐世界。